KB262140

이 책을

소중한 _______________에게

마음과 함께 드립니다.

101 Romantic Experiences Should to Be Gone Through Before 35
ⓒby Textile Press

Translated and Published by Permission of TEXTILE PRESS

35세전 꼭 해야 할 낭만적인 일 101

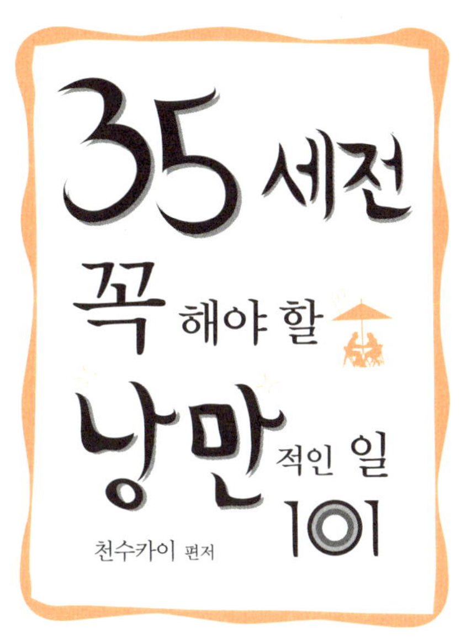

천수카이 편저

해피맵북스

생동감 넘치는 낭만을 경험하라

사랑을 거절하는 사람은 없다. 인간들이 속삭이는 진실하고도 달콤한 사랑은 신조차도 부러워할 것이다. 어렸을 때 선생님이 인어공주 이야기를 들려주셨는데, 그 때 나는 겨우 아홉 살이었다. 사랑이 뭔지 전혀 모르는 나에게 인어공주 이야기는 아무런 감흥도 불러일으키지 못했고, 나는 그저 인어공주의 대단한 집착에 감동했을 뿐이다. 우리들에게 이야기를 들려주던 선생님은 머리를 총총히 땋은 스무 살 갓 넘은 아가씨였는데 나는 아직도 인어공주 이야기를 들려줄 때의 선생님 표정을 똑똑히 기억한다. 뭐라고 설명하기 힘든 복잡 미묘한 표정 위로 눈물이 흘렀는데, 아마도 그 선생님은 인어공주의 가슴 아픈 사랑에 깊이 공감한 것 같았다.

어른이 된 후에야 나는 인어공주가 왜 그렇게 가슴 아픈 사랑을 했는지, 우리 선생님은 왜 그렇게 복잡한 표정을 지었었는지 조금씩 이해할 수 있었다. 아마 선생님은 그 때 연애를 하고 있었거나 이룰 수 없는 사랑에 마음 아파하고 있었을 것이다. 내가 한 남자를 진정으로 사랑하게 되었을 때, 그제 서야 나는 인어공주가 왜 칼에 베이는 듯한 아픔을 참아내며 사랑하는 사람을 위해 춤을 췄는지 알 수 있었다. 왕자와 결혼할 수 없다는 걸 분명히 알면서도 그녀는 조금의 원망도, 후회도 없이 왕자에게 가장 아름다운 모습을 선물한 것이다.

나는 진정한 사랑을 스물여섯 살 때 처음 해 보았다. 청춘이 이미 한참 지난 스물여섯에⋯ 그는 '바람'이란 이름을 가진 미대생이었는데 감정이 풍부하고 마음이 착한 사람이었다. '바람'은 재능이 뛰어나서 웅장한 산줄기를 생동감 있게 스케치북에 옮기는가 하면, 그의 그림 속의 인물들은 당장 살아서 그림 밖으로 튀어나올 것만 같았다. 나는 그런 그의 재능에 매력을 느꼈다. 하지만, 내가 그를 사랑한 이유는 단지 그의 재능 때문만은 아니었다.

어느 날 내가 그에게 물었다.

"제일 낭만적인 경험이 뭐라고 생각해?"

"널 내 무릎에 앉히는 거."

그 담백하고 꾸밈없는 한 마디가 내 마음 깊이 파고들었다…….

사랑하기 때문에 뜨거운 감정을 주체하지 못하고 아름다운 시를 써서 그에 대한 내 깊은 사랑을 전달하고 싶다. 사랑하기 때문에 내 솜씨에 상관없이 한 땀 한 땀 마음을 담아 그의 목에 두를 따뜻한 목도리를 짜 주고 싶다. 사랑하기 때문에 지저분한 방을 청소해 주고, 양말 한 켤레를 빨아 주고, 떨어진 단추를 달아주고, 내가 탄 옅은 커피를 천천히 음미하는 그의 모습을 보고 싶다. 그를 위해서 온 집안을 낭만으로 가득 채우고 싶다. 사랑하기 때문에 내 마음은 온통 낭만으로 가득 찬다. 사랑하기 때문에.

그의 목소리가 없다면 세상은 적막뿐일 것이다. 세상이 바로 그임을, 그가 없으면 세상도 없고 나도 없음을 깊이 느낀다. 그를 만나지 못하는 1분 1초마다 내 마음은 미칠 것 같고, 그리움에 먹지도 자지도 못한다. 그리워하면 그리워할수록 고통스럽지만, 그리움이 괴로움이란 걸 뻔히 알면서도 사랑의 기쁨에 또다시 그리워한다. 그리고는 사랑이란 너무나 낭만적인 것이고, 사랑 때문에 모든 것이 낭만으로 물든다는 것을 다시 한 번 생각하는 것이다.

그와 만났던 밤, 하늘에는 먹구름이 잔뜩 끼었지만 내 마음엔 보름달 빛이 은은한 맑은 하늘로 가득했다. 기쁨으로 가득한 빛은 우릴 꼭 껴안 아 주고 있었고, 세상은 너무나 아름다웠다. 그날 밤은 세상이 전부 우리 를 위해 존재하는 것 같았다.

사랑하기 때문에 푸르른 산이 정겹게 보이고, 졸졸 흐르는 물도 친근하 고, 세상에 있는 모든 사람들이 아름다워 보이고, 나무들도 싱그럽게 보 이고, 꽃들이 나비와 함께 휘날리며 춤추는 것을 본다. 주위의 모든 것들 이 몽롱한 분위기 속에서 다정다감한 친구들이 된다.

사랑하기 때문에 우리는 고통도, 슬픔도 초월할 수 있었다. 세상의 고 통과 슬픔은 사랑 안에서 기쁨의 샘이 된다. 사랑이 낭만으로 변하고 낭 만은 다시 사랑이 된다.

사랑, 그것은 길고도 달콤한 서정시, 느리고도 부드러운 음악, 경쾌한 춤, 바람이 그린 그림, 하늘 위의 무지개, 천진난만한 환상, 끝도 없이 나래를 편 상상, 이 세상의 모든 낭만적인 일들…. 낭만과 사랑은 얼마나 가까운지.

　35세 이전은, 아무런 구속도 받지 않은 채 낭만 속에 푹 젖을 수 있는 최고의 시기이다. 가슴을 활짝 펴고 낭만이 영혼까지 스며들게 해 보라. 생명의 고귀함과 아름다움을 알게 하기에, 낭만은 삶 속에서 꼭 있어야만 하는 존재이다. 35세 이전에 마음껏 사랑을 누리고 나누어 주라. 사랑하기에 우리는 낭만적인 존재가 되고, 낭만적인 존재이기에 우리는 고귀하다.

Contents

제2부
낭만적인 여름 - 이국적인 곳에서의 신비한 여행

제4부

낭만적인 겨울 – 촛불 속의 저녁식사, 화려한 옷차림 속의 감미로움

35세전 꼭 해야 할 낭만적인 일 101

제1부
낭만적인 봄

사랑은 일종의 감정이고,

낭만은 이 감정을 불러오는 역할을 한다.

낭만은 특유의 방식으로

연인의 깊은 감정과 사랑을 표현해낸다.

낭만은 화려하게 장식된 봄날의 서정시이다.

당신과 미래의 배우자를 위해 "미래 설계도"를 만들어라

잡지 종류의 컬러 인쇄 된 책에서 사진·시구·격언 혹은 기타 예술작품을 마음에 드는 대로 오려내어 당신의 "미래 설계도"를 만들어 보라. 가능한 한 당신이 어떤 사람인지, 무엇을 좋아하고 목표가 무엇인지, 누구와 함께 있고 싶은지 등이 나타나도록 붙여야 한다.

"미래 설계도"는 당신이 추구하는 목표가 무엇인지 분명히 확인 할 수 있게 해 주고, 당신이 지금 맺고 싶어 하는 멋진 새로운 관계를 상상할 수 있게 한다. 그런데 여기서 기억할 것은, 잡지의 사진들은 대부분 모델들을 찍은 것이므로 설계도를 만들 때 그 풍경이나 이미지에 초점을 맞춰야지, 모델들의 외모에 집중해서는 안 된다는 것이다. 즉, "미래 설계도"를 만드는 목적은 당신이 어떤 종류의 관계를 맺을 것인가를 조명하는 것이지, 설계도 위의 사진들 자체에 집중해서는 안 된다는 것이다.

사람들은 저마다 다른 모습의 미래를 꿈꾼다. 당신은 미래의 배우자와 큰 집에서 살고, 외국에서 휴가를 보내고, 고급 승용차를 몰고, 고급 브랜드의 옷을 입는 화려한 생활을 하고 싶은가? 그렇다면 이런 종류의 사진을 찾아서 오리고 붙여보라. 아니면 충분한 쉼과 여유를 가지며 작은 정원과 벽난로가 있는 시골의 작은 집에서 고양이 몇 마리와 함께 소박하게 살고 싶다면 역시 그런 그림을 완성해 보라. 어쩌면 당신은 양쪽을 다 원할지도 모른다. 어느 부분은 소박하게, 어느 부분은 화려하게 사는 삶도 좋다.

당신이 무엇을 원하든 간에 중요한 것은 당신이 원하는 삶에 대한 정보를 담고 있는 그림·사진·배경과 시구들을 충분히 접하는 것이다. 가능한 한 자주 당신의 "미래 설계도"를 보며 상상을 즐기라.

한 행복한 여자가 들려주는 낭만적인 사랑 이야기

어느 날 나는 캘리포니아의 도로 위를 달리고 있었다. 나의 머릿속은 온통 오전 10시 반의 회의에 대한 생각으로 가득 차 있었다. 그런데 갑자기 한 대의 분홍색 캐딜락이 내 차 옆으로 지나갔다. 나는 그 차에 매력을 느껴 시선을 거두지 못했는데, 그 차 운전자가 나와 시선이 마주치자 미소를 지었다. 원래 나에겐 미소를 짓는 습관이 있어서 그 때도 어김없이 답례로 미소를 지었다. 하지만, 그 미소 사건이 그렇게 귀찮은 일이 될 줄 몰랐다. 그 차는 15킬로미터나 나를 따라왔고 나는 엄습하는 공포에 두려워했다. 내가 몇 킬로미터를 가면 그도 따라오고, 내가 서면 그 역시 서고…. 결과적으로 우리는 결혼했다! 그의 이름은 지미. 키 크고 건장한 남자다.

우리가 첫 번째 데이트를 한 그 다음날, 지미는 장미꽃 한 다발을 나에게 선물했다. 그리고 나는 그에게 특별한 취미가 있다는 걸 알게 되었는데 그것은 바로 다이아몬드 수집이었다. 그것도 매우 큰 걸로만! 그는 그 다이아몬드에 어울리는 사람을 찾고 있었고, 때마침 나와의 만남이 시작된 것이었다. 우리는 2년 간 연애를 했고, 매주 월요일 아침 나는 그가 보낸 큰 장미꽃 한 송이와 짧은 연애편지를 받았다.

결혼하기 3개월 전쯤 지미가 나에게 말했다.

"나 이미 좋은 신혼 여행지를 발견했어. 카리브 해의 성 요한 섬 어때?"

드디어 순백의 웨딩드레스를 실제로 입고 햇빛이 눈부신 날, 캘리포니아의 한 해변에서 결혼식을 올렸다. 결혼 후, 우리가 함께 "미래 설계도"를 완성한지 8개월이 지났을 무렵에 나는 회사 인력자원부의 부총재의 꿈을 이루었다.

어떻게 보면 지어 낸 이야기 같지만 이 이야기는 전부 사실이다. 결혼한 뒤로 우리는 몇 개의 "미래 설계도"를 완성했다.

나와 지미가 결혼한 지 1년이 다 될 무렵에야 나는 지미에게 "미래 설계도"에 대해 알려주었고, 바로 그때 우리는 좋은 집으로 이사해서 내가 꿈꿨던 가구로 새로운 집을 꾸밀 수 있었다. 우리의 하루하루는 상상의 힘으로 낭만적이고, 열정적이고, 유쾌하다.

**2 꼭 한 번 열렬하게
사랑하라**

사랑이 찾아올 때, 그것은 어떤 모습일까?

"조용한 / 장미 꽃 봉오리처럼 / 하늘을 향한 희미한 속삭임 / 사랑의 발걸음은 그렇게도 가볍게 / 어느새 이미 내 곁에 와 있었다."

35세 이전에 큐피트의 화살이 당신의 마음을 관통한다면, 열렬하게 한 번 사랑해 보라. 어쩌면 상처를 입을지도 모르지만, 이것이 바로 인생을 완전하게 만드는 유일한 방법이다.

사랑에 눈이 먼 한 남자

메씨 맨델슨은 독일의 저명한 작곡가 맨델슨의 할아버지이다. 그의 외모는 보기 힘들 정도였는데, 키가 150정도밖에 안 됐을 뿐 아니라 꼽추였다. 그런 그가 그 마을에서 가장 아름다운 포시를 보자마자 사랑에 빠져버렸다.

그러나 포시는 끝내 그를 정면으로 바라보지도 않았다. 헤어질 시간이 다가왔을 때 메씨는 용기를 내어 수줍게 포시에게 물었다.

"당신은 하늘이 인연을 정해준다는 것을 믿나요?"

포시는 바닥을 쳐다보며 대답했다.

"믿어요." 그리고는 메씨에게 되물었다.

"당신은 믿어요?"

메씨가 대답했다.

"혹시 이 사실을 알고 있소? 사내아이가 엄마 뱃속에 있을 때에는 하나님이 그에게 미래에 어떤 여자와 결혼할지 미리 가르쳐준다오. 내가 태어날 때 하나님은 나에게 내 신부가 꼽추라고 말씀하셨소. 그래서 제가 하나님께 구했지요. '하나님, 제가 꼽추가 될 테니, 제 신부에게 아름다움을 주십시오'라고 말이요."

포시는 깊이 감동해서 그에게 손을 내밀었고, 그의 아내가 되었다.

당신은 사랑을 믿는가? 혹은 사랑해 본 적이 있는가?

큐피트의 화살이 심장을 꿰뚫었을 때 장미꽃다발의 향기에 취한 적이 있는가?

사랑은 장미와 같아서 그 매혹적인 모습을 소유하고 싶게 만들지만, 저도 모르게 손을 댔을 때 가시가 당신의 손을 찔러 장미꽃 같이 붉은 피를 흐르게 하고 당신 가슴에 참기 힘든 상처를 남길 것이다.

하지만 아프지 않다면 어떻게 사랑이 달콤 쌉싸름하다는 걸 알겠는가. 쓰라리지 않다면 어떻게 사랑이 쓰고 아프다는 걸 알겠는가.

사랑해 본 적이 없는 사람의 마음은 텅 비어서 아무런 행복의 감정도 느낄 수 없으며, 그의 인생은 찬란하게 빛을 발할 수도 없다.

장문의 시를 써서 사랑하는 사람에게
당신의 달콤한 사랑을 표현하라

당신이 글 솜씨가 있든 없든 종이 위에 글자를 적는 것은 할 수 있을 것이다. 그리고 나면 그렇게 엉성한 글이라도 기적처럼 생기가 느껴지는 것을 발견할 수 있을 것이다. 마치 연인들이 눈에 가득 머금은 사랑처럼.

그 느낌을 적어라. 순간적인 영감을 써 내려가라. 그의 미소가 주는 따뜻함을 적어도 좋고, 그에게서 꽃다발을 받았을 때 느꼈던 감격을 써도 좋다.

그와 멀리 떨어져 있다면 그의 사진을 보면서 그와 함께 불렀던 노래를 얼굴 가득, 목소리 가득 감정을 담아 불러 보고, 그 느낌 그대로 시를 쓰라. 사랑하는 사람이 그 시를 받아본다면 당신의 진심어린 마음이 그대로 전달될 것이다.

만약 당신이 글쓰기에 소질이 있다면 그런 훌륭한 재능을 그냥 두어서는 안 된다.

35세 이전은 감정이 가장 풍부할 때라서 이때 사랑의 마음을 적어두고 나이 든 후에 두고두고 읽어봐도 그때의 애틋한 감정을 느낄 수 있을 것이다.

시를 쓰라!

둘 만의 진정한 사랑의 증거로 시라는 고전적인 방법만큼 좋은 것은 없다. 손 안의 펜을 굳게 쥐고, 오랫동안 펜으로 글을 써 본 적이 없더라도, 글을 쓰고 나니 글씨가 왠지 삐뚤빼뚤하더라도, 창작이 고통스럽더라도, 이런 것들에 상관없이 반드시 시를 완성시켜야 한다.

물론 현대인의 필수품인 핸드폰으로 시를 쓰는 것도 좋은 방법이다. 내용이 그렇게 멋지지 않아도 상관없다. 당신의 영혼의 언어가 자연스럽게 드러나기만 하면 된다. 그러면 그는 기뻐서 얼굴에 함박웃음을 지을 것이고 하던 일도 신나게 할 수 있을 것이다.

연인과 매일 함께 하더라도, 가끔 이런 낭만적인 방법을 통해 사랑하는 마음을 전달하라. 시 한편을 써서 그가 자주 일하는 곳에 놓아두라. 그가 수시로 당신의 따뜻함을 느낄 수 있도록, 달콤하면서도 부드러운 사랑을 느낄 수 있도록 하라. 두 사람의 사랑은 당신의 마음이 담긴 시와 함께 점점 자라갈 것이다. 이것은 사랑이라는 꽃을 자라게 하는 놀라운 방법이다.

가장 아름다운 시

제니와 헨리는 서로 사랑했다. 제니는 헨리가 냉담한 듯 보이지만 마음 속에 뜨거운 사랑을 감추고 있다는 것을 알고 있었다. 그래서 제니는 먼저 적극적으로 사랑을 표현하기 시작했다. 그녀는 고민 끝에 시를 써서

헨리의 마음을 움직여 보려고 했다. 제니가 쓴 첫 번째 시가 바로 이것
이다.

내 마음이 무엇에 끌리는지

붉은 태양의 향기에 마음이 끌립니다

내 검은 머리도 태양 아래서

붉게 물들어 갑니다

따뜻하고 다정한 오후

무엇이 내 마음을 끌고 있을까요

겨울, 태양조차도 인색하게 만드는 겨울

모든 것이 다 얼어버렸습니다

그러나 당신을 생각하면

마음속의 정열이 나를 따스하게 합니다

당신이 말했지요

우리가 알게 된 것은 의외입니다

무수한 밤, 당신의 가슴이 뛰는 소리를 귀 기울여 듣습니다

낮잠을 자다가도 당신의 목소리를 듣습니다

당신은 마치 내 마음속의 밀물과 썰물 같아서

때로는 한껏 부풀다가 때로는 모두 빠져나가 텅 빈 가슴만 남아요

당신을 위해 쓰는 이 긴 시는

한 잔 가득한 내 눈물입니다

때로는 이 사랑에 자신 있기도 해요

왜냐하면 나는 믿기 때문이죠

당신이 내 영혼을 지탱해 줄 것을

하지만,

당신을 기다리다 내 얼굴은 빛을 잃어 갑니다

결과는 말하지 않아도 뻔했다. 헨리는 제니의 사랑을 받아들였고, 둘은 결국 웨딩마치를 올리고 행복한 보금자리를 꾸몄다. 그녀는 옛 일을 회상할 때마다 자신의 이 낭만적인 이야기를 자랑스러워했다. 장문의 시로 인연을 맺게 된 둘은 지금도 자주 상대방에게 시를 써서 자신의 사랑을 표현하곤 한다.

4 장미꽃다발로 당신의 깊은 애정을 전하라

여인은 꽃과 같다. 사랑도 꽃과 같다. 꽃과 같은 여인, 꽃과 같은 사랑은 남자의 정성어린 보호가 필요하다. 꽃의 의미를 이해한다면 틀림없이 여인의 마음도 알 수 있을 것이다.

사랑한다면 그녀에게 꽃을 선물하는 것을 잊지 말라. 붉은 장미도 좋고, 청순하고 순결한 백합도 좋고, 은은한 향기의 쟈스민도 좋다.

무슨 꽃이든 사랑의 의미만 담고 있다면. 당신의 사랑을 영원히 향기 나게 하고 단조로운 생활에 시적 정취를 더할 것이다.

꽃에 대한 감동적인 얘기를 들은 적이 있다.

장미꽃 향기

로즈는 붉은 장미를 제일 좋아한다. 매년 발렌타인데이가 되면 남편은 그녀에게 장미를 선물하곤 했는데 꽃에는 항상 예쁜 끈이 묶여져 있었다. 어느 해, 그녀의 남편이 세상을 떠났다. 그런데 장미꽃은 여전히 그녀에게 배달되었고, 카드에도 예전처럼 "내 아내가 되어주오!"라고 씌어져 있었다.

매년 꽃을 선물할 때마다 그는 이렇게 쓰곤 했다.

"당신에 대한 사랑은 어제보다 오늘이 더 깊어요. 세월이 흐를수록 당신을 더욱 사랑하겠소."

"올해 보낸 장미는 틀림없이 남편이 미리 예약을 해 둔 거겠지. 앞으로는 더 이상 장미를 받을 수 없을 거야."

로즈는 흐르는 눈물을 주체할 수가 없었다.

1년이 지났다. 남편을 잃고 난 후 하루하루 지내는 것이 힘들었다. 외로움의 그림자가 그녀의 삶에 드리워졌다. 발렌타인데이 전날 현관의 벨이 울렸다. 장미가 배달된 것이다.

장미를 받아든 그녀는 깜짝 놀랐다.

"도대체 누가 날 이렇게 놀리는 거야? 왜 내 마음을 더 힘들게 하는 거지?"

그녀는 꽃집에 전화를 걸었다.

꽃집 주인이 말했다.

"당신의 남편이 1년 전에 세상을 떠난 것을 알고 있어요. 그리고 당신이 저에게 전화를 걸어서 왜 장미를 보냈는지 이유를 물을 것도 알고 있었습니다. 오늘 꽃은 당신 남편이 예약해 놓은 것입니다. 작년에 그는 작은 카드도 써서 자기가 없을 때, 죽은 다음 해에 보내달라고 이야기 했어요."

그녀는 꽃집 주인에게 감사를 표하고 전화를 끊었다. 이미 그녀의 얼굴은 온통 눈물로 범벅이 되었다. 떨리는 손으로 그녀는 천천히 장미꽃에 붙어있는 작은 카드를 열어보았다.

카드 안에는 작은 메모가 한 장 있었다. 그녀는 그것을 천천히 읽어

보았다.

"잘 지내고 있어요? 사랑하는 로즈,

내가 세상을 떠난 지 벌써 1년이 되었네요. 당신이 많이 힘들어하지 않았으면 좋겠어요. 우리의 사랑은 삶 전부를 아름답게 만들었지요. 내가 얼마나 당신을 사랑하는지 천 마디 만 마디 말로도 다 표현할 수 없어요. 당신은 완벽한 아내요, 내 친구이자 연인이요, 내 마음을 만족하게 하는 사람이에요. 아직도 1년밖에 지나지 않았네요. 하지만 너무 슬퍼하지 말아요. 난 당신이 눈물을 흘릴 때도 행복하길 바래요. 그래서 매년 당신에게 장미를 보내는 거에요. 당신이 장미를 받을 때, 즐거운 것만 생각하길 원해요. 우리에게 행복한 추억이 얼마나 많은지 생각해 봐요.

꽃 같은 내 아내여. 당신은 반드시 잘 살아야 해요. 자신을 귀하게 여기고 행복하게 살아야 해요. 쉽지 않다는 것은 알고 있지만 용기를 내어 열심히 살아가세요. 장미는 매년 정해진 때에 도착할 거요. 당신이 문을 열어주는 한 꽃집은 계속 꽃을 보낼 테니까요. 그러다가 어느 날, 당신이 집에 없을 때, 어쩌면 당신이 외출한 것일지도 모르니까 그 날 꽃집 배달원이 집을 다섯 번 방문할 거요. 하지만 만약 그래도 당신이 문을 안 열어주면 그 꽃은 다른 곳으로 배달 될 거요. 바로 우리가 다시 만나는 그곳으로."

사랑하는 이에게
약속을 하라

약속 때문에 사랑을 위루지 못한 가슴 아픈 이야기가 있다.

씨우씨우와 샨

씨우씨우라는 아름답고 지혜로운 아가씨가 있었다. 그녀는 대자연이 준 맑은 영혼을 가지고 있었고, 물 위의 연꽃처럼 아름다운 외모를 지니고 있었다. 그녀에게는 어릴 적부터 소원이 있었는데 그것은 바로 산촌을 벗어나 자신의 멋진 꿈을 실현하는 것이었다. 그러나 청춘이 막 꽃피기 시작할 무렵, 그녀는 샨이라는 남자를 사랑하게 되었다. 샨은 그녀의 친한 학교친구였다. 키가 작은 샨은 앞자리에 앉고 씨우씨우는 그 뒤에 앉았다. 둘은 똑같이 공부를 열심히 했고 각자 목표로 하는 대학에 합격하여 충분히 자신들의 소원을 이루어 낼 것 같았다.

그러나 씨우씨우는 마음 속 깊은 사랑을 억누르지 못하고 샨을 사랑하게 되었다. 그녀는 애써 샨에 대한 자신의 감정을 억제하려고 노력했지만, 결국 샨에게 자신의 사랑을 고백해 버리고 말았다. 샨은 그녀를 거부하지 않고 받아들였다. 그도 역시 그녀를 사모한지 오래 되었기 때문이었다.

샨은 반장이었고 학생들 사이에서 인기가 높았다. 게다가 성적도 뛰어났고 무엇보다 씨우씨우라는 아름다운 여자 친구가 있었기에 반 친구들의 부러움의 대상이 되었다. 씨우씨우는 샨의 자랑이었고, 그래서 씨우씨우에게 관심이 있던 많은 남학생들은 아쉽게도 그녀에 대한 호감을 접을 수밖에 없었다.

두 사람은 서로 격려하며 열심히 공부했다.

그러나 씨우씨우는 베이징의 유명한 대학에 합격했지만 샨은 고향의 괜찮은 학교에 합격한 것에 그쳤다. 그 순간부터 샨은 씨우씨우를 영원히 놓칠지도 모른다는 생각에 사로잡히기 시작했다.

샨을 깊이 사랑하는 순수한 마음의 씨우씨우는 자기를 사랑하는 남자를 떠난다는 것을 생각할 수도 없었다. 그녀는 학교생활이 조금도 재미가 없었고, 매일 학교와 도서관, 기숙사만 왔다 갔다 하는 무미건조한 생활을 반복했다. 연인의 그림자가 없어지자 그녀의 대학생활도 무의미해지기 시작했다. 그러나 그녀는 이 생활의 단조로움과 외로움을 마음속 깊이 감춰 놓은 채, 샨에게는 열정이 넘치는 편지를 썼다. 그녀의 편지 속에 기쁨이 넘치는 것을 볼 때마다 샨은 더욱더 불안해졌다. 마음이 여린 씨우씨우가 다른 남자를 사랑할까봐 걱정 근심에서 벗어날 수가 없었다. 그는 씨우씨우가 자기에게 약속을 해 주기를 얼마나 바랐는지 모른다. 졸업 후 꼭 자기 곁에 돌아오겠다는 약속을. 그러나 씨우씨우는 끝내 그에게 약속을 해 주지 않았고 그녀는 편지를 쓰며 자신의 사랑을 표현하는 데 그치고 말았다. 그런데….

그 해 겨울엔 유난히 눈이 많이 내렸다. 씨우씨우는 새해를 맞아 집에 돌아가 명절을 보내는 동안 샨을 만나지 못했다. 샨은 그녀를 피해 학교로 가버렸다. 씨우씨우는 언제나 열정적이고 적극적이던 샨이 갑자기 냉정하게 변한 것을 받아들이기 힘들었다. 그녀는 자신의 가여운 처지를 잊어버리려고 애썼고, 사랑하는 사람이 돌아오길 기다렸다. 그러나 샨은 돌아오지 않았다. 기다리다 지친 그녀는 멀고먼 길을 마다 않고 그의 학교로 찾아가기로 결심했지만, 그는 승낙하지 않았다. 씨우씨우는 너무 실망해버렸고, 그들의 사랑은 만나보지도 못한 채 그렇게 끝나버렸다.

이 이야기는 실제 있었던 일이다. 씨우씨우는 자신의 사랑이 끝났을 때 '내가 그에게 확실한 약속을 해주지 않았기 때문에 그는 나의 진심을 확인할 수 없었고, 그래서 우리의 사랑이 끝난 거에요. 난 이제 그를 이해할 수 있을 것 같아요' 라고 말했다.

사랑하는 사람에게는 분명한 약속을 해 주어야 한다. 그것이 바로 연인이 가장 원하는 선물이다. 약속은 비록 거울 속의 꽃이나 물에 비친 달 같은 것이지만, 그것은 당신의 진실한 사랑에 생기와 활력을 불어 넣을 것이다.

사랑, 그것은 달콤하면서 씁쓸하며, 마음이 시린 동시에 낭만적이다, 만약 당신이 순전한 사랑을 하고 있다면, (당신이 남자라면) 당신은 그녀에게 허락하라. 당신과 사랑에 빠진 그녀가 당신의 품 안에서 춤추는 것을 바라보라. (당신이 여자라면) 부끄러워하지 말고 당신의 마음이 그에게 향할 때, 그와 사랑의 약속을 하라.

6 한 그루의 상수리나무를 심어 사랑을 기념하라

어쩌면 당신은 젊은 날의 요동치던 마음을 잊지 못할지도 모른다. 젊은 날 당신의 마음을 뛰게 했던 시 〈상수리나무 곁에서〉를 읽으며 얼마나 마음이 두근거렸던가?

어쩌면 지금도 당신은 이 아름다운 시를 천천히 음미하며, 가슴 뛰게 하는 선율에 취하거나 순수한 분위기에 빠져들지도 모른다. 아니, 어쩌면 당신이 바로 시인처럼 순수한 사랑을 하며 그 사랑의 광채에 휩싸여 있을지도 모른다.

사랑한 적이 있든지, 지금 누군가를 사랑하고 있든지, 두 사람의 사랑을 영원히 기념할 수 있는 가장 좋은 방법은 나무 한 그루를 심는 것이다.

사랑을 상징하는 상수리나무를 심으라. 당신의 사랑이 무성한 가지와 잎으로 가득한 것처럼 사랑의 나무도 뿌리를 내리고 무성하게 자랄 것이다.

상수리나무 곁에서

-서정

나 그대를 사랑한다면

휘감아 오르는 능소화처럼

그대의 높은 가지를 빌어 자신을 빛나게 하진 않으리라

나 그대를 사랑한다면

사랑에 눈먼 새처럼

녹음을 위해 단조로운 노래를 반복하진 않으리라

샘물처럼

일 년 내내 청량한 위로를 보내는데 그치지도 않고

험준한 산봉우리처럼

고도를 높여 그 권위에 의탁하는 데 그치지도 않으리라

햇볕으로 그치지도 않고,

봄비에 그치지도 않으리라

아니, 이것들로는 여전히 부족해

나는 꼭 그대 곁의 한 그루 목면이 되어

나무의 모습으로 그대와 함께 서 있으리라

뿌리는, 땅 속에서 서로 엉키고,

잎은, 구름 속에서 서로 마주치리라

바람이 불어올 때마다,

우린 서로의 뜻을 주고받지만,

그 누구도

우리의 말을 알아듣지 못하리라

진실한 사랑은

그대의 굳건한 겉모습만 사랑하는 것이 아니라

그대가 서 있는 자리, 그대를 지탱해주는 그대 발밑의 땅까지

모두 사랑하는 것

상수리나무는 북쪽지방에서 자라는 키가 큰 나무로, 변함없는 충성과 사랑을 상징한다. 중국엔 상수리나무에 관한 수많은 아름다운 전설과 낭만적이고 감동적인 사랑이야기들이 있다.

상수리나무는 사랑의 상징이며, 신비한 아름다운 광선으로 둘러싸여 있다. 마치 붉은 장미가 사랑을 상징하는 것처럼 사람을 취하게 하는 감동적이고 낭만적인 숨결로 충만하다.

35세 이전의 당신은 틀림없이 사랑의 기억을 갖고 있거나 지금 누군가와 사랑에 빠져 있을 것이다. 그렇다면 두 사람의 순수하고 진실한 사랑의 씨앗과 상수리나무의 씨앗을 함께 풍요롭고 기름진 땅에 심어보기 바란다. 그러면 나무와 함께 사랑도 뿌리내리고 싹을 틔우고 천천히 자랄 것이다.

나무가 점점 자라서 하늘까지 닿게 되는 날, 두 사람의 사랑도 꽃을 피우고 열매를 맺게 될 것이다.

먼 훗날, 당신의 아이가 자라서 철이 들 무렵 아이에게 이 상수리나무의 이야기를 들려주면 아이는 분명 엄마 아빠의 순수하고 진실한 사랑에 깊이 감동할 것이다.

사랑을 기념하는 이런 낭만적인 기회를 놓치기는 아깝지 않은가?

7

열정적인 사랑에 빠져 있을 때,
그와 함께 친밀하게 일기를 써라

컴퓨터가 보편화된 이 시대에, 손으로 글을 쓰는 것은 고리타분하고 진부하게 느껴지기도 하지만, 그처럼 낭만적인 일도 없다. 35세 이전에, 또는 지금, 마음속 깊이 새겨질 사랑을 만났다면, 사랑하는 사람과 함께 사랑을 담은 글을 써보기 바란다.

이것은 가장 좋은 사랑의 속삭임이 될 것이고, 가장 좋은 기념품이 될 것이다. 먼 훗날 두 사람의 청춘도 다 지나갔을 때 빛바랜 일기를 들춰보면, 말로 형용할 수 없는 온갖 감정이 두 사람의 마음을 뒤흔들 것이다.

사랑의 향기가 묻어나는 일기장

쓰하이와 밍리의 사랑은 1990년대에 시작되었다. 지금 그들 부부에게는 똑똑하고 귀여운 아들이 하나 있고, 그들의 결혼 생활은 여전히 달콤하며, 행복하다.

밍리는 곧잘 옛 일을 추억하곤 한다. 연애시절을 회상할 때마다 그녀는 옛 일기장을 꺼내 보는 걸 잊지 않는다. 일기장 위엔 희미하지만 분명하게 씌어진 두 사람의 필체가 남아 있다. 매번 일기장을 넘길 때마다 그녀는 빛바랜 추억들이 어제 일처럼 새록새록 떠오르는 걸 느꼈다.

쓰하이를 처음 만났을 때, 밍리는 스무 살이었다. 막 사랑에 눈뜰 나이, 그녀는 키 크고 잘생긴 한 남자를 사랑하게 되었다. 그녀의 시선은 자주 그의 등 뒤에 머물렀고, 그때마다 그녀는 그를 가만히 안고 싶은 마음을 억누를 수밖에 없었다. 자존심 강한 소녀였기에 밍리는 그를 향한 자신의 사랑을 입 밖에 내지 않았다. 다행히 쓰하이는 세심한 남자였다. 그는 밍리의 마음을 눈치 챘고, 그녀의 생일날 자물쇠가 달린 예쁘게 포장된 일기장을 선물했다. 그녀는 이 예쁜 일기장이 무척 마음에 들었다. 그녀는 자신의 사랑을 일기장에 적어 쓰하이에게 주었다. 그녀의 일기에 감동을 받은 쓰하이는 같은 방법으로 그녀의 사랑에 대답했고, 그들은 이런 방식으로 사랑을 표현하면서 서로의 따스한 마음을 느낄 수 있었다.

이 낭만적인 사랑의 일기장이 빽빽한 작은 글씨들로 가득 차게 되면서 그들의 사랑도 무르익어 갔고, 마침내 그들은 사랑의 열매를 맺을 수 있었다. 3년이 지났다. 이 묵직한 사랑의 일기장에, 수많은 빛깔의 속삭임들이 기록되었다!

마음속의 수많은 일들이 일기 속에서 뿌리를 내리고 싹을 피웠고, 그들의 사랑 역시 뿌리를 뻗고 싹을 틔웠다.

그들 역시 크고 작은 일로 다투기도 많이 했지만 그것은 단지 소리 없는 일기장 속에서의 일이었다. 지금 생각하면 그 다툼 역시 낭만적이고 아름다운 사랑의 일부일 뿐이었다. 큰소리로 싸워 서로의 감정에 상처를 입히지 않고, 그들은 격한 갈등과 아픔을 진지하게 글로 나누었다.

이 얼마나 아름답고 낭만적인 사랑의 기록인지!

일기를 내일 쓸 필요는 없나. 단지 쓰고 싶을 때 쓰면 그만이다. 그러나 반드시 지속적으로 써야 한다. 매일 쓰는 것은 무리한 일이지만, 일 년에 두 번 쓰는 것은 너무 심하다. 한 달에 대략 서너 번 쓰면 된다. 물론 많이 쓰면 쓸수록 좋지만.

비록 특별한 의미가 없는 일이거나, 혹은 당신을 화나게 하는 것일지라도 생각이 날 때마다 써 내려가라.

이미 쓴 내용을 검토할 필요도 없고, 잘 썼는지 못 썼는지 고민할 필요도 없다. 마음속의 강렬한 감정이나 의미 있는 생각들을 다른 사람들에게 알리는 것보다, 별로 의미 없는 작은 일이라도 일기에 적어, 사랑하는 사람과 공유하라.

이런 습관을 기르는 데 그리 오래 걸리진 않을 것이다. 일기를 쓰다보면 곧 그것에 익숙해지고, 일기를 쓰는 자신이 매우 자랑스러워질지도 모른다. 두 사람의 이런 낭만적인 사랑의 교류는 일종의 소리 없는 신기한 교류이다.

마음으로 하는 말이 더욱 강렬하게 전해지듯, 일기를 쓰며 서로 사랑을 전하면 두 사람의 사랑은 더욱 오래, 더욱 낭만적으로 지속될 것이다.

8 첫눈에 반할 수 있는
사랑을 만나라

우리는 종종 영화나 소설 속에서 첫눈에 반하는 사람들에 대한 이야기를 만나곤 한다. 그럴 때마다 우리는 그런 일은 허구에 불과하다고, 현실에서는 일어날 수 없는 일이라고 부정해버린다. 하지만 이런 생각은 백 번 천 번 틀린 생각이다. 첫눈에 반하는 사랑은 환상이 아니다. 바로 지금 당신의 사랑도 첫눈에 반한 사랑일 수 있다.

당신이 그녀를 처음 만났을 때, 당신은 커다란 장미꽃 한 다발을 들고 그녀 앞에 섰다. 그 한 다발의 장미꽃만으로도 당신은 그에게 첫눈에 반했고, 두 사람은 낭만적인 사랑의 여행을 시작하게 되었다.

만약에 당신이 위와 같은 낭만적인 경험을 해 보지 못했다면, 가능한 한 빨리 기회를 만들라. 첫눈에 반한 상대방과 낭만적인 약속을 하는 것 정도는 당신도 충분히 할 수 있다. 자신에게 한 번의 기회를 주라. 당신은 분명 서로 첫눈에 반하게 될 사람을 만날 수 있다!

첫눈에 반한 운명같은 사랑 이야기

로사 린다는 서른 하고도 다섯에 지미와 만났다. 혈기왕성한 시절은 지났지만 로사는 여전히 아름다웠다. 날씬한 몸매, 빛나는 눈동자와 하얀 이는 여전히 남성들을 매혹시켰다. 그녀는 자신의 몸매와 외모를 가꾸는 데 매우 신경을 썼고, 옷차림도 무척 세심하게 관리했다. 로사는 골동품 가게를 열어 자신이 직접 경영과 수집을 담당하여 큰 성공을 거두었을 뿐 아니라 광고예술 평론가로서도 정평이 나 있었다.

로사는 지미를 만나자 기뻐서 어쩔 줄을 몰랐다. 그녀는 전부터 친구를 통해 지미에 대해서 잘 알고 있었다. 그녀의 친구들은 이전에 그녀를 데리고 지미와 그 지역 재즈밴드의 연주를 감상하러 갔었다. 연주가 끝난 후에 그녀와 지미, 그리고 2명의 친구들은 한 커피숍에 가게 되었다. 거기서 로사는 지미에게 그녀가 떨어지려 해도 떨어질 수 없는 자석 같은 힘이 있다고 느꼈다.

로사는 낭만적인 지미에게 점점 깊이 빠져들었고, 그 사실을 조금도 숨기지 않고 사람들에게 알렸다.

"우리가 처음 만났을 때, 서로 첫눈에 반했어요. 우리는 아이에 대해 이야기하고, 음악에 대해 의견을 나누었지요. 그 사람은 나에게 이전에 결혼한 적이 있다는 것과, 2명의 아이와 함께 살고 있다는 것을 알려주었어요. 그의 솔직한 성격이 나에게 깊은 인상을 주었지요.

그는 마침 가구를 수리하고 정리하는 일을 하고 있었기 때문에, 내가 하고 있는 골동품 가게와 온갖 종류의 마케팅 분야에 대해서도 관심이 많았지요. 저번에 만났을 때는, 그가 나에게 다음날 저녁에 다시 만나지 않겠냐고 물었어요. 그때 점원이 우리에게 빨리 계산을 하고 나가라는 듯 눈치를 줬는데, 나는 그가 돈이 충분하지 않은 걸 알아채고 재빨리 계산을 해 버렸지요. 그리고 우리 집 근처에서 다음 날 만나자고 제안하고 내가 저녁을 대접하겠다고 했어요. 그러자 그는 내 손을 꼭 쥐었어요. 고개를 들었을 때, 날 바라보는 그의 눈과 마주쳤지요. 우리는 한동안 서로 바라보고만 있었는데 그때 서로가 느꼈던 기쁨은 정말 말로 표현하기 어렵네요. 그의 눈 속에는 나에 대한 고마움이 가득한 것 같았어요.

다음날 그의 그림자가 계속 내 눈앞에 어른거렸어요. 약속한 시간에 그가 왔고, 저녁식사 후에, 우리는 'Try to remember'란 영화 주제곡을 감상했죠. 나는 로맨틱한 분위기가 준 유쾌함에 완전히 빠져들었고, 우리는 거실에서 음악에 맞춰 경쾌하게 춤을 췄지요. 그가 나를 가까이 끌어당기자, 사람도 땅도 하늘도 온 세상이 모두 빙글빙글 도는 것처럼 느껴졌었죠.

과연 눈앞에 있는 이 사람이 분명 내 사람일까, 그리고 내가 결혼하고 싶어 하는 이 남자가 정말 내가 밤낮으로 꿈꾸던 그일까?"

로사 린다는 지미와의 세 번째 만남 후, 자기도 모르게 자신의 이름 앞에 그의 성을 써보고 어떤 느낌이 드는지 자신의 마음을 살펴보았다. 그의 전화를 받기 위해서 그녀가 얼마나 많은 약속들을 취소했는지 모른다. 그리고 지미도 그녀를 실망시키지 않았다. 그는 한 번도 약속을 어긴 적 없이 그녀가 그의 전화를 기다리는 바로 그때 그녀에게 전화를 했다. 그들은 마음이 통하고, 서로 호흡이 맞았다. 언제나 꼭 붙어 떨어질 줄 몰랐고, 다음 날 다시 만날 때까지 떨어져 있는 잠시 동안의 시간에도 서로를 그리워했다.

용기 있게
"사랑해"라고 말하라

그 사람은 어쩌면 당신이 자신을 사랑한다는 것을 이미 알고 있을 수도 있고, 또 어쩌면 그 사실을 전혀 모를 수도 있다. 가슴 속에 담아 둔, 표현하지 못한 그 한 마디를 용기 내어 사랑하는 이에게 말해주라.

스스로에게 "나는 그 사람을 사랑해"라고 말하고는, 사랑을 고백하기 부끄러워 어떻게든 그 난관을 넘기려고 해서도 안 된다. 그녀를 사랑한다면, 그녀에게 분명하고도 확실하게 사랑한다고 고백하라. 이것이 바로 당신들의 관계를 강하게 해 줄 수 있는 것이다.

만약 당신이 계속 결정을 내리지 못한다면, 그녀는 기다리다 지쳐 인내심을 잃을 수도 있다. 그 사이 당신보다 더 멋진 남성이 나타난다면, 당신은 영원히 그녀를 잃게 될지도 모른다.

'나와 그녀가 함께 할 운명이라면 그녀는 결국 나에게 올 거에요'라고 생각하는 운명론에 빠지거나, '묵묵히 그녀를 사랑하다보면 결국 그녀도 내 진심을 알아주겠죠'라는 대책 없는 생각도 안 된다. 사랑은 먼저 다가

가는 사람이 얻는 것이다.

그러므로 당신의 비너스가 나타나거든, 용감하게 걸어가서 따뜻하고 상냥하게 그녀에게 말하라.

"사랑해."

"Shmily"

나의 조부모님은 결혼하신 지 이미 반세기가 되셨다. 만난 그 시간부터, 두 분은 자신들이 만든 게임을 하며 즐거워하셨다. 그들의 게임은 특정한 장소에 "shmily"라고 쓰고는, 상대방이 무심코 그것을 발견하게 하는 것이다.

한 번은, 손가락에 설탕이나 밀가루를 찍어, 설탕통이나 밀가루 항아리 위에 "shmily"라고 쓰고는 다음 번 요리하는 사람이 발견하기를 기다렸다. 또 한 번은 뿌옇게 성에가 낀 창문에 "shmily"라고 적고는, 창가에서 밖을 내다보는 사람이 발견하기를 기다렸다. "shmily"는 거품목욕을 한 다음에 거울 위에 서린 수증기 위에도 남겨졌다. 두루마리 화장지의 제일 마지막 칸에 "shmily"라고 쓰기도 했다.

그들의 게임은 끝날 줄 몰랐다. "shmily"는 언제 어디서나 볼 수 있었다. 자동차 미터기에도, 의자에도 혹은 핸들에도, "shmily"라고 적은 작은 쪽지가 놓여졌다. 어떤 때는 신발 안이나 베게 밑에 넣어 두기도 했다. "shmily"라는 신기한 글자는 이미 조부모님 집 장식품의 일부가 되었다.

나는 처음에는 게임의 의미를 이해하지 못하다가, 오랜 시간이 흐르고 나서야 비로소 두 분의 게임이 어떤 의미를 지니고 있는지 알 수 있었다.

그들의 감정은 서로에게 사랑 표현을 하는 작은 장난이기도 했고, 일종의 생활 방식이기도 했다.

그러나 불행히도 할머니는 10년 전부터 유방암을 앓게 되셨다. 그 후로 할아버지는 할머니와 함께 암과 투쟁하며 하루하루를 보내셨다. 할머니의 병세가 심해서 외출을 할 수가 없을 때, 할아버지는 노란 페인트가 칠해진 방에 머물면서 할머니의 마음을 위로해주셨다.

그러나 할머니는 하루하루 약해지셨고, 결국엔 외출을 할 수 없게 되셨다. 할아버지는 혼자 교회에 예배를 드리러 가셔서 할머니를 위해서 기도하셨다. 그러나 우리가 두려워하던 일이 결국 벌어지고 말았다. 할머니께서 암으로 돌아가신 것이다.

할머니의 장례식장은 송이송이 분홍색 리본 테이프가 감겨져 있는 꽃으로 장식되었는데, 테이프마다 노란색 "shmily"가 적혀 있었다. 많은 사람들이 장례식에 참석했다. 슬픔에 잠긴 할아버지는 떨리듯 숨을 쉬시고는, 할머니를 위해 노래를 하기 시작하셨다. 슬픔의 눈물이 흘러내렸다. 낮고 목 메인 소리로 부르시는 자장가였다.

할머니가 돌아가신 슬픔은 언젠가는 점차 잊혀질 테지만, 나는 영원히 그 순간을 잊지 못할 것 같다. 조부모님의 사랑은 사람들이 생각할 수 있는 것보다 훨씬 깊었다. 나는 그 사랑을 지켜볼 수 있었다는 것만으로도 많은 것을 느꼈고 행복할 수 있었다.

S-h-m-i-l-y (See how much I love you) - 내가 당신을 얼마나 사랑하는지 알아주세요.

10

가슴 속에 깊이 새겨질
짝사랑을 하라

짝사랑은 아름다운 감정이다. 어렸을 때 짝사랑했던 여자가 결국 다른 사람의 아내가 되었을 때도 당신은 여전히 낭만적으로 그 사랑의 아픔을 홀로 간직하며 그 일을 기억할 것이다. 어릴 적 짝사랑은 추억 속에 잘 보관했다가 다른 사람 몰래 꺼내보고 즐거워할 혼자만의 보물이다.

이뤄질 수 없는 사랑이라도, 불가능한 미래일지라도, 아름다운 쉼표만 있고 마침표는 없어서 가슴시린 사랑일지라도 그 시절의 순수한 기억만 있으면 슬프지 않다. 세월이 흘러 우연히 생각날 때, 마치 그것은 어제 일처럼 당신 얼굴에 생생한 미소를 남길 것이다.

짝사랑, 아름다운 추억

한 소년이 거의 매주 꽃집 유리창에 기대어 입을 반쯤 벌린 채, 뭔가에 홀린 듯한 눈길로 백합을 바라보고 있었다. 그렇게 넋을 잃고 꽃을 바라보는 남자아이는 본 적이 없다.

어느 여름날, 소년은 빨개진 얼굴로 간신히 용기를 내어 가게 안으로 들어왔다. 아무 말 없이 수줍게 서 있던 소년은 한참 있다가 마침내 입을 열었다.

"저 꽃 얼마에요?"

그 당시 백합화는 지금처럼 흔히 볼 수 있는 꽃이 아니었기 때문에 상당히 비싼 편에 속했다. 소년이 용돈을 많이 받는 부잣집 아이로 보이지 않았기 때문에, 마음 착한 주인은 화병에서 백합화 한 송이를 꺼내어 소년에게 주었다. 그러자 소년은 양 손을 재빨리 뒤로 감추며 한 걸음 물러나 버렸고, 그 모습에 주인은 당황했다. 소년이 말했다.

"공짜로는 안 주셔도 되요. 여기서 아르바이트를 하고 싶어요. 돈은 필요 없어요. 단지….”

그는 꽃을 바라보며 주인의 승낙을 기다렸다.

소년은 매우 부지런히 일했다. 하지만 경험이 없어서 꽃을 손질할 때 장갑을 꼈는데도 장미 가시에 손을 찔리기 일쑤였다. 소년의 손과 팔에는 흉터가 좀처럼 사라지지 않았다. 소년은 시간이 날 때마다 백합을 바라봤는데, 그의 눈에는 사랑이 가득 담겨있었다.

"저 꽃은 정말 그녀를 닮았어요.”

"누구?"

"우리 반 친구요.”

소년의 얼굴이 빨개졌다.

하루는 소년이 나오지 않았다. 그 다음날, 소년은 매우 늦게 가게에 왔는데 얼굴이 퉁퉁 부어있었다. 그는 고개를 숙이고 풀이 죽은 목소리로 주인에게 말했다.

"죄송해요. 어제 아빠가 밖에 못나가게 해서 오늘에야 겨우 빠져 나올 수 있었어요."

그리고 그 뒤부터, 그가 오는 시간이 일정하지 않았다. 어떤 때는 며칠씩 못나오기도 했는데, 다시 올 때마다 몸에 새로운 상처가 생긴 걸 꽃집 주인은 발견할 수 있었다.

마침내 여름방학 마지막 날이 되었다. 그 날 하늘은 매우 우울한 색이었고 금방이라도 비가 쏟아질 것만 같았다. 꽃집 주인은 백합화를 전부 모아서 투명한 비닐포장지로 두르고 예쁜 끈으로 감아 꽃다발을 만들어 조심스레 소년에게 주었다. 소년은 백합화를 받자 눈을 반짝이며 감동했다. 바깥에는 장대비가 내리고 있었다. 소년은 몸을 굽혀 꽃을 보호하면서 빗속을 걸어갔다.

그 다음날, 소년은 또다시 찾아왔다. 꽃집 주인은 소년에게 물었다.

"꽃을 그 친구에게 주었니?"

소년은 행복 가득한 얼굴로 고개를 끄덕이다가 다시 힘없이 고개를 흔들었다.

"꽃을 그 애 집 문 앞에 놓고 왔어요."

그렇게 힘들었던 여름과 바꾼 꽃을 소년은 직접 여자아이의 손에 건네주지 못했던 것이다. 소년은 작은 목소리로 말했다.

"사실 전 그 아이와 한 번도 이야기해 본 적이 없어요."

소년은 그 해 여름을, 그리고 새하얀 백합화를, 손에 든 환한 미소의 여자애를 영원히 기억할 것이다. 그 달콤했던 느낌과 백합화는 소년의 삶에서 지울 수 없는 추억으로 간직될 것이다.

11

사진집을 만들어
자신의 아름다움을 감상해보라

언제부터 유행하기 시작했는지 알 수 없지만, 사진집은 더 이상 유명인들만의 전유물이 아니다. 사진집은 이미 많은 사람들이 가지게 된 흔한 물건이 되어 버렸다. 유행에 민감한 여성들은 자신을 위한 사진집을 여러 권 갖고 있다.

35세 이전의 당신도 한번 자신만의 사진집을 만들어 보기 바란다. 자신의 아름다움을 스스로 느껴보고, 기뻐해 보라.

우리는 자기 자신을 좋아하는 법을 배워야 한다. 자신을 좋아하게 되었을 때, 다른 사람들도 당신에게 호감을 느끼게 된다. 자신을 좋아하기 위해서는 먼저 자기를 좋아하는 방법, 자신의 장단점을 이해하는 방법, 자신의 가치관·학습 능력·신체 특징과 외모 등을 정확히 알아야만 한다. 자신만의 사진집을 만들어 보면 생각지도 못한 즐거운 일이 생길 것이다.

성숙의 표지

성인은 성년식을 거치고 되는 것이다. 자신의 사진집을 만든 그날부터 당신은 당당한 성인이 된 것이다. 당신은 자신을 어떻게 대해야 하는지, 자신의 몸에 자랑할 만한 부분과 불만스러운 부분을 어떻게 받아들여야 하는지 알게 될 것이다. 아름다움도, 추함도, 모두 당신의 사랑스런 일부이다.

영혼의 교류

자기 자신과 대화하는 방법은 여러 가지가 있다. 그 중의 하나는 책을 한 권 쓰는 것이다. 주인공은 물론 당신이고, 스토리도 당신 것이다. 이때 직접 그린 멋진 삽화나, 자신의 사진집은 빠질 수 없는 것이다. 다른 사람과 대화하는 방법도 여러 가지가 있는데, 당신이 쓴 책을 같이 보는 것이 좋은 방법 중 하나이다.

당신이 기뻐했던 것을 그 사람도 기뻐하고, 당신이 슬퍼했던 것에 대해 그 사람도 같이 공감해 줄 수 있다. 책 내용을 통해 당신의 성장 과정을 이해하고, 당신의 사진집을 통해 당신 인생을 공감할 수 있다.

애틋한 추억거리를 남긴다

필름이란 것이 발명된 그 날부터, 사진은 사람의 추억과 계속해서 밀접한 관련을 맺고 있다. 옛날 사진을 훑어보면서 당신은 아름다웠던 추억들을 드문드문 기억해 낼 것이다.

청년의 때는 인생에서 반드시 거쳐야 할 시기로, 기념할 만한 것이 어느 때보다 많다. 그 시절의 당신은 살이 좀 쪘을 수도 있고 어쩌면 주름살이 좀 있었을지도 모른다. 그렇지만 그런 건 전혀 중요하지 않다. 실제의 삶을 기록하는 것이 중요한 것이다.

35세 이전 젊고 예쁠 때, 기회를 잘 잡아 사진집을 만들어 보라.

당신이 완벽을 추구하는 사람이라면 다른 곳에서 배회하지 말고, 사진관에 가서 사진관 주인에게, 행운을 가져다주거나 아름다운 추억을 남겨주는 사진집을 만들어 달라고 이야기하라.

사진집을 손에 넣는 그 날, 당신은 자신이 제일 멋지다는 사실을 발견할 것이다.

12 당신의 매력을 발산하라

만약 그 나무가 특별하게 생겼다면 당신은 절대 그냥 지나치지 않을 것이다. 그 꽃의 향기와 곧게 뻗은 모습까지 돌아볼 것이다. 백합의 청초한 향기가 깊은 계곡에서 불어오는 것처럼, 들국화 향이 황혼녘 울타리에 은은하게 퍼지는 것처럼, 달콤한 아카시아 향이 당신이 생각하지 못했을 때 가볍게 당신의 어깨에 내려앉듯이.

35세 이전의 당신은 매력적이다. 당신의 내면에서부터 외모까지 사람을 취하게 만드는 매력이 물씬 풍겨난다. 당신이 가장 아름다울 때, 마음이 통하는 그를 만난 것은 그가 날마다 지나가는 거리에서였다.

여자의 매력은 있는 듯 없는 듯하면서도 평범하지 않은 개성에서 잘 나타난다. 현란하지 않고, 유행을 따르지도 않지만, 맑은 바람 부는 새벽의 첫 햇살처럼 조용히 나타난다. 혹은 어느 여름 날 오후, 그가 연꽃을 보러 호숫가에 갔을 때 연꽃 향기처럼 섬세하게 풍겨난다. 늦은 오후 적막할 때, 오랜 시간 응시하고 있던 까만 눈동자에서 돌연히 빛이 비치기도 한다. 그녀는 매 순간마다 다른 방식으로 다른 향을 낸다. 그러나 가장 아름다운 순간, 늦지도 빠르지도 않게 그녀는 사랑하는 이를 만난다.

　이것이 바로 개성 있는 여자의 매력이다. 한 번도 똑같은 모습으로 머물러 있지도 않고, 마냥 무언가를 기다리지도 않고, 일생에 단 한 번 있을 만남을 위해 그녀는 최고의 모습을 준비한다.

향기로 여인을 알다

　우아함은 생활방식에서부터 나오는 것이다. 우아한 여인은 까탈스럽지 않고, 초조해하지 않고 행운을 기다린다. 우아한 여인은 결정적인 순간에 필요한 장소에 나타난다. 경마장·경축일 의식·초대모임·예술작품 전시회 등. 그녀와 관계없는 행사라도 사람들은 그녀에게 초대권이 필요한지 묻는다. 그러면 그녀는 숱 많은 눈썹을 치켜들고 힐끗 상대방을 응시하여 자신에게 유치한 질문을 한 그 사람을 뒷걸음질 치게 한다. 그녀에게선 백합·치자·난초·장미·정향·유향·단향목 등의 향기가 난다. 이런 향기들은 그녀의 우아함을 돋보이게 한다. 고전적인 향수는 그녀가 제일 좋아하는 것이다. 유행을 좇는 것은 그녀와 상관없다. 그녀에게는 자신만의 생활 방식이 따로 있다.

　자신감이 있는 여인은 매혹적이고, 진난하며, 다른 사람들의 인성을 받는다. 별로 중요치 않은 일로 그녀를 귀찮게 만드는 사람도 없다. 그녀는 특정한 이미지를 전하는 향수를 쓰기 좋아하는데, 그런 향수는 그녀를 성실하고 신뢰 가는 사람으로 만들어줘서 사람들이 그녀를 좋아할 수밖에 없게 한다. 또한 그녀는 자신이 향수를 사용했다는 것을 숨기지 않고 오히려 신비롭고 우아한 행동으로 그 향수의 느낌을 강조한다. 그녀의 재능도 향수의 느낌과 함께 더욱 돋보인다. 연꽃·자라난화(紫羅蘭花)·금잔화·등자·파인애플, 그리고 극히 소량의 박하는 은은하고 가벼운 향기를 내뿜으며 자주 이런 용도로 사용된다.

그녀는 매우 귀엽고 행복한 여인이다. 성격이 복잡하지 않고 내면의 아름다움을 지니고 있다. 그녀는 활발하며 순진한 것이 꼭 소나기 내린 뒤의 투명한 하늘같고, 그녀의 향기도 꼭 그렇다. 그녀가 쓰는 향수는 상쾌한 바다 바람, 열대우림 혹은 새벽의 맑음을 담고 있다. 수련·연화·등나무·맥문동·백수련·히아신스 혹은 해초에서 직접 채취한 것 모두 이런 은은한 향을 내뿜는다. 이것이 바로 친절한 여성이 좋아하는 향수로, 모든 사람들에게 친절한 그녀는 항상 낙관적이며, 행복하다.

13 감독과 배우가 되어
낭만적인 사랑의 연극을 해 보라

만약 당신이 꿈에 그리던 이상형을 만났다면, 그의 외모와 인격이 당신이 바라던 모습과 비슷하다면, 당신이 그에게 빠져들었다면, 당신은 예전의 콧대 높던 자존심과 우유부단한 태도를 버리고 적극적으로 그에게 자신을 표현해야 한다. 부끄러울 것이 어디 있는가? 사랑을 이룰 수 있다면 부끄러움이 대수겠는가? 사랑은 당신 일생의 행복과 관계있다. 만약 당신이 그 순간의 기회를 놓치지 않는다면 평생의 행복을 붙잡는 것이다.

35세가 되기 전에 자신이 감독과 배우가 되어 연극을 한번 해보라. 낭만적인 대본을 짜라. 마음속에 그리던 그 사람과 서로 사랑하게 되는 스토리를 짜라. 그에게 당신은 낯선 사람이지만 당신에게 그는 더 이상 남이 아니다. 그는 이미 조용히 당신의 영혼 속으로 들어왔다. 당신은 그와 맺어지기 원하는 강렬한 소망을 갖고 있다. 그와 친구가 되기 원하고, 미래의 동반자가 되기를 너무나 간절히 원한다. 당신의 꿈은 매우 낭만적이고 진지하다.

머릿속으로 그와 만날 그 행복한 시간을 마음껏 상상해도 무방하다. 그 다음 현실로 돌아와서 1인 2역의 낭만적인 연극을 해 보라. 이것이야말로 자극적이면서도 낭만적인 체험이 아닐 수 없다. 또한 더 중요한 것은 이후로 당신이 고독한 생활에서 벗어나 멋진 사람과 함께 살고 더 많은 낭만을 만들어 갈 수 있다는 것이다.

사랑의 연극을 통해 맺어진 한 부부

오래 전에, 한 가족이 플랭크스로 이사를 와서 우리 아파트 3층에 살게 되었다. 데이빗은 그 집 아들이었다. 그는 독서를 좋아해서였는지 시간이 날 때면 늘 도서관에 앉아 있었다.

도서관에는 굉장히 예쁜 사서가 있었다. 그녀의 이름은 메리였는데, 따뜻하고 부드러운 목소리의 그녀를 친구들은 모두 좋아했다. 읽고 싶은 책을 찾지 못할 때마다 그녀에게 물어보면, 그녀는 하던 일을 멈추고 미소를 지으며 책을 찾아 주었다.

메리가 새로 이사 온 데이빗을 몰래 좋아하고 있다는 것을 우리는 눈치챘다. 데이빗이 도서관에 들어올 때마다 메리의 눈이 밝아졌고, 그녀의 눈길이 데이빗이 지나간 자리를 그대로 따라가는 것을 보았기 때문이었다. 그러나 그녀는 수줍음이 많아서 데이빗과 이야기를 한 적이 한 번도 없었다.

어느 날 밤 메리가 막 퇴근하려고 할 때, 그녀의 조수가 허리를 굽혀 아직 뜯지 않은 편지를 주웠다. 편지는 큰 병원에서 온 것이었다.

"꽤 중요한 편지 같은데요."

조수가 말했다.

메리는 그 편지의 주소를 보고서 깜짝 놀랐다. 수신인의 주소가 바로 자기가 살고 있는 그 아파트가 아닌가. 그녀는 퇴근 후에 그 편지를 수신인에게 전해주려고 생각했다.

도서관의 불을 끄고 문을 잠그고, 메리는 황급히 집으로 돌아왔다. 그녀는 가방을 구석으로 던져 버리고 편지를 들고 문을 나섰다. 그리곤 그 집 앞에 서서 우체통에 씌어진 이름을 먼저 보았다.

"고든"과 봉투에 씌어진 이름이 일치했다. 그녀는 초인종을 눌렀다.

"누구세요?"

스피커를 통해 한 부인의 음성이 들렸다.

"저는 도서관 사서인데요."

메리가 웃으며 말했다.

"우리 도서관 바닥에서 데이빗 고든씨에게 보내는 편지를 주웠거든요. 누군지 아세요? 중요한 편지 같은데요."

한동안 침묵이 흐르고 나서 부인의 목소리가 다시 들려왔다.

"네, 누군지 알아요. 그 편지를 갖고 올 수 있어요? B3호에요. 제가 몇 주 전에 넘어져 다리가 좀 불편해서 계단을 내려 갈 수가 없거든요."

메리는 3층으로 올라갔다. 인자한 얼굴의 부인이 미소를 지으며 지팡이를 짚고 그녀를 맞이했다.

"저는 그 도서관 사서예요. 그리고 저는 이 근처에 살아요. 집에 가는 길에 들른 거니까 너무 고마워하지 않으셔도 돼요."

"아이구, 내 정신 좀 봐라. 바깥에 서 있게 했네요. 안으로 들어와서 차라도 한잔 하세요."

부인은 메리를 안으로 들어오게 하고, 편지에 관한 이야기를 하기 시작했다.

"아들한테 편지가 올 때마다 주방의 탁자에 올려놓아요. 그렇게 해야 아들이 집에 돌아와 쉽게 편지를 확인할 수 있거든요. 이 편지는 정말 중요하기 때문에 책 사이에 끼워 두었죠. 아들은 병원에서 일하는데 나중에 심장병 전문가가 될 거에요."
그녀가 자랑스럽게 말했다.

그때 마침 데이빗이 문을 열고 들어왔다. 메리는 데이빗을 남몰래 좋아하고 있었기에 가슴이 콩닥콩닥 뛰기 시작했다. 데이빗의 어머니는 흥분한 듯 방금 일어난 일을 모두 데이빗에게 설명했다.
데이빗이 놀라서 메리에게 말했다.
"세상에, 아가씨는 어느 도서관에서 일하시죠? 정말 고마워요. 안 그래도 지금 편지를 찾아 여기저기 돌아다니고 있었거든요. 이 편지는 제 사업을 정식으로 시작하게 해주는 중요한 편지에요."
계속해서 조금은 갑작스럽게 데이빗이 말했다.
"이번 주 토요일 저녁에 같이 영화 보러 가지 않으실래요?"
메리가 너무 기뻐 정신을 못 차리고 있을 때, 고든 부인이 그녀의 손을 붙잡으면서 말했다.
"좋죠, 메리? 얼른 그렇게 한다고 대답하세요."
결국 그렇게, 메리와 데이빗은 사랑의 여정을 시작하게 되었다.

시간이 흘러서 결혼 25주년이 되었을 때, 비로소 메리는 사실의 진상을 알게 되었다. 사실 데이빗이 메리를 알게 되었을 때 그는 이미 심장병학의 전문가였다! 세 아이의 엄마가 된 메리는 미소를 지으며 그 옆에 앉아서 데이빗의 이야기를 들었다.

사실 데이빗은 그렇게 독서를 좋아하는 사람은 아니었다. 도서관에 자주 들른 것은 메리의 예쁜 모습을 보기 위해서였다. 그가 어머니에게 메리를 사랑하는데 어떻게 다가가야 할지 모르겠다고 말하자, 그의 어머니는 꾀를 하나 가르쳐 주었다. 도서관에 갈 때 일부러 편지를 한 통 떨어뜨리고선 메리가 그 편지를 주워서 가져다주기를 기다리는 방법이었다. 데이빗은 어머니의 아이디어대로 했다. 도서관에 갈 때 계속 바닥에 편지를 떨어뜨렸는데 그때마다 누군가 편지를 주워서 그에게 돌려주었다. 자기를 부르는 소리에 뒤를 돌아보았을 때, 그 사람이 메리인 적은 한 번도 없었다.

마지막으로 데이빗은 메리와 그녀의 조수 이외에 아무도 없을 때까지 도서관에서 기다렸다가 편지를 바닥에 떨어뜨렸다.

그는 원래 다음날 도서관에 와서 혹시 편지 한 통을 발견하지 못했냐고 메리에게 물어볼 생각이었다. 그러나 예상했던 것보다도 더 일이 잘 풀린 셈이었다. 메리가 직접 그 편지를 갖고 전해 주었으니.

데이빗이 이야기를 마쳤을 때, 그의 아름다운 아내는 한쪽에 앉아 숨이 멎을 정도로 웃었다.

"데이빗"

그녀가 웃음을 간신히 거두고 말을 이었다.

"당신, 그 편지를 제대로 봉하지 않아서 우리는 그걸 뜯어봤거든요. 봉투 안에 든 종이를 봤는데 백지 한 장 빼고는 아무것도 없었어요. 그래서 당신이 도대체 뭘 생각하는 건지 궁금해 죽을 것 같았어요. 그래서 내가 장난을 친 거에요, 데이빗. 당신 정말 연기 형편없었어요."

그녀는 이렇게 말하며 사랑이 듬뿍 담긴 눈빛으로 데이빗을 바라봤다.

"그렇지만 전 당신을 정말 사랑해요!"

그녀는 물속의 꽃인가, 아니면 거울속의 달인가? 그는 그렇게 멀리 떨어져 있는가?

순전한 사랑을 위해, 스스로 감독과 배우가 되어서 연극을 해 보는 것은 매우 낭만적인 일이지만 더 낭만적인 것은 당신들의 삶에 나중에 벌어지게 될 러브 스토리이다.

발렌타인데이에 연인에게
특별한 선물을 하라

발렌타인데이는 사람의 마음을 뛰게 하는 날이다. 이 날이 장미꽃과 초콜릿의 대명사가 된지는 이미 오래다. 이제껏 해마다 연인에게 장미와 초콜릿을 선물했다면 올해는 이 특별한 날 그녀에게 색다른 선물을 해 보라. 틀림없이 그녀의 마음을 얻을 수 있을 것이다.

발렌타인데이 선물에 관한 낭만적인 이야기가 있다.

무무의 선물

그에게는 '무무' (木木)라는 특이한 별명이 있다. 그의 이름은 원래 린 (林)인데, 그의 여자친구가 그의 이름을 두 글자로 나눠 무무라고 부르는 것이다. 그녀에게도 우아하지는 않지만 친근한 '니니'라는 별명이 있다. 그녀의 별명은 역시 남자친구가 지어준 것이다. 그녀는 매우 활발하며 밝은 성격이었다. 작은 일은 대수롭지 않게 넘기는 것이 꼭 남자 같았고, 그녀 스스로도 종종 자신을 그의 '형제들'이라고 불렀다. 그런 니니를 무무는 마음속 깊이 좋아했고, 두 사람은 연인이 되었다.

비가 오나 눈이 오나 무무에게는 변함없는 일이 한 가지 있었는데, 그것은 매일 밤 니니에게 맛있는 야식을 사주는 것이었다. 창 아래에서 니니를 부르면, 그녀는 거의 반사적으로 봉지를 긴 끈에 연결해서 5층에서 아래로 내려 보냈다. 끈의 한 쪽 끝은 니니의 손에 쥐어져 있었다. 무무가 여자친구가 좋아하는 간식을 봉지에 담아 신호를 하면 니니는 그것을 끌어 올렸다.

그 날은 그를 알고 난 뒤 첫 번째로 맞는 발렌타인데이였다. 그녀는 반쯤 농담처럼 그에게 웃으면서 말했다.

"너 매일 나랑 같이 있잖아. 오늘은 특별한 날이니깐, 오늘 하루는 내가 널 풀어줄게. 꽃을 사서 네 여자친구에게 줘."

그는 그러고 싶지 않았지만 별 수 없이 그 자리를 떠났다.

그녀도 고독하게 기숙사에 남았다. 무무 없이 보내는 날이 익숙하지 않아 몹시 쓸쓸했다.

그녀는 그를 보낸 것을 후회했다. 그리고 마음속에 강렬한 소원이 생겼다. 그것은 바로 그의 여자친구가 되는 것.

무무는 약속하지 않아도 매일 밤 니니의 기숙사에 야식을 사 들고 왔었다. 니니는 다른 때보다도 더욱 무무를 기다렸고, 역시나 무무는 밤이 되자 어김없이 그녀의 이름을 불렀다. 그가 여느 때처럼 야식을 갖고 온 줄 알고 니니의 룸메이트들은 환호성을 질렀다. 그런데 이전과는 달리 야식에 두 장의 메모가 끼워져 있었다.

"니니, 사실 난 전부터 널 내 여자친구로 만들고 싶었어.

너는 우리가 형제사이라고 이야기하며 나에게 휴가를 줘서 여자친구를 만나러 가라고 했지만 내가 매일 너와 같이 있었다는 건 하늘이 알아. 내가 다른 여자 친구를 사귈 기회가 있었겠어? 오늘 하루 종일 난 혼자 자전거를 타고 여기저기 돌아다니기만 했어. 나를 심심하게 했으니 올해 발렌타인데이에는 장미꽃과 초콜릿 선물을 주지 않을 거야. 하지만 이 낭만적이고 아름다운 날에 프로포즈할 수 있는 건 참 얻기 힘든 소중한 기회겠지? 이 소중한 날을 놓치지 않으려고 사랑의 약속을 하나 붙여 보내. 내일부터 내년 발렌타인데이까지 매일 너에게 장미꽃 한 송이와 초콜릿 한 개를 선물할게. 내년 이 맘때면 너에게 장미꽃 364송이와 초콜릿 364개를 선물했겠지? 그리고 내년 발렌타인데이에는 장미 99송이와 초콜릿 한 박스를 선물할게."

쪽지를 다 본 그녀의 얼굴이, 발렌타인데이에 매혹적으로 핀 장미꽃처럼 빨개졌다.

발렌타인데이 당일, 장미와 초콜릿 말고 연인에게 어떤 것을 줄 수 있을까?

돈으로 살 수 없는 소중한 것을 연인에게 준 기억이 있는가?

예를 들어 달콤한 키스나 부드러운 미소, 평생 연인의 가슴에 남을 따뜻한 말 한마디는 어떨까.

연인에게 특별한 선물을 해보라. 그녀를 깜짝 놀라게 해보라. 자신도 낭만과 행복이라는 선물을 받게 될 것이다.

15

꽃이나 야생초를 길러 낭만적인 인생을 장식하라

세상에는 우리가 사랑할 만한 것들이 참 많다. 무조건적인 헌신과 사랑은 인류의 고상한 정신을 잘 드러내 준다. 생활 속에서 만나는 모든 것을 진심으로 사랑할 때 우리 생활의 아름다움을 깊이 느낄 수 있을 것이다.

마음이 기쁠 때나 답답할 때, 화려한 각양각색의 꽃을 보면 당신은 어떤 느낌이 드는가?

식물은 강인한 생명력을 가지고 있다. 약간의 토양과 물만 있다면 어디서든 자란다. 그래서 사람이 화초를 기르는 것은 식물에게 자비를 베풀기 위함이 아니라 화초로부터 대자연의 활력을 받기를 요청하는 것이다. 온갖 건물로 빽빽이 둘러싸인 도시에서는 대자연을 느낄 수 없다. 도시에서 자연을 느끼려면 약간의 상상력이 있어야만 한다. 새싹을 보고, 초록이 무성한 봄을 상상해야만 자연을 느낄 수 있다. 이것이 바로 현대 도시인의 비애이다.

집 안에 있든 밖에 있든, 매일 볼 수 있는 꽃이나 식물을 선택해서 당신의 자녀처럼 아끼고 관심을 보여 보라. (꽃을 기르는 것이 아이를 키우는 것보다 훨씬 쉬울 것이다. 밤새도록 우는 일도 없을 것이고, 기저귀도 필요 없고, 말썽을 피우지도 않을 테니까.)

꽃을 향해 무조건적인 사랑을 베풀 때, 당신은 초조해하거나 불안해하지 않고, 부끄러워하거나 화를 내지도 않고, 도리어 온 집에 사랑이 가득하게 될 것이다.

꽃을 볼 때마다, 이런 사랑 표현을 적어도 매일 한 번씩 연습해 보라.

머지않아, 당신의 사랑이 식물에게 신기한 영향을 미치는 것을 볼 수 있을 것이다. 이런 사랑이 얼마나 멋진 것인가를 배우고 나서, 주변 사람들에게도 그런 사랑을 베풀어 보기 바란다.

꽃들이야말로 사랑의 힘을 보여 줄 수 있는 제일 좋은 본보기이다.

그럼 당신은 어떤 종류의 꽃을 좋아하는가? 사실 꽃이나 사람이나 독특한 개성과 품격이 있다는 점에선 별반 다르지 않다.

국화가 품격이 고상한 은둔자라면, 모란은 풍요로운 세상의 귀족이고, 연꽃은 꽃 중의 군자라 할 수 있다.

유명한 꽃들뿐만 아니라 산이나 교외에서 따온 이름 없는 꽃도 좋고, 강인한 생명력을 지닌 선인장도 좋고, 대나무도 좋다. 가지가지 화초로 인생을 장식하면 인생에 시적 정취가 더하고, 당신의 인품에서 향기가 날 것이다.

화초와 함께 하는 인생, 즐겁지 않을까?

꽃이 있고 풀이 있는 생활이야말로 흐뭇하고, 편안하고 건강한 삶이다.

16

봄에 연인과 함께 야외에 나가
자연의 소리를 들어보라

물질주의가 팽배한 이 세상에서 현대인들의 마음은 지쳐만 간다. 자신의 마음을 위한 여유 있는 공간도, 시간도 찾지 못한다. 주부는 해도 해도 끝이 보이지 않는 집안일 때문에 바쁘고, 직장인은 승진을 위해 끝없이 야근을 하거나 돈을 벌려는 마음에 새벽별을 보고 출근해 달을 보고 퇴근하기도 한다. 그들의 마음은 점점 더 닳아버려 언제 맑은 새소리를 들었는지 기억조차 나지 않는다.

35세 이전의 당신은 직장을 벗어나 복잡한 것들을 다 던져 버리고 연인과 함께 시골에 들어가 쉬면 어떤 느낌일지 생각해 본 적 있는가?

애인과 함께 고요한 곳으로 가서, 복잡한 일도 없고 경쟁할 필요도 없는 편안한 시간을 가져보라.

연인과 둘만 있는 곳에서 마음을 털어놓고 이야기해 본 적이 언제인가? 가만히 상상해보라.

조용히 풀밭에 누워, 연인의 호흡하는 소리에만 귀 기울이며, 하늘을 이불삼고 땅을 베게 삼아, 하늘과 땅을 모두 두 사람의 것으로만 여기고 그런 시간을 가져보라. 어쩌면 당신은 하늘이 처음 열린 후, 아담과 하와가 노닐던 시대를 떠올릴지도 모르겠다.

자연의 소리에 귀 기울여 보면 예전엔 미처 경험해 보지 못했던 가볍고 편안한 상태가 될 것이다. 그 상태에서 두 사람은 인생의 교훈을 얻고, 조용히 마음 수양을 할 수도 있다. 자연의 소리는 영혼 속의 먼지와 더러운 잡념을 씻어내고 대자연의 맑고 순수함을 그 속으로 들어가게 한다.

집에서 이런 고요함을 찾으려고 애쓸 필요는 없다. 왜냐하면 집안에는 그런 고요함 자체가 없기 때문이다. 집에서 고요함을 찾으려면, 집에 아무도 없더라도 외부에서 오는 모든 연락을 일부러 끊어야만 한다. 게다가 당신의 눈이 닿는 곳과 귀에 들려오는 것은 모두 낯익은 것이라서 잡스러운 생각이 밀려오게 된다. 진정한 고요의 세계는 낯선 곳, 다소 편벽된 곳이라도 조용한 곳을 찾아야 한다. 사실 사람을 황홀케 만드는 그런 경치도 필요 없다. 어쩌면 푸른 하늘, 넓은 들판이 제일 좋은 선택일지도 모른다.

시골의 따뜻한 봄날 오후는 어떨까? 시골의 넓은 들판에 다다르면 모든 것이 우리가 상상한 것과 같다. 자연의 소리가 간혹 들리기는 하지만 그것이 마음의 소리에 귀 기울이는 것을 방해하지는 않는다. 이때 내 몸 전부가 편안해지고, 아무 생각도 하지 않게 된다. 이것이 바로 "천인합일"(天人合一)의 경지이다.

피곤하고 머리가 지끈지끈 아플 때, 연인과 함께 교외나 들판으로 나가 세속의 모든 잡념을 벗어버리고, 대자연의 소리에 귀 기울여 보라. 틀림없이 완벽한 편안함을 얻을 수 있을 것이고, 생명과 생활에 새로운 에너지를 채울 수 있을 것이다.

벚꽃이 후두둑 떨어지듯 비가 내리는 날에 교외로 나가 조용히 걸으며 가끔씩 가슴에 안기는 빗방울을 느껴보라. 멀리서 보이던 초록색이 가까이서 오히려 없어지는 신기한 경험을 하게 될 것이다. 빗방울이 세상의 먼지를 쓸어내리고, 세상이 완전히 새로운 모양으로 변하는 것도 바라보라.

온 하늘이 파란색이다. 하늘에는 한 줄기 햇살이 비춰 찬란하게 보였다 아스라이 사라지기를 반복하는 무지개가 가득하다. 바람도 불지 않는 따뜻한 날씨와 공기는 갓 들판에서 짠 신선한 우유를 생각나게 한다.

늦은 밤 떠들썩한 인파를 피해, 연인과 함께 인적이 드문 조용한 길이나 한적한 화원으로 가라. 그곳에서 풀벌레 소리를 들어보고, 푸른 초목의 은은한 향을 맡아보라. 혹은 저 멀리 보이는 맑은 하늘, 달도 보이지 않고 성긴 별만 드문드문 빛나는 그 경치에 빠져 보라. 아무 잡념 없이, 귀찮은 일도 없이, 우울한 마음도 없이, 오직 자신과 사랑하는 사람과 자연만이 하나가 되어 깊은 숨을 내쉬어보라.

17

미래의 배우자와 만날
그 날을 마음껏 상상해보라

35세 이전의 당신은, 만약 결혼을 하지 않았다면 틀림없이 마음속으로 늘 미래의 배우자의 모습을 그려 볼 테지만, 미래의 배우자를 만나게 될 순간이 얼마나 아름다울지 생각해 보지는 못 했을 것이다. 배우자를 만날 미래의 모습을 상상해 보지 않았다면 지금도 늦지 않았다. 눈을 감고 진지하게 상상해 보라.

당신은 첫눈에 그의 미소에 반한다. 가을철 잘 익은 과일처럼, 그렇게 특별하지는 않더라도, 그는 성숙한 인품으로 당신을 푹 빠져들게 만들고, 당신은 그에게서 뿜어져 나오는 겸손함과 자신감을 사랑하게 된다. 그는 겨울의 푸른 소나무보다 더 위엄 있게 서서 눈꽃보다 더 멋진 미소를 짓는다. 그가 발산하는 열정은 한 겨울에 꽁꽁 얼은 얼음마저도 녹일 수 있고, 그와 함께 있으면 당신은 한겨울의 매서움을 영원히 잊어버리고 겨울의 아름다움을 감상할 수 있다.

당신의 가장 친한 친구가 당신을 저녁 만찬에 초대할 때, 당신은 운명의 그를 만나게 된다. 처음 만났을 때는 그 낯선 사람에게 전혀 매력을 느끼지 못했지만 시간이 지나면서 점점 그를 사랑하게 되는 이런 상상은 마음에 드는가?

줄거리가 달라도 상관없다. 매주 한 번씩 친구들과 볼링을 치러 가는데 3번 레인에서 낯선 사람을 발견한다. 그녀의 완벽한 미모와 몸매에 넋을 잃었다. 그녀는 매우 건강해 보였지만 한편으로는 여성적인 매력도 넘친다.

볼링 시합이 끝났을 때 당신은 친구들과 함께 맥주를 먹으러 가지 않고, 그녀가 볼링장을 나오길 기다려 그녀에게 자기소개를 하고 그녀에게 남자 친구가 있는지 물어본다. 그녀와 함께 커피를 마시러가서 이야기를 하다가 볼링은 단지 두 사람의 공통 취미에 지나지 않는다는 것을 알게 된다.

당신이 그녀에게 애프터를 신청하자 그녀는 대답한다.

"물론이죠."

당신의 진짜 배우자를 만났다고 상상해 보라. 두 사람은 어떻게 만나게 됐는가? 어떤 상황을 설정해 봐도 좋다.

계속 상상해 보라. 정말 꿈에 그리던 이상형을 만나 친밀하게 될 때, 어제의 상상을 다시 한 번 생각해 보라. 어쩌면 필요 없을지도 모르지만.

최대한 줄거리를 낭만적으로 상상하라. 그날 입을 옷 색깔이나 어떤 색의 목도리를 할 건지, 그녀와 어떤 커플 룩을 할지 상상해도 좋다. 그녀가 당신을 만날 때의 표정도 상상해 보라. 놀랄 것인가, 아니면 부끄러워 할 것인가. 연꽃이 차가운 바람을 이기지 못하는 연약한 모습처럼 그녀가 수줍어 할 모습도 상상해 보라.

중국의 풍류시인 쉬즈모(徐志摩)는 일본 유학시절에 아름다운 일본 여성과 사귀면서 유명한 〈증일본여랑〉(贈日本女郎, 일본 아가씨에게 주는 시)이라는 시를 한 수 지었다.

고개 숙인 부드러움이
마치 차가운 바람을 이기지 못하는 연약한 수련화처럼
소중히 여기는 말 한마디, 소중히 여기는 말 한마디
그 소중히 여기는 그 말 한마디 속에 달콤한 유혹이
사요나라

마음이 따뜻하고 아름다운 일본 아가씨가 얼마나 시인의 마음을 끌었는지, 시인이 그녀의 따뜻함을 왜 그렇게 사실적, 감동적으로 묘사했는지 당신은 느낄 수 있는가?
그 아름다운 아가씨가 시인의 마음 속 바다에 얼마나 많은 파도를 불러일으켰는지 당신은 느낄 수 있는가?

18

사랑으로
마음을 씻어내라

사랑은 성스럽고 신비한 것이다. 사랑하는 사람들은 영혼의 승화와 희열을 느끼게 된다. 사랑은 성수와 같아서 사람의 정신을 맑게 하고, 우리의 영혼을 더 성결하게, 고귀하게 만든다.

한 사람의 사랑과 용서

그해 샤오언은 열일곱 살이었다. 6개월 전 그의 부모는 이혼했고, 샤오언은 아버지와 함께 살았다. 그는 삶이 즐겁지 않았다. 어머니와의 이별은 그의 생활을 순식간에 어둠의 나락으로 떨어뜨렸다. 카이라라고 하는 교생 선생님이 오셨는데 입가에 늘 미소를 띠고 있는 모습이 예전에 샤오언이 그림을 완성했을 때마다 어머니가 띠었던 미소와 같았다.

카이라 선생님의 미소를 보는 순간, 샤오언은 자기의 심장이 뛰는 소리를 들었다. 샤오언은 이름을 알 수 없는 흥분과 불안 사이에 빠져 버렸다. 어느 주말, 반 전체가 조금 멀리 떨어진 산에서 여름 캠프를 하기로 했다. 숲속에 자리를 잡아 텐트를 세우고, 학생들은 모닥불을 피우고 활활 타오르는 불 주위를 둘러싸며 즐겁게 춤을 추기 시작했다. 샤오언은 카이라가 자기에게 다가와서 같이 춤을 추자고 요청했으면 하고 생각했다.

그러나 샤오언에게 기회가 오기 전에, 다른 친구들이 먼저 선생님에게 다가가 샤오언의 눈앞에서 그녀의 손을 잡고, 즐겁게 춤을 추었다.

그날 밤 달빛은 정말 밝았다. 파티가 끝나자 카이라는 계곡으로 가서 주변에 사람이 아무도 없는 것을 확인하고 옷을 벗고 계곡에 뛰어들어 목욕을 하기 시작했다. 카이라가 어디로 가는지 호기심이 들어 샤오언은 카이라의 뒤를 따라갔다. 이런 광경을 몰래 쳐다보는 것은 옳지 않은 행동이라고 생각했지만 강렬한 호기심을 억누를 수 없어서, 나무 뒤에 엎드려 여신과 같이 아름답고 순결한 그녀의 몸을 관찰했다.

샤오언은 카이라를 훔쳐보느라 정신이 없어서, 실수로 돌 하나를 떨어뜨리고 말았다. 한밤중의 적막함 속에서 돌이 구르는 소리가 크게 울렸다. 카이라는 재빨리 바위 곁으로 돌아와서 손전등으로 소리가 났던 곳을 비추며 긴장한 듯 소리를 질렀다.

"거기 누구세요?"

손전등은 겁에 질려 어쩔 줄 모르는 얼굴을 비췄다. 두 사람의 눈이 마주쳐서 움직일 줄 몰랐다. 샤오언은 부끄러워 쥐구멍에라도 숨고 싶었다. 그러나 몇 초 후에 손전등의 빛이 움직였고 그 순간을 틈타 샤오언은 허겁지겁 숲속으로 도망쳤다.

몇몇 여학생이 카이라의 비명소리를 듣고 놀라서 뛰어와 저마다 한 마디씩 물었다.

"선생님, 무슨 일이에요? 어떤 재수 없는 남자애가 몰래 봤어요?"

"아니야. 이리 한 마리를 보고 놀라서 그랬어."

카이라는 일부러 손전등으로 계곡의 오솔길을 비추며 여학생들을 데리고 즐겁다는 듯 떠들면서 떠났다.

샤오언이 긴장한 나머지 짧게 내쉬는 숨소리마저 들릴 정도로 주변이 고요해 지기 시작했다. 그는 나무에 기대어 조심스레 아래로 내려왔다.

그 다음날, 카이라는 예전처럼 샤오언에게 미소를 지었다. 마치 어젯 밤에 아무 일도 없었던 것처럼. 그에게 어젯 밤 이리 춤을 같이 추지 못해서 아쉬웠다고, 나중에 같이 춤을 출 기회가 있으면 좋겠다고 말하기까지 했다. 그녀의 착한 마음씨와 용서가 샤오언의 마음을 울렸다. 그는 앞으로 다시는 선생님의 마음을 배반하는 일은 하지 않겠다고 다짐했다.

10년 후 샤오언은 독일에서 꽤 영향력 있는 신예화가가 되었다. 많은 박물관에서 그의 작품이 전시되었다. 그러나 이 젊고 재능이 넘치는 화가의 서재에 섬세한 붓놀림으로 그린 그림이 하나 걸려있는 것은 아무도 모를 것이다. 그것은 물처럼 맑은 달빛 아래서, 이리 한 마리가 어지러운 족적을 남기며 황급히 도망치고 있는 그림이었다. 그 이리는 고개를 돌려 뒤를 돌아보고 있었는데, 눈물이 가득 담긴 눈에는 두려움이 비쳤고, 그보다도 더 많이 감격이 가득 비치고 있었다. 마치 누군가가 도와줘서 위급한 상황에서 겨우 도망쳐 나온 것 같은 그런 감격이었다. 그 이리의 시선을 따라가면 그림의 오른쪽 구석 계곡 가의 한 나무에 바람에 펄럭이는 치맛자락이 걸려 춤을 추고 있었다.
화가 샤오언은 이 그림을 항상 간직하고 있었다. 그 젊은 여선생님의 용서와 사랑이 상처받고 우울했던 그를 화가로 만들었기 때문이었다.

19

한 통의 연애편지를 써 사랑하는 사람을 감동시켜라

35세 이전의 당신은 폭풍과도 같은 사랑의 격정을 만나서, 사랑하고, 그리워하고, 울고, 웃었던 적이 있는가? 그리고 이 모든 것이 시간이 지남에 따라 점점 잊혀진 경험이 있는가? 어느 우연한 때에 첫사랑이 생각이 나거나, 아직 보내지 못한 연애편지가 있는가? 혹은 많은 우여곡절 끝에 결혼을 했지만, 연애시절의 감정이 점점 세월에 묻혀 버려, 어떤 때는 사랑이라는 감정의 허무함을 느껴 예전의 연애편지를 들춰보며 감격해 본 적이 있는가? 그때의 마음과 그때의 약속은 영원히 소중히 여길 만한 것이다.

35세 이전의 당신은 꿈에 그리던 이상형을 만났을 때, 당신의 마음을 장미꽃처럼 변하게 만들었던 말들을 잊지 말고 연애편지에 그대로 적기 바란다. 곧 결혼식을 올리게 될 모든 사람들은 반드시 정성껏 연애편지를 써서, 당신의 뜨거운 사랑과 약속을 잘 표현한 다음 그것을 혼인증서에 끼워 두라. 두 사람의 혼인증서는 깊이 보관될 것이다. 훗날 두 사람의 결혼이라는 배가 폭풍우를 만났을 때, 성스러운 증서와 귀한 연애편지를 펼쳐보는 것을 잊지 말라. 그 당시의 뜨거웠던 마음이 마치 어제 일처럼 느껴질 것이고 사랑이 식지 않았음을 새삼 깨닫게 될 것이다.

세계적으로 유명한 연애편지 - 마르크스가 애니에게

사랑하는 그대에게

나는 또 당신에게 편지를 쓰오. 고독하기 때문에, 마음이 힘들기 때문에, 당신과 내가 함께 찍은 사진을 보며, 내 마음 속 이야기를 당신에게 들려준다오. 그러나 당신은 전혀 알지 못하고 듣지도 않고 대답도 없구려. 내 사진은 그렇게 잘 나온 것은 아니지만, 나에겐 매우 유용하다오. 당신은 진짜로 내 앞에 있는 것 같소. 진심으로 당신을 사랑하오. 머리부터 발끝까지 당신에게 키스하오. 당신의 눈앞에 무릎 꿇고 깊은 숨을 내쉬며 말하오.

"사랑하오. 여보."

잠깐 동안의 이별은 유익하지. 너무 자주 만나게 되면 마음이 무뎌지고, 긴장감도 사라지게 되기 때문이라오. 심지어는 높은 탑조차도 가까이에 있으면 그렇게 높은 것처럼 느껴지지 않는다오. 매일 벌어지는 자잘한 일들은 가까이서 접하게 되면 지나치게 커져 버리기고 하고 열정도 그렇다오.

우리가 한 공간에서 분리되어 있으면 나는 금방 알 수 있소. 시간과 내 사랑은 이슬 비 때문에 햇빛이 더 반짝이는 나뭇잎과 같다오. 당신에 대한 내 사랑은, 당신이 내게 멀리 떨어져 있으면 거인과 같은 그 진면목이 드러나지. 이 사랑에 내 모든 에너지와 모든 감정을 쏟아 부으오. 나는 내 자신이 진실한 사람이라는 것을 다시 한 번 느낀다오. 왜냐하면 당신을 향한 강렬한 열정을 가졌기 때문이오.

입술로 당신에게 키스할 수 없으므로 문자로 내 키스를 당신에게 전하오.

세상에 많은 여자가 있고, 게다가 예쁜 여자도 많지. 그렇지만 주름 하나 하나마저도 내 삶 속에 가장 강렬하고 아름다운 추억을 불러일으키는 그런 웃는 얼굴을 어디서 찾을 수 있겠소?

잘 지내요, 내 사랑. 천만번의 키스를 당신과 아이들에게 보내오.

(주: 칼 마르크스와 애니의 사랑은 이미 많은 사람들의 입에 회자되었다. 자본론을 기술했고 평생의 정력을 기울여 무자본계급의 혁명 사업을 위해 헌신했던 마르크스는 이런 아름다우면서도 강렬하고, 섬세한 편지를 썼다. 집 밖에서 많은 시간을 보내고, 많은 곳을 돌아다녀야 해서 아내 곁을 자주 비웠던 마르크스는 아무리 바빠도 뛰어난 글재주로 애니에게 사랑을 표현하는 것을 잊지 않았다. 이 편지는 마르크스가 영국 맨체스터에서 융커스와 함께 일할 때 애니에게 쓴 것이다.)

20 낭만적인 데이트를 하라

많은 사람이 신중하게, 그리고 조심스레 데이트 약속을 한다. 데이트에 대한 이야기는 셀 수 없이 많아서 코미디언이나 심야 프로그램의 MC도 데이트에 관한 농담을 자주 하곤 한다. 전에 한 TV 프로그램을 본 적이 있는데 이혼 후의 데이트에 대한 토론이었다. 30대의 한 매력적인 여성이 일어나더니 자기는 데이트 따위는 하고 싶지 않고 결혼만 하고 싶다고 말한 것이 생각난다.

예전에는 그렇게도 매력적이던 데이트가 지금 와서는 갑자기 불필요한 과정으로 변해버리다니, 이건 정말 코미디 같은 이야기이다. 옛날에 데이트는 배우자를 찾는 과정 중 자연스럽고 필연적인 단계였고 실은 지금도 그 의미가 조금도 변하지 않았다. 당신이 원한다면, 데이트를 통해 어떤 사람이 자신과 평생을 함께 할 사람인지를 알 수 있다.

데이트에 대한 우리의 태도와 사고방식을 바꾼다면 어느 정도 문제를 해결할 수도 있다. 만약 당신이 데이트를 결혼이라는 목적을 이루기 위한 하나의 과정으로 여겨서, 두 사람이 천천히 상대방을 향해 자신의 마음을

열고, 신뢰와 존중과 사랑을 조금씩 쌓아간다면 데이트는 유익한 경험임
에 틀림없다.

35세 이전의 당신에게 지금의 데이트 상대는 전혀 매력적이지 않은 사
람일 수도 있고, 그 사람이 바로 당신의 배우자가 될 수도 있다.

현대사회는 얻고 싶은 것은 가능한 한 빨리 얻어야 안심을 하는 추세이
다. 사람들은 심지어 자신이 원하는 그 사람과의 만남도 현실과는 동떨어
진, 머릿속에서 이상화시킨 모습대로 되기 원한다. 사람들은 무언가를
얻기 위해 들이는 노력의 중요성을 쉽게 무시하지만, 사실은 한 사람이
다른 한 사람을 얻기 위해 노력하는 동안 그 사람의 매력을 더욱 잘 알게
될 뿐만 아니라, 자신이 미처 알지 못했던 숨겨진 부분까지도 발견하게
된다.

데이트는 공식행사처럼 딱딱하거나 짜증나는 일이 아니다. 만약 당신
의 데이트가 그런 상황이라면 분명 당신에게 문제가 생겼거나, 지금 사람
과 일을 혼동해서 대하고 있는 것이다. 목적을 추구하는 것은 기회를 발
견하는 하나의 과정이다. 데이트는 그 사람을 천천히 그리고 자연스럽게
당신의 생활 속으로 들어오게 하거나 혹은 당신이 그(그녀)의 삶으로 들
어가게 되는 기회이다. 두 사람이 같이 있는 시간은 이 과정 중 하나일 뿐
이다. 두 사람이 함께 있지 않는 시간도 똑같이 중요하다. 왜냐하면 그럴
때 비로소 당신의 감정을 확인 할 수 있기 때문이다. 정말 그 사람을 얼마
나 그리워하는지, 종일 그와 이야기하지 못한 날은 얼마나 서운한지 문득

깨닫고, 금방 생각난 재미있는 이야기를 그에게 해주고 싶어 당장 그에게 전화하게 될지도 모르는 일이다.

　많은 젊은이들은 평생의 서약을 할 때, 큰 뱀과 마주하는 것처럼 조심스러워 한다. 한번 내뱉은 말은 다시 주워 담을 수 없기 때문이다. 만약 당신은 결혼과 가정에 대한 서약을 하는데, 그녀는 당신의 가족들을 만나고 싶어 하지도 않고, 각자의 삶을 유지하며 단지 형식적인 결혼을 하기 원한다면 당신은 일찌감치 다른 사람을 찾는 것이 낫다.
　약속은 한 사람의 능력에 대한 최종적인 평가이다. 약속은 한 사람을 완전히 헌신하게 하고, 자신의 목표를 받아들이게 하고, 필요한 것을 거절하게도 만든다. 한 걸음 더 나아가 약속은 절대 딴 사람을 만나지 않겠다는 것을 결심시키는 능력이 있다. 그렇기 때문에 겉치레로만, 눈 가리고 아웅하는 식의 약속은 해서는 안 된다.
　한 사람의 약속이 몸과 마음, 영혼을 모두 포함하는 것이라면, 그는 다른 사람을 진정으로 사랑하는 것이 무엇인지를 알 수 있다.

21

참신한 작은 선물을 가지고
약속장소에 나가라

데이트 할 때엔 작고 쉽게 구할 수 있는 선물, 예를 들면 꽃다발·사탕·술 등을 준비하면 된다고 생각하지 말라. 당신이 정말 그 사람을 좋아한다면, 또 선물을 통해 자신의 상상력과 소중한 마음을 표현하기 원한다면, 참신하고 새로운 것을 생각해보는 것이 좋다.

많은 사람들이 데이트를 상대방을 이해하는 통로로 생각하는데, 그건 틀림없는 사실이다. 그러나 데이트는 자신을 표현하는 시간이기도 하다. 그러니 남들이 쉽게 생각하기 힘든 참신한 선물을 들고 데이트 장소에 나가라.

선물을 통해 나는 남들과 다르다는 것과, 시간을 들여 정성껏 상대방을 위해 준비했다는 것을 나타내라. 그리고 당신의 미래의 배우자에게 앞으로도 계속 이런 사랑과 따뜻한 관심을 받게 될 것임을 각인시키라.

카드 한 장이나 짧은 메모도 각각 다른 느낌과 감동을 줄 수 있다. 시간을 들여서 카드 한 장을 골라, 데이트 상대에게 짧은 글을 써 보기 바란다. 상상력을 동원하면 그(그녀)는 틀림없이 기쁘게 받을 것이고 두 사람의 관계도 한 걸음 더 전진할 것이다.

주의해야 할 것은, 정도가 지나친 선물은 삼가야 한다는 것이다. 데이트에 꼭 선물을 들고 가야만 하는 것은 아니기 때문이다. 그러나 적당한 선을 지킨다면, 그(그녀)가 당신과 함께 있기를 더욱 원하게 될 것이다.

만약 좀 특이한 취향의 여성이라면, 꽃을 눈으로 즐기고 그 향기를 맡는 것을 좋아한다 해도, 남자가 데이트 할 때 꽃을 선물하는 것은 싫어할 수도 있다. 그녀는 꽃이 질 때의 애처로운 모양을 안타까워하고, 꽃을 불쌍히 여길 수도 있기 때문이다.

연애할 때 연인에게 특별하고도 작은 선물을 준비하라. 그(그녀)는 당신의 넘치는 상상력과 기발한 아이디어에 깜짝 놀랄 것이고, 선물로 인해 두 사람이 함께 한 시간 동안 마음을 흔드는 아름다움이 곁에 함께 할 것이다.

물론 선물이 사랑의 전부는 아니다. 그렇지만 선물은 사랑이 부족하지 않게 더 돋보이게 만든다.

아무 장식이 없는 옷을 상상해 본 적이 있는가? 아주 작은 단추도 그 옷의 장식이다. 특별한 장식은 옷의 아름다움을 돋보이게 만든다. 반대로 조잡한 장식은 옷의 원래 모습을 퇴색시킨다. 그래서 옷 한 벌은 언뜻 보기에 대단찮아 보이는 작은 장식물에 크게 의존할 수밖에 없다. 사랑도 그렇다. 제 아무리 순수한 사랑이라도 작은 선물이 빠져서는 사랑하는 마음을 잘 전달할 수 없다. 당신은 특별한 선물의 힘을 빌려서 자신의 마음을 표현할 수 있다. 그녀(그)는 선물 속에 담긴 당신의 마음을 알아챌 것이다.

22

특별한 프로포즈를 시도하라

프로포즈는 인생에서 제일 중요한 일이다. 35세 이전에 특별한 프로포즈를 시도하라. 이런 낭만적인 경험은 절대 놓쳐서는 안 된다. 만약 꿈에 그리던 사람을 만났다면, 그녀의 외모와 성격이 다 마음에 든다면, 잘 준비된 프로포즈를 하라. 기억해야 할 것은 프로포즈의 핵심은 형식이 아니라는 것이다. 그녀의 마음에 깊은 인상을 남길 특별한 프로포즈를 하라.

♡ 그 남자의 프로포즈

"이젠 정말 정착하고 싶어. 오랫동안 방황했거든. 따뜻한 집이 그리워."

그는 별로 개의치 않는 듯한 모습으로 한 마디 툭 내뱉고는, 그녀의 반응이 궁금해서 몰래 바라보았다. 그녀는 여전히 그를 보고 있지 않았다.

"전에도 말한 적 있잖아."

그녀의 눈빛은 잡지에 계속 머물러 있었다. 옛날과 똑같이 부드럽게, 그러나 덤덤한 목소리로 그녀는 말했다.

"왜 그러는지 모르겠어."

그가 조금 멋쩍은 듯이 손 안의 네모난 상자를 만지작거리며 또 입을 열었다.

"요즘 자주 보석 가게에 가는데, 어제 이 반지를 보니까 너무 마음에 들었거든. 산 다음엔 이게 누구에게 어울릴지 모르겠더라구. 한번 보지 않을래?"

그는 반짝이는 반지를 꺼냈다. 그것은 평범한 듯하면서도 우아한 진주반지였다.

"헤" 그가 장난스럽게 웃었다.

"작은 집을 만들어서 남편하고 같이 바닥에 앉아 연가를 부르면서 창 밖 하늘에 떠 있는 별을 보는 걸 상상해 본 적 있어? 멋지지 않아?"

"아니면 너랑 남편이랑 둘 다 머리는 새하얀 백발이고 온 얼굴에 주름이 가득한데, 흔들의자에 앉아서 젊었을 때를 회상하는 그런 모습은 상상해 본 적 있어?"

그가 분위기에 취해 흥분한 듯 그녀를 바라보고 이야기했다. 그녀는 웃고 싶었다. 남자가 이렇게 상상의 날개를 펴는 건 미처 본 적이 없었다.

그는 마음이 달아올라 그녀 앞으로 다가섰다.

그녀는 웃고 싶은 것을 억지로 참았다. 두 볼이 빨개졌다.

"나한테 시집와라."

그가 용기 내어 입을 열었다. 그리고는 그녀가 거절하든 안 하든 개의치 않기로 마음을 다잡았다.

"풋!"

그녀가 결국 웃음을 터뜨렸다. 그리고는 "그래"라고 말하며 환하게 웃었다.

유머스럽고 특이한 프로포즈 방법

- 최우수 노골상: 합법적으로 결합하자!

- 최우수 호기심상: 사람들이 왜 결혼하는지를 잘 모르겠는데, 같이 연구해 보는 게 어때?

- 최우수세 일즈상: 나를 데리고 집으로 가서 너의 생활필수품으로 삼는 건 어때?

- 최우수 부드러움상: 좋아해. 그건 바로 담백한 사랑이야. 사랑해. 그건 더 깊이 좋아한다는 뜻이야. 앞으로 더 이상 너를 집에 바래다 주지 않고, 같이 우리 집으로 갔으면 좋겠어.

- 최우수 쿨맨(COOLMAN)상: 나를 관리해 줄 사람이 필요해.

- 최우수 창의상: 언제쯤 날 데려갈래? 내 방에 있는 거 전부 다 네 집에 갔다 놨어.

- 최우수 보건복지상: 올해 만약 날 안 데려가면, 너 내년엔 결혼 공포증에 걸릴 거야.

- 최우수 훈계상: 제발 내 방랑벽에 마침표를 찍어 줘!

- 최우수 전쟁포로상: 용서해 주세요. 항복합니다. 매일 나에게 밥을 해 준다면.

- 최우수 영화팬상: 그대여, 나에게 싸인을 해주오. (호적의 배우자 란에)

- 최우수 들이댐상: 나를 너네 가족묘에 묻어줘.

23 영혼과 육체가
함께 춤추게 하라

35세 이전의 그대가 만약 결혼이라는 관문을 넘었고, 이후의 결혼생활을 더 풍요롭고 조화롭게 보내길 원한다면, 성생활은 특별하면서도 효과적인 사랑의 표현 방식일 것이다.

만약 섹스를 입에 올리기가 좀 그렇다면, 글로 써서 배우자에게 보여주어도 좋다. 어떤 방법이든 성생활에 있어서 두 사람이 마음이 편해진다면 오늘 당장 실천해도 좋다.

충분한 시간을 들여 상대방의 성 능력을 이해해야 한다. 리허설은 그다지 필요 없다. 그렇지만 두 사람이 성생활에 있어서의 특별한 느낌이나 선호하는 것이 있다면 솔직히 이야기하고 또 그대로 하면 된다. 만약 섹스를 하는 과정에서 고정적인 방식만 따르고 있다면 순서상의 변화를 주자고 이야기해도 괜찮다. 보통 한 사람이 먼저 섹스를 하자고 제안하는데, 그럴 때 당신은 적절한 귓속말로 이전에 시도해보지 않았던 것을 시도하자고 제안해도 좋다.

섹스가 두 사람을 더욱 친밀하게 만들도록 하라.

솔직하게 마음을 열고 그것에 대해 대화를 나누라.

일단 두 사람이 섹스에 깊이 몰입했다면 대화는 중지해도 좋다. 가득 찬 격정과 욕망의 본능이 그것을 대신할 것이다.

만약 두 사람이 섹스를 할 때 매우 조용하다면, 말을 해도 좋다. 말을 너무 많이 한다면 말을 줄여도 좋다. 이제껏 밤늦게 섹스를 했다면 새벽에 해 봐도 좋다.

성생활은 다른 것과 마찬가지로 당신의 세심한 배려와 대화로 유익해진다. 두 사람이 서로 격려해서 상대방이 습관적이고 익숙한 범위를 넘어서게 하면서 좀 모험적인 방법을 택해도 좋다.

성은 일종의 형식으로서, 가장 중요한 것은 "마음을 다하는 것"이다. 배우자가 내면의 가장 깊은 곳에서부터 우러나오는 사랑을 느끼게 하는 것이 가장 승화된 감정의 목적이다.

신선함을 유지하는 성생활에 대해서 더 이야기해 보자.

사랑의 비결1: 늘 새로운 모습을 유지하라.

자신의 외모로 배우자의 표면적 감각 기관을 자극하라. 늘 새로운 모습을 유지해서 그의 마음을 사로잡는 것이 첫걸음이다. 헤어스타일과 옷 입는 스타일을 자주 바꾸고, 전에 써 본 적 없는 향수를 뿌려 보는 것 모두 새로운 느낌을 가져다준다.

집에서 색다르면서도 섹시한 속옷을 입고, 섹스를 하면서 서로의 역할을 바꾸는 것 모두 성생활에 신선함을 가져다준다. 각기 다른 장소마다 다른 방식을 시도하고, 대범하게 그러면서도 장소에 꼭 맞게 섹스를 시도하라

사랑의 비결2 : 상대방의 아름다움에 대한 칭찬에 인색하지 말라.

상대방을 연모하는 커플만이 진정한 행복이 무엇인지를 알 수 있다. 두 사람은 서로에 대해 이미 잘 알고 있어서, 상대방의 신체상의 장점을 알면서도 느끼지 못할 수도 있지만 단점은 종종 마찰의 원인을 제공하기도 한다. 똑똑한 여인은 절묘하게 이런 상황을 이용할 줄 안다. 절묘한 시점에서 상대방의 장점에 대해 칭찬하면 남자로서의 자부심을 갖추게 만들고, 그래서 자기를 더욱 사랑하게 만든다. 배우자가 서로를 우습게 여기면 자신의 위치도 낮아질 뿐만 아니라 도리어 손에 닿는 행복도 발로 차 버리는 결과를 낳는다.

사랑의 비결3 : 몸의 언어를 잘 사용하라.

결혼 생활이 오래되면서 부부간의 스킨십 횟수가 점점 줄어드는 것을 발견한 적이 있는가? 사실 부부간 스킨십은 성 생활의 중요한 부분이다. 아침에 출근 전, 배우자에게 키스를 하는 것은 그에게 하루 종일 당신의 향기와 피부를 기억하게 만드는 것이다. 키스는 사랑을 표현하는 가장 효과적이고 가장 실용적인 방법이다. 만약 거기에 약간의 기발한 뭔가를 더한다면 좋은 결과를 얻게 될 것이다.

스킨십의 빈도를 유지하는 것은 서로간의 감정을 증진시키는 데 빠져서는 안 될 요소다. 당신의 몸짓은 그에 대한 지지·격려·애틋한 감정·의지·성적 암시 등의 의미를 나타내어 두 사람이 어떤 장소에서든 손발이 척척 맞도록 하며 사람들이 부러워하는 잉꼬부부가 되도록 해야 한다.

사랑의 비결4: 정성껏 사랑의 분위기를 만들어 가라.

　성숙한 여인이라면 누구나 성생활의 분위기에 관한 것에 관심이 있다고 믿는다. 성생활이 더욱 아름다워지려면 여러 방면에 걸쳐 고민해야 한다. 예를 들면 프라이버시에 관한 것이라든가 쌍방의 건강상태·위생 상태·피임 등에 대한 고민이다. 섹스 전에 여자가 취하는 여러 조치는 자신에 대한 보호이자 동시에 서로에 대한 책임을 지는 행위이다. 좋은 환경을 마련해 놓고, 배우자에게 일련의 준비를 하도록 하는 것도 서로 간에 긴장을 해소하는 과정이다. 새로운 자세나 도구, 가끔씩은 농담이나 변태적인 방법을 사용해 보는 것도 두 사람에게 새로운 신선한 자극을 불어 넣어줄 수 있고, 그런 신선감은 성이 생리적인 만족에 그치는 것이 아니라 두 사람에게 정신적 희열도 누릴 수 있도록 해준다.

사랑의 비결5: 시기적절하게 성적 느낌을 나누라.

　섹스 후 배우자와 느낌을 이야기할 수 있는가?

　만약 두 사람이 침묵을 지키는 것에 익숙해져 있다면 그런 침묵을 깨보는 것도 좋다. 만약 그(그녀)가 부끄러워한다면 이불을 두 사람의 머리에 덮어쓰고 캄캄한 상태에서 이야기를 해보라. 섹스 후의 느낌을 이야기하는 것은 상대방의 감정을 더 잘 이해할 수 있는 중요한 통로이다. 두 사람은 이런 통로를 통해 실제 느낌을 잘 정리할 수 있고, 이후의 성생활에서 개선할 점이 무엇인지를 알아가게 되며, 성생활의 만족도를 높일 수 있고, 가정생활도 더 행복하게 할 수 있다.

24 연인과 함께 일출을 보며
대자연의 시적 정취를 느껴보라

도시인에게 일출과 일몰은 점점 더 접하기 어려운 광경이 되어가고 있다. 아무 것도 하지 않아도 되는 한가한 시간에, 처리해야 할 서류가 가득 쌓여있는 사무실에서, 온갖 물건이 복잡하게 널려있는 공장에서, 풀잎 색 유리창으로 장식된 현대인의 숲에서, 연인들이 무아지경에 빠져 포옹을 하고 있는 곳에서, 도시인들은 광활한 하늘에서 태양이 뜨고 질 때의 창망함을 어슴푸레하게 느낄 뿐이다.

35세 이전의 그대여! 시간이 있을 때 진지하게 일출의 장관을 느껴보기 바란다. 그 아름다운 광경은 당신의 가슴 속을 시원하게 씻어줄 것이다.

35세 이전의 당신은 정기와 생명을 내뿜는 모습이 막 뜬 태양과 서로 닮았다. 그런 나이에, 그런 마음으로, 연인과 함께 일출의 장관과 아름다움을 보며 대자연의 신기함과 낭만 속에 빠져보기 바란다.

19세기 미국의 환경운동 분야의 선구자 서로우 씨가 일출의 장관을 다음과 같이 묘사했다.

일출의 감동

해가 지는 순간, 남은 햇빛이 자신의 휘황찬란함을 다해 예전에 잘 보이지 않던 고운 빛깔로 넓은 초원을 비춘다. 이곳엔 묵을 곳이 없다. 망망한 중에 홀로 늪지에 사는, 날개가 황금색인 매만 보인다. 저 멀리 쥐 한 마리가 출구를 찾고 있는 것이 보였다. 늪 건너편에는 작은 개울이 꾸불꾸불 이어지고 있었는데, 그 물줄기가 오래 된 나무 더미를 감고 멀리 돌아가고 있었다. 우리는 천천히 빛 가운데로 걸어갔다. 그것은 순수한 아름다움과 화려함의 극치였다. 온 천지의 초목이 황금 덩어리로 변하기 시작했다. 광활한 대지를 비추는 여명의 부드러움과 조용함, 바람 한 점 불지 않고 멀리서 들려오는 구슬픈 소리만 있을 뿐, 그 외에는 아무것도 없었다.

이전까지는 이런 아름다운 금색 빛으로 나를 씻은 적이 없었다. 서쪽을 바라보면 희끄무레한 언덕이 점점 빛을 내기 시작하는 것이 꼭 신들이 사는 경계 같았다. 우리 등 뒤에 떠오르는 가을 해는 자상한 목동 같아서, 저 멀리서 우리를 마중 나오고 있었다.

언젠가는 빛나는 태양이 더 아름답게 대지를 비출 것이고, 우리 마음의 문과 영혼을 비출 것이며 또한 우리 생애에 더 큰 깨달음을 줄 것이다.

어릴 적에는 일몰에 심취했었다. 슬프게 지는 석양을 사랑했었다. 어른이 되고 나서야 일출의 정취가 일몰에 비해 조금도 손색이 없다는 것을 알게 되었다. 온 세상이 고요한 밤에, 무한한 인내와 희망의 날개를 가지고, 우주에서부터 오는 어슴푸레한 빛을 기다려 맞이하는 일출!

주말에 혹시 시간이 있다면 일상의 잡다한 일들은 다 내려놓고, 여행 가방을 챙겨 일출이라는 장관을 느끼러 떠나라. 자연의 위대함을 느껴보라.

25 자유자재로 변하는 환상적인 구름의 아름다움에 빠져보라

35세 이전에 당신은 연인과 함께 야외로 나가 구름을 보라. 물론 그건 날씨가 허락해야 가능한 일이다. 만약 오늘 태양이 높게 내리쬐고 있다면 다른 날을 선택해도 좋다.

자신에게 낭만적인 체험을 할 시간을 주라. 단 한 시간만이라도. 그리고 구름을 바라보며 연인과 낭만적인 게임을 해보라. 이 놀이는 구름을 자세히 관찰하고, 연상되는 것을 말하는 것이다. 구름은 당연히 구름일 뿐이지만, 당신의 상상 속에서 아이스크림이 될 수도 있고, 타이완의 지도가 될 수도 있고, 말 한 마리가 무성한 모래언덕을 향해 뛰어가는 모습이 될 수도 있다.

지금 당신의 눈에 보이는 구름은 무슨 모양인가?

기다란 새털이 하늘의 한 쪽에서 다른 쪽으로 이어져있는가?

아니면 여기 한 무더기 저기 한 무더기, 수묵화가 펼쳐져 있는가?

지평선을 덮은 구름은 무슨 모양인가?

무성한 양털 같은 구름이 카푸치노 거품 같아서 그 위에 뿌려진 초코가

루가 군침을 돌게 만드는가?

당신의 연인은 무엇을 보았는가?

말려들었다 풀려나갔다 하는 구름인가?

상상의 날개를 펴서 사랑하는 사람과 함께 달려보기 바란다. 그러면 구름을 바라보며 상상하는 동안 두 사람의 사랑도 뜨겁게 타오를 것이다. 이런 낭만적인 체험을 절대로 놓쳐서는 안 된다.

구름이 재미난 놀이를 하는 것을 바라보며, 상상력이 당신을 게임의 미로 속으로 이끌도록 몸을 맡겨야 한다. 당신과 연인이 서로의 사랑에 흠뻑 젖은 채, 저것이 런던탑인지, 특별한 파티복인지, 나무에서 잘려나간 떡갈나무 가지인지 이야기해 보라.

구름 속에서 본 것이 사람의 얼굴 · 양털 이불 · 기묘한 모양의 우표 · 유명인의 조각상이라고 상상해 보라.

상상력이 당신을 이끌도록 하라. 상상에는 아무런 장애도 존재하지 않는다. 보고 싶은 것은 무엇이든 볼 수 있다.

26 구체적으로 낭만적인 이야기를 구상하고, 허구의 아름다움에 빠져보라

만약 당신이 지금 외로운 솔로라면, 배우자가 옆에 있다고 상상해 보라. 혹은 그녀(또는 그)가 당신의 삶 속으로 들어와 당신의 가장 깊은 곳에 있는 감정과 생각을 끌어내 주었다고 상상해 보라. 자신의 가장 열렬한 갈망을 상대방이 이해해 주고, 믿어 주는 그런 상상도 해보라. 두 사람이 조용히 함께 사는 모습을 머리에 그려 보라.

그때 당신은 아무런 판단도 내리지 않고, 방어 심리도 없고, 오직 진실한 자신만 있을 뿐이다. 그 순간 뿜어져 나오는 지혜의 불꽃은, 당신이 만들어 낼 수 있는 어떤 것보다 힘이 있다.

35세 이전의 당신은 자신과 배우자가 만나는 장면을 상상해 보기 바란다. 어쩌면 두 사람은 파티에서 만날 수도 있다. 당신이 그곳에 막 도착했을 때, 그가 인파속을 헤쳐 나와 당신 앞에 나타나거나, 주인이 당신을 그에게 소개시켜 주어 두 사람이 악수를 하고 교제를 시작할 수도 있다. 오래지 않아 당신은 그 사람을 품위 있고 성실하며 남을 배려할 줄 아는 사람이라고 느끼게 되고, 두 사람이 서로 좋아하는 감정이 생긴 것을 알게 될 것이다.

그와의 첫 번째 데이트를 상상해 보기 바란다. 영화를 같이 보고 있지만 당신은 사실 영화가 빨리 끝나기만을 기다리고 있다. 당신은 그와 이야기하고 싶고, 그를 이해하고 싶고, 그가 무엇을 하는지 알고 싶고, 그가 어떤 경험과 사고방식을 가지고 있는지 알고 싶기 때문이다.

두 사람은 근처의 커피숍에 가서 대화를 나누면서 마치 서로를 어릴 때부터 알아온 것 같다는 착각에 빠지게 된다. 문득, 자기의 생활을 상대방에게 이야기하면서 매우 즐거워하는 자신을 발견하게 된다. 함께 대화하면서 그도 역시 기쁘고 즐거워한다면, 그것은 그가 당신에게 관심이 있다는 증거로 생각해도 좋다.

그는 다음 데이트를 위해 당신에게 전화할 것을 약속했다. 그리고 며칠 뒤 정말로 그에게서 전화가 왔다. 이번 데이트 약속에서는 예전과 같은 소심함이나 불편함이 사라져 버렸다. 당신과 그는 첫 번째 데이트에서 했던 이야기를 계속 이어서 하는데, 마치 대화가 중간에 끊긴 적이 없는 것처럼 보였다. 손을 꼬집어 봐야 이것이 현실인지 꿈인지 알 수 있을 정도로 둘은 잘 통했다.

두 사람의 관계가 더 깊어져서 서로 상대방을 더 신뢰하고, 점점 더 많이 공통점을 발견해 간다고 상상해 보라.

두 사람이 무한한 사랑의 바다 속에서 사나운 파도를 잘 견뎌냈고, 예전보다 서로를 더 잘 이해할 수 있게 되었다고 상상해 보라.

그러면 당신의 생각대로 이뤄질 것이다.

27 그리움과 축복이 담긴
유리병을 물에 띄워 보내라

그리움과 축복을 분홍색 종이 위에 적어서 보라색 끈으로 잘 묶어 조심스레 유리병에 넣은 다음, 애인과 함께 예전에 자주 가던 개울가에 던져서 그 병이 멀리 떠난 애인의 자취를 따라 흘러가도록 하라. 언젠가는 애인의 손에 들어갈 것을 굳게 믿으면서….

유리병에 그리움과 기도를 가득 담아라. 애인이 당신이 보낸 유리병을 보면 얼마나 감동받을까?

35세 이전의 당신은 이 아름다운 기적을 만들어 보기 바란다. 이런 기적 같은 일로 쉽게 얻을 수 없는 감동을 느껴보라!

그가 당신의 아프고 절절한 사랑이 담긴 유리병을 받을 방법이 전혀 없더라도, 그는 분명 당신의 진한 사랑과 축복을 느낄 것이다. 그는 당신이 준비한 낭만적인 사랑에 감격할 것이고, 둘의 사랑은 이 유리병이 흐르는 개울과 같이 어디든지 졸졸 흘러 갈 것이다.

그리움과 사랑이 가득 담긴 유리병

춘차오와 화는 이웃이었다. 신기하게도 두 사람은 같은 해, 같은 달, 같은 날에 태어났다. 춘차오는 빼어나게 아름다워 화의 사랑을 받았다. 둘은 마을 사람들이 모두 인정하는 잉꼬 커플이었다.

초등학교 때부터 고등학교 때까지 둘은 항상 같은 반이었다. 짝꿍이 되지는 못하더라도 앞 뒷자리에 앉아 그림자처럼 함께 다녔다. 둘에게는 이런 생활이 익숙했고 편안했다. 특별한 일이 생기지 않는 한 두 사람은 같이 꿈을 이룬 뒤 행복하고 달콤한 가정을 이루자고 약속했다.

그 해 겨울, 큰 눈이 내렸다. 동장군이 기승을 부리는 겨울에, 불길한 기운이 감돌고 여기저기 악취가 퍼졌다. 건강했던 사람들이 하나씩 하나씩 급사하기 시작했다. 여기저기서 흉보가 들려왔다. 몸이 허약한 춘차오는 학교에서 수업을 듣다가 아버지가 돌아가셨다는 소식을 듣고 기절하고 말았다.

춘차오가 건강을 회복해서 학교로 돌아왔을 때, 화의 자리가 비어있는 것을 발견했다. 반 친구들도 화가 어디로 갔는지 알지 못했다.

설날이 다가올 무렵, 화가 학교에 춘차오를 맞으러 왔다. 화는 춘차오의 대학 학비를 모으기 위해 남쪽 지방으로 일을 하러 갈 거라고 말했다. 그는 춘차오가 원하는 대학에 진학하도록 꿈을 이뤄주고 싶었다. 춘차오는 감격해서 꽃 같은 눈물을 주르륵 흘렸다.

화는 남쪽 지방에서 고된 나날을 보냈다. 그러나 연인의 꿈을 이루어 주기 위해서라면 가치가 있는 일이라고 생각했다. 춘차오는 우수한 성적으로 원하는 대학교에 진학했고, 이 소식을 들은 화는 춘차오보다 백 배는 더 기뻐했다. 그는 매달 월급을 아껴서 모은 돈으로 사랑하는 사람의 생활비와 학비를 마련했다.

하지만 감정이란 것은 가장 불공평한 것이고, 주었다고 해서 되돌려 받을 수도 없는 것이다. 춘차오는 대학 2학년 때, 같은 반 남학생을 사랑하게 되었다. 그 남학생도 춘차오를 좋아했다. 춘차오는 화에게 전화를 걸어 자신을 놓아 달라고 했고, 화는 눈물로 얼굴이 범벅이 되었지만 이렇게 말했다.

"알았어, 늘 행복해야 해."

그러나 그가 어떻게 그녀를 놓아줄 수 있겠는가?

그는 더 이상 일을 하지 않고, 자신을 낳고 길러준 고향으로 돌아왔다. 그녀의 소식을 알 길이 전혀 없어서 그의 마음은 쓸쓸하기 그지없었다. 그러나 그는 그녀를 증오하지 않았다. 반드시 그녀가 돌아올 것이라고 마음속으로 수없이 되뇌었다.

마을 사람들이 그에게 여자를 몇 번 소개시켜 주려 했지만 그는 모두 다 거절했다. 그는 미친 사람처럼 매일 마을의 개울가에 나와 혼자 이야기를 했다. 그 곳은 그들이 어릴 적 자주 가던 곳이었다. 그는 편지를 수도 없이 썼지만 받을 사람이 없었기에 편지들을 병에 담아 그 개울가에 던졌다. 마을 사람들은 그의 행동을 이해하지 못했다.

삼 년 후, 그녀가 돌아왔고 두 사람은 결혼했다. 한 편의 영화 같은 얘기였다. 아무도 그 자세한 내막은 모른다. 어쩌면 물에서 표류하던 그 작은 병이 아름다운 인연을 맺어준 것인지도 모른다.

28 연인과 함께 모래나 자갈밭에 꽃을 심어라

자갈밭에 심은 꽃이 어떤 모습인지 상상해 본 적 있는가?

이것은 굉장히 낭만적인 체험이다. 자갈밭 사이에 정말로 꽃을 심을 수 있을 것이라고 생각하는 사람은 없겠지만, 결과에 상관하지 말고 정성껏 자갈밭에 꽃을 심는 낭만을 즐겨보기 바란다. 아름다운 사랑은 완벽한 결과가 없더라도 과정 자체로 만족할 수 있는 것이다.

35세 이전의 당신은 이 낭만적인 체험을 절대 놓치지 않기 바란다.

당신은 지금 뜨거운 사랑을 하고 있는가?

사랑에 빠져 있을 때의 낭만과 아름다움을 지금 누리고 있는가?

만약 그렇다면, 애인과 함께 해변에 가서 예쁜 꽃을 심는 기회를 놓치지 않기 바란다. 한 송이도 좋고, 여러 개여도 상관없다. 장미도 좋고, 철쭉도 좋고, 순결한 백합도 좋다. 애인과 함께라면 어떤 꽃이든 상관없다.

꽃을 자갈밭에 심어서, 마음속에서 싹이 자라고 꽃을 피우고 열매를 맺게 하라. 경건한 마음은 황무지를 녹지로 바꾼다. 마음으로 심은 꽃 역시 계절마다 화려한 꽃을 피울 것이다.

루허는 상상력이 풍부한 소녀였다. 루허가 샤오저우를 알게 되었을 때는 연꽃이 온 천지에 향기를 내뿜던 여름이었다. 샤오저우의 성은 저우였고, 이름도 저우였다(중국에서는 이름 앞에 습관적으로 샤오(小)자를 붙인다-역자 주). 이 특별한 이름은 루허에게 깊은 인상을 남겼다.

루허는 매우 아름다웠다. 연꽃이라는 그녀의 이름처럼 청순미가 빼어났고, 물처럼 맑은 눈동자와 온화한 성품을 가지고 있었다.

저우저우와 루허가 처음 만났을 때는 저우저우가 대학교 3학년 여름 무렵이었다. 그가 방학을 맞아 고향으로 돌아와서 별다른 일 없이 연꽃 핀 호수에 놀러갔을 때, 아름다운 소녀가 호수 근처에서 그림을 그리고 있었다. 저우저우는 멀리 서서 그녀를 바라보았다.

저우저우는 조용히, 그녀를 놀라게 하지 않으려고 조금 멀찍이 떨어져서 바라

보았다. 그림을 다 그리고 루허가 떠날 준비를 하려고 할 때 그녀는 저우저우를 보았다. 그는 완전히 빠져버린 듯 그녀를 바라보고 있었고, 루허가 머리를 들어 그의 불타는 눈과 마주쳤을 때 그녀의 얼굴도 순간, 가을에 잘 익은 새빨간 사과처럼 붉어졌다.

"그림을 정말 잘 그리시네요."

저우저우가 마치 오랜 친구처럼 친근하게 칭찬의 말을 건넸다.

"고마워요."

루허는 자기의 심장이 콩닥콩닥 뛰는 것을 느꼈다.

루허는 말을 하면서 속으로 기뻐 어쩔 줄 몰랐고, 화사한 웃음을 지었다.

호숫가의 수많은 연꽃도 그녀의 미모를 따라 잡을 수는 없었다.

2년 후, 저우저우는 대학교를 졸업하고 루허가 선생님으로 근무하고 있는 학교에 지원했다. 그들은 손꼽아 기다리던 결혼식을 소박하면서도 멋지게 치렀다. 아름다운 그녀는 붉은 색 옷을 입었는데 마치 화려한 연꽃과 같았다.

그들은 멋진 해변이 있는 대련으로 신혼여행을 갔다. 따뜻한 바다 바람이 불어와 그들의 마음을 황홀케 했다. 그가 갑자기 외쳤다.

"해변 가 모래사장에 꽃을 심자."

"좋아요. 참 재미있는 생각이네요."

그녀의 눈에 매력적인 광채가 빛났다. 그의 기발한 아이디어에 감동한 것이다.

그들은 말 한 대로 행동에 옮겼다.

말을 마치자마자 시장에 가서 꽃씨를 사고 비가 보슬보슬 내리는 저녁 무렵 해변 가의 모래사장에 꽃씨를 심었다.

두 사람은 이 기발한 아이디어에 함께 흥분하며 기뻐했다.

그 다음해 여름, 그들 사이에 딸이 태어났다.

꼬마 아가씨는 작은 천사처럼 귀엽고 똑똑해서,

많은 사람들의 사랑을 한 몸에 받았다. 루허는 그들 부부가 신혼여행 때 정성을 다해 꽃을 심은 덕택이라고 생각했다.

제2부
낭만적인 여름

만약 사랑이 식후의 디저트라면,

낭만은 초콜릿이 들어간 쿠키 · 건포도를 뿌린 아이스크림이다.

만약 사랑이 춤이라면, 낭만은 탱고다.

만약 사랑이 여행이라면,

낭만은 시골길을 달리는 기차여행이거나,

두 사람만을 위해 만들어진 공원에서

자전거를 타고 바람을 가로지르는 것이다.

연인과 함께 먼곳으로 여행을 떠나라

35세 이전의 당신은 애인과 함께 먼 곳으로 여행을 떠나 보라. 당신이 자주 가지 못했던 바깥세상은 당신에게 특별한 느낌으로 다가올 것이다. 자신의 몸과 마음을 가장 잘 사랑하는 방법은 대자연으로의 여행을 떠나는 꿈을 계속 간직하고 있다가, 실제로 한 번 여행을 떠나 보는 것이다.

35세 이전의 당신은 패기 넘치고 젊지만, 매우 분주하여 일상에 지쳐 있고, 아주 예민하고 세련된 감각을 가지고 있다. 설령 정신없는 직장 생활을 하고 있더라도, 절대 낭만적 체험을 할 수 있는 기회를 놓쳐서는 안 된다.

여행은 바다로 산으로 놀아다니며 광활한 대사연의 풍경을 감상하는 것이기도 하지만, 당신의 영혼을 새롭게 하고, 지친 마음에 생기를 더하고, 그리하여 당신을 성장하게 하기도 한다. 여행은 몸과 마음에 활력소가 된다.

어떤 작가가 이렇게 말한 적이 있다.

“멀리 떠나는 것은 존재의 고요함을 깨뜨리는 방식이다.”

여행은 또 다른 꿈의 실현이다.

애인과 함께 여행을 떠나라. 사랑에 날개를 달고 훨훨 날아라.

어거스틴이 생전에 다음과 같은 말을 남겼다.

“세계는 책 한 권과 같다. 여행을 가보지 않은 사람은 책의 한 페이지만 읽은 것이다.”

여행을 떠나는 것은 정신을 단련하는 것이고, 낯선 곳의 문화를 탐색하는 것이며, 그곳의 역사를 마음에 담는 것이다. 우리가 미처 알지 못하는 세계의 많은 곳이 당신이 오기를 기다리고 있다. 여행 중엔 매일 새로운 세계가 당신을 기다리고, 신비한 예술품과 위대한 건축물이 당신의 발을 이끈다. 가슴을 저리게 만드는 음악에 맞춰 춤을 추고, 환상적인 경치를 보고, 이국에서 많은 친구를 사귈 것이다. 얼마나 우리 인생을 풍요롭고 신선하게 하는 시간인가!

여행을 하는 어느 때엔, 동전 몇 개로 하루를 버틸 수도 있고, 하루에 수천 달러를 쓸 수도 있다. 진흙으로 만들어진 오두막에서 잘 수도 있고, 5성급 호텔의 최고급 객실에서 하룻밤을 보낼 수도 있다.

어쩌면 당신은 현실의 구속 때문에 세계 구석구석을 살피지 못해 억울해 할지도 모른다. 그러나 눈을 크게 뜨고 찾아보면, 다른 방법도 있다. 자신만이 할 수 있는 매력적인 선택이 얼마든지 있다. 우리 주위에는 조용히 한 곳을 묵묵히 지키고 있지만 무엇보다 신비스러운 가치를 지닌 것들이 많다. 평범하지만 의미 있는 장소에 가서, 마음과 영혼을 깨끗이 씻어보고, 평범한 생활 속에서 진정 심오한 정신세계를 느껴보라.

또한 여행은 어떤 것과도 비교할 수 없는 장점을 가지고 있는데, 그것은 바로 여행을 통해 개인이 성장하고 미래를 어떻게 꾸려갈지 구상할 수 있는 기회를 얻게 된다는 것이다.

여행을 어디로 가는가는 전혀 중요하지 않다. 왜냐하면 사람들에게 여행의 의미는 하던 일을 잠시 멈추거나, 마음의 안식을 얻거나, 혹은 사랑을 일시 정지하는 것을 의미하기 때문이다. 당신이 새로운 자신을 만나기 원할 때, 바로 그때가 여행할 때이다.

여행의 모든 과정은 아름다운 추억의 한 부분이 된다.

여행은 뭔가를 얻는 것이 아니라 뭔가를 소비하는 것일 수도 있다. 어떤 의미에서 여행의 목적은 삶 속에 약간의 새로운 공간을 남기기 위함이다. 그 공간에서 사람들은 상상력을 발휘해 사물의 변화를 보고, 내면의 움직임을 느낄 수 있다.

여행에선 모험과 즐거움을 넘치게 경험할 뿐 아니라, 사람들을 놀라게 할 만한 통찰력과 시야, 판단력을 얻을 수 있다. 여행은 우리에게 자신의 내면과 자신을 둘러싼 세계를 성찰할 수 있는 능력을 준다.

시간을 쪼개고 공간을 개척하며 여행을 떠나라. 여행에서 얻을 수 있는 것을 최대한 얻으라. 여행을 통해 당신의 내면과 영혼을 변화시키라.

30

신비함과 낭만의 도시 대련,
그 이국적 정취를 느껴보라

대련은 낭만과 고상함이 가득한 아름다운 해변 도시이다. 그곳에 가 본 적이 있는 사람은 그 아름다움에 압도되고, 가본 적이 없는 사람은 대련에 대한 환상을 가지고 있다.

당신도 대련에 가고 싶지만 기회를 얻지 못해서 이제껏 그곳에 대한 환상만을 가득 품고 있지는 않았는가? 만약 그렇다면 애인과 함께 꼭 대련 여행을 해보라. 그녀와 함께 낭만을 느껴보라. 그녀는 틀림없이 만족할 것이다.

대련의 아름다운 전설

샤오메이(美)라는 예쁜 아가씨가 있었는데 그녀는 따하이('큰 바다'라는 뜻)라는 남자를 사랑하고 있었다. 그들은 모두 가난했다. 그래서 둘 다 어느 부잣집에서 함께 허드렛일을 하고 있었는데, 그 부자는 마음씨가 고약한 노인으로, 힘든 일을 시키고 이런저런 구실을 대어서 돈을 안 주는 것이 일쑤였다.

대부분의 가난한 사람들처럼, 그들도 시끌벅적한 혼례식도 치루지 못하고 부부가 되었다. 그러던 어느 날, 그들은 자기 집 아궁이에 주머니(이 주머니를 중국말로 대련이라고 한다)가 하나 떨어져 있는 것을 발견했다. 그래서 그것을 매우 귀한 보물처럼 여겼다. 그것은 정말 대단한 물건이었다. 보기에는 별로 눈에 띄지 않는 평범한 주머니이지만 옥수수 알을 끝도 없이 만들어 내기 때문이었다. 정말 신기하기 그지없었다.

두 사람이 텅 비어 보이는 주머니를 만지면, 허연 옥수수 알이 쉴 새 없이 흘러나왔다. 그들은 더 이상 악독한 부자 밑에서 고생해가며 생계를 유지할 필요가 없었다. 그 옥수수를 모아 시장에 내다 팔며 돈을 모으게 되었다. 그래서 부부가 옷과 음식이 부족함 없는 생활을 한지 오래되지 않아, 부자가 그 보물에 대한 소식을 듣고 두 명의 하인을 데리고 보물을 빼앗으러 왔다. 그들이 서로 주머니(대련)를 잡고 빼앗으려고 하다가 그것이 그만 찢어져 버렸다.

찢어진 주머니의 한 쪽 부분은 큰 산으로 변해서 부자와 하인들의 몸을 깔아뭉개 버렸고, 다른 한 쪽은 길고 가느다란 바다와 육지가 되어 버렸는데 그곳이 바로 대련이다. 대련은 그 주머니에서 이름을 따오게 되었고, 이 이야기가 바로 대련의 아름다운 전설이다.

만약 연인과 함께 유유자적한 즐거움을 누리고 싶다면 대련은 놓쳐서는 안 될 여행 장소임에 분명하다.

이 아름다운 해변 도시에는 낭만의 향기가 곳곳에 배어있다. 여기에서 당신은 애인과 함께 낭만적 분위기를 마음껏 느낄 수 있다.

해변의 반짝이는 모래사장에 누워 일광욕을 하고, 푸른 바다 속에서 애인과 함께 물장구를 치는 행복한 모습을 상상해 보라!

31

연인과 함께 티베트에 가서 하늘과 땅의 아름다움을 느껴보라

티베트에 대해 생각하면, 푸른 하늘·흰 구름·눈 덮인 산·성호(聖湖)의 눈 덮인 풍경과 고원지대가 반사적으로 머리를 스치고 지나간다. 그러나 많은 사람들이 티베트 여행을 동경하는 이유는 그곳을 다녀간 사람들이 묘사한 수려한 자연 경관과 인기 있는 기행문들 때문만은 아니다. 물론 그곳은 아름답다. 가장 평범한 사진기로, 가장 평범한 촬영자가 그곳의 사진을 찍어도 훌륭한 풍경을 담을 수 있다고 한다. 하지만 티베트의 매력은 거기서 그치지 않는다.

당신이 지금 35세 이전이고 만약 티베트에 가 본 적이 없다면, 지금 바로 짐을 꾸려서 인생의 파트너와 함께 출발하라!

티베트의 하늘은 물감으론 도저히 표현할 수 없을 만큼 푸르고, 땅 위의 사람들은 지극히 평온하고, 극도의 평안함이 기이한 영상을 연출하고 있다. 자연 풍경을 감상하고 문화에 감화되는 것과 전통을 배우는 것은 굉장히 중요하다. 사람들은 티베트 땅에 오면 안정된 위로를 경험하고 돌아간다.

티베트의 수려한 자연경관, 우뚝 솟은 눈 덮인 봉우리, 끝없이 펼쳐진 맑은 호수, 드넓은 평원은 순박하고 선량한 사람들 모두의 마음을 뒤흔드는 최고의 미(美)를 구성하고 있다.

티베트의 동부와 남부의 계곡지대에는 신성한 산이 솟아 있는데, 가장 유명한 것은 쟝다의 셩친랑자 산, 주어공과 빠쑤 일대의 지롱셴 산, 비앤빠의 딴다셴 산, 창뚜의 바이시 산, 그리고 상예에 있는 하이부르셴 산, 원숭이가 사람이 되었다는 전설을 가지고 있는 공뿌르셴 산과 유명한 칭부어시우씽 산 및 제 1대 감보(티베트의 종교 지도자)가 강림했다고 하는 야라샹포셴 산 등이다.

고원의 호수는 첩첩 산중에 숨어 있어서 사람들이 찾기가 매우 힘이 든다. 푸른 숲속에서 맑은 아름다움을 뽐내는 추오까오 호수와 란나야오 호수가 어울려 서로를 돋보이게 하고 있으며, 휘황찬란한 짱베이나무 호수와 마팡지엉추오 호수도 있다. 아리(阿里)도 반드시 멋들어지게 묘사해야 하는 곳으로, 조물주가 만들어 놓은 위엄 있는 산을 보면, 그 금색갑옷 같은 산 그림자를 영원히 앙모할 수밖에 없게 된다.

야루장푸 강은 무서운 기세로 세계에서 가장 큰 협곡을 만든 후에, 바다로 유입되기 전 히말라야 산맥 남쪽의 대평원에서 마지막으로 마음껏 그 기세를 펼친다.

포탈라 궁은 성으로 둘러싸인 궁전으로, 라싸의 가장 위엄 있고 고귀한 상징이며, 역대 달라이라마의 겨울 궁전이다.

대소사의 외각을 빙 도는 작은 길이 하나 있는데, 바로 유명한 팔각가

(八角街)이다. 그것은 장족 전통의 교차로일 뿐만 아니라, 티베트의 유명한 상업 거리이다. 팔각가 안의 상품은 티베트 전통의 특색이 살아있는 물건들이고, 인도와 네팔 등 먼 곳에서 온 진귀한 상품도 많다.

주무랑마 봉은 자연보호구역 내부의 히말라야 산맥 안에 있는데, 산의 몸집이 높고 거대하며, 그 지세가 험해서 고(高)히말라야라고 불린다. 세계에는 8000미터 이상의 고봉이 14개 있는데 그 중 5개가 주변에 위치하고 있다.

주무랑마 봉의 꼭대기에서 20여 킬로미터 떨어진 곳의 융포사(絨布寺)는 경관이 가장 수려한 곳으로 꼽힌다. 주무랑마 봉이 가장 멋지게 보이는 때는 이른 아침이나 해질녘이다.

우뚝 솟은 눈 덮인 봉우리, 끝없이 펼쳐진 맑은 호숫가. 티베트의 매력은 대자연과의 깊은 만남과 친밀함 속에서, 때로는 천천히 때로는 맹렬히 쏟아져 나온다. 어떤 방식으로든지 티베트와 그 고원에 가면, 당신은 마음속에 대자연의 위력과 웅장함을 깊은 인상으로 남기게 될 것이다.

티베트가 사람의 마음을 뒤흔드는 아름다움은 통일과 조화의 미(美)다. 한 두 번 가서 티베트의 아름다움을 가능한 한 다 보려고 하는 생각은 그저 꿈일 뿐이다. 티베트는 우리가 평생을 살며 그리워할 곳이다.

32

오래된 벽돌성
예루살렘을 걸어보자

환한 대낮에는 전혀 눈에 띄지 않지만, 석양이 내리기 전에는 하나님이 황금 축복을 내려 주셔서 순식간에 화려함으로 눈이 멀 것 같은 곳이 바로 예루살렘이다.

예루살렘은 많은 역사 유적을 보유하고 있는 것으로도 유명하지만 세계의 수많은 신도들이 와서 경배하는 곳으로 더욱 유명하다. 예루살렘이 가진 역사는 각종 민족과 문화가 새로운 분위기를 조성하고 있기에 영원한 성이라고 불리는 로마를 훨씬 앞질러 있다. 예루살렘을 걸으면, 역사의 흔적들이 바로 눈앞에서 재현되는 듯한 느낌을 경험할 수 있다. 셀 수 없이 많은 수세기 전의 건축물, 전통 의상과 풍속들이 시간이 멈춘 것이 아닌지 의심하게 만든다.

'예루살렘'은 원래 히브리어로, '평화의 도시'란 뜻을 가지고 있다. 수많은 풍파를 겪어 만감이 교차하는 이 슬프고도 아름다운 도시에서, 사람들의 정신과 신앙은 뿌리 깊게 계승되고 있다.

예루살렘을 찾는 80퍼센트 이상의 관광객들이 가는 곳은 모두 예수와 성경에 기록된 지역과 관계된 곳이다.

석양이 쥬디안 언덕을 비칠 때 예루살렘 성벽의 흰 돌은 황금으로 변하고, 고요한 가운데 손을 뻗으면 닿을 것만 같이 보인다. 한밤중 예루살렘에 불어오는 미풍과 각양각색의 지붕 꼭대기의 경관 속에 흐르는 시적 정취는 그야말로 세계 어느 곳에서도 느낄 수 없는 독특한 것이다. 육안으로는 보이지 않지만 예루살렘의 모든 건축물에 사용되고 있는 흰색 돌은 이미 수세기에 걸쳐 수많은 사람들의 선혈로 물든지 오래이다.

이 도시에서 종교의 자유와 일상생활은 밀접한 관련이 있다. 엄청난 크기의 영혼의 힘은 이미 예루살렘에게 큰 영향을 미쳤다. 이스라엘 시인 예후다 아미하이(Yehuda Amihai)가 말했듯이 공업도시의 공기에는 사람을 질식시키는 환경오염물이 가득한 것처럼, 예루살렘의 공기에는 기도와 꿈이 가득 배어있다. 세계각지의 여행객은 저마다 이곳을 방문하여 경의를 표한다.

서예루살렘은 예루살렘 안에 있는 유대인 거주지이다. 이곳은 동북쪽의 프렌치 힐(French Hill)과 동남쪽의 탈피옷(Talpiyot)에서 서북쪽의 키르야트 메나햄(Kiryat Menahem)과 서북쪽의 라모트(Ramot)에 이른다. 서예루살렘의 주요 도로는 자파 로드(Jaffa Road(Derekh Yafo))로 중앙역에서 옛 성인 자파 게이트(Jaffa Gate) 성문까지 이어져 있다. 자파 게이트(Jaffa Gate)의 교차로인 지온 스퀘어(Zion Square)와 벤 예후다 미드라호브(Ben Yehuda midrahov), 그리고 그 사이의 오락 시설은 예루살렘의 중심지가 되었다.

대부분의 중요한 역사·종교유적지는 모두 옛 성벽 내에 몰려 있다. 성 내부는 기원 후 135년 로마인이 4구역으로 구분한 이래로 쭉 이어져 내려오고 있다. 시 중심에서 옛 성으로 가려면 자파 로드(Jaffa Road)를 따라서 죽 걸어 우체국 뒷편을 지나 자파 게이트(Jaffa Gate)로 가면 된다.

옛 성내의 주요 도로는 천장 지붕이 덮인 데이빗 스트리트(David Street), 서벽 뒤로 이어지는 바바스 실실라(Baabas-Silsilah) 거리이다. 아르메니안 쿼터(Armenian Quarter)는 자파 게이트(Jaffa Gate)를 들어가서 오른 편에 있고, 왼쪽 편에는 크리스천 쿼터(Christian Quarter)가 있다. 뉴 게이트(New Gate)로 바로 들어가도 무방하다. 다마스커스 게이트(Damascus Gate)로 들어가면 인구 밀집 지역인 모슬렘 쿼터(Muslim Quarter)가 나온다.

동예루살렘은 일반적으로 팔레스타인 지역으로 불리는데, 어떤 때는 옛 성을 포함하기도 한다.

동예루살렘은 옛 성의 북쪽과 동쪽에 위치해 있다. 다마스커스 게이트(Damascus Gate) 전의 술레만 스트리트(Suleiman Street)와 헤롯 게이트(Herod's Gate)를 통과하는 살라하드 딘 스트리트(Salahad-Din Street)는 동예루살렘 중심의 주요 도로이나. 하 네빔 스트리트(Ha-Nevi'im Street)에는 많은 잡화점과 여관이 있다. 동예루살렘은 아라비아 사회의 경제와 문화 중심지이다.

33

전 부터 가보고 싶었던 곳에
연인과 함께 가라

위치우위(余秋雨)는 그의 저서 「양관에 내리는 눈」(陽關雪)에서 옛 사람들의 시 한편을 직접 느껴 보려고 '양관'(陽關)을 찾으러 떠난 적이 있다.

"문인의 매력은 세상 끝의 험한 곳이라고 하더라도 그곳을 사람들에게 마음의 고향으로 바꿀 수 있다는 것이다. 그들의 색 바랜 푸른 적삼 안에 도대체 어떤 언어의 마술을 숨기고 있는 걸까?"

"오늘 나는 왕유(王維)의 「위성곡」(渭城曲)을 보고 깐쑤 성의 둔황 남쪽에 있는 양관을 찾으러 갔다. 출발 전, 옛 스승을 찾아 질문을 했더니 대답은 다음과 같았다.

'길도 멀고 볼 것도 별로 없다. 그렇지만 어떤 문인들은 고생하는 줄 알면서도 그곳을 찾으러 간다.'

스승은 고개를 들어 하늘을 보고 말을 이었다.

'이 눈은 어떤 때는 그칠 줄 모르고 내리니, 괜히 사서 고생할 필요

없다.'

나는 그를 향해 예를 올린 뒤, 몸을 돌려 눈 속으로 걸어갔다."

당나라 때의 시인 중 중국인들이 자랑스레 기억하고 있는 사람들은 이백(李百)·고적(高適)·잠참(岑參) 등이다. 그들은 산천을 돌아다니며 즐기길 좋아했다. 인문의 색채가 넘치는 곳은 어디든지 가기를 좋아해서 그들의 발걸음은 좀처럼 멈출 줄 몰랐고, 의기투합한 인생의 지기(智己)를 만나더라도 작별을 고하고선 헤어졌다. 그들은 비탄의 눈물을 흘리지도 않았고, 가지 말라고 서로를 붙잡지도 않았다.

"그대에게 한 잔 술을 더 비우기 권하노라, 서쪽 양관을 나가면 친구가 없을 테니."

이런 단아한 헤어짐이 있는 곳이기에 천년의 역사 속에서 양관은 감수성 풍부한 문인들의 소재가 되어 왔다.

이것이 바로 여치우위의 고된 문화 여행이다. 우리는 문화의 실마리와 흔적을 따라 세상 사람들에게 잊혀진 옛 자취를 찾아가는 이런 고된 여행을 통해서 끊임없이 자기를 반성하고, 자신의 사상과 인생을 더 풍부하게 만들 수 있다.

34 여름에 연인과 함께 야영을 하며
야외에서 벌이는 만찬을 즐겨라

아주 많은 시간이 필요한 것도 아니다. 여유로운 주말에, 차를 몰아 짧은 여행을 하면 되는 것이다. 오랫동안 느끼지 못했던 친근하고 포근한 대자연의 품으로 달려가 안겨 보라.

35세가 되기 전, 당신은 이 새로운 아이디어를 실제로 경험해 보면 좋을 것이다. 애인과 함께 야외로 가서 밥을 지어 먹고 밤을 보내는 것은 정말 창의적인 생각이고, 동시에 낭만적인 체험이다. 이 낭만적인 체험을 실행에 옮길 수 있다고 기대하며 지속적으로 꿈꾸는 한 가능하다.

침낭 · 텐트 · 수통 · 버너 및 랜턴이나 손전등 같은 필요한 장비를 챙긴 다음 길을 떠나도 좋다.

뜨거운 여름에 울창한 숲을 찾아 새 · 별, 그리고 고요함이 있는 곳에 적당한 장소를 찾아 텐트를 치고 모닥불을 때라. 몸과 마음을 편하게 하고, 가장 느린 걸음걸이로 움직이라. 버너로 야외에서 요리를 해서 먹으면, 집에서 자주 먹던 계란말이나 야채볶음이라도 기가 막히게 신선한 맛이 난다.

당신이 천천히 산책을 할 때면 대자연도 천천히 움직이므로, 그 조용한

리듬을 느껴보자.

침낭에 들어가기 전, 머리를 들어 하늘의 별들을 보자.

그리곤 조용히 등불을 끄고, 꿈속으로의 여행을 떠나자. 잠에서 깰 때 따뜻한 음료를 마셔서 몸을 데우고, 태양이 하루의 첫 번째 신호를 어떻게 보내는지 절대 놓치지 말기 바란다.

지금 지중해의 한 나라에 있다고 상상해 보라. 거기선 야외에서 식사를 하는 것이 우리가 실내에서 식사를 하는 것처럼 자연스러운 일이다. 만약 약간의 감성적인 자극이 필요하다면 이탈리아나 프랑스 영화를 빌려 와서 보라. 그러면 당신은 적어도 한 무리의 사람들이 야외에서 둥그렇게 둘러 앉아 값비싼 진수성찬을 즐기는 광경을 보게 될 것이다. 혹은 서점에 가서 예쁜 요리 책을 한권 사서 영감을 얻어도 괜찮다.

당신의 애인과 함께 공원으로 가도 좋다. 빨간색 식탁보를 깐 사각형의 탁자는 야외의 분위기를 한껏 살리기에 충분할 것이다.

음식 맛은 어떤가? 자신이 음식을 천천히 먹고 있다는 사실을 발견했는가? 혹은 자신이 주변 환경을 느끼고 있다는 사실을 발견했는가? 식탁에서 나누는 대화는 어떤가? 정말 유쾌하지 않은가?

당신의 애인은 즐거워서 날아갈 것 같은 기분이라고 말하지 않는가? 당신도 그와 똑같이 어린아이 같은 모습일 것이다.

이런 약간의 변화는 일상 속에서 매일 해야 하는 일들을 더 기묘하게, 더 특별하게 만든다. 중요한 사실은, 날씨가 허락만 한다면 아무 때나 야외로 가는 일이 가능하다는 것이다.

35

연인과 함께 바다를 보러 가라.
바다의 광활함과 따뜻함을 느껴보라

세상에 멋지고 신기한 경치는 셀 수도 없이 많다. 그 중에 특별한 곳이 바다인데, 그 어떤 것도 바다보다 웅장하거나 깊은 곳은 없다.

35세 이전의 당신은 배를 타고 애인과 함께 바다로 가서 바다의 깊이를 즐겨라. 그 광활한 아름다움을 느껴보라.

예전에 어느 작가가 바다에 대한 느낌을 다음과 같이 적은 적이 있다.

 ## 바다가 주는 낭만적인 아름다움

"세상에서 가장 큰 것은 바다이다. 가장 인내심이 있는 것도 바다이다. 바다는 마치 잘 기른 온순한 코끼리 같아서, 작고 미천한 인간들을 모든 삶의 고난으로부터 이끌어내어 드넓고 관대한, 창망한 안식의 장소로 옮겨다 준다.

만일 누군가가 바다의 마음이 좁다고 한다면 그것은 정확한 표현이 아니다. 왜냐하면 바다는 이제껏 약속이란 것을 해 본 적이 없기 때문이다. 바다는 넓고 거대한 마음을 갖고 있다. 온갖 탐욕과 아픔이 가득한 세상에서 바다는 유일하게 건강한 마음을 갖고 있다. 사치스런 욕망도 없고, 미련도 없이 항상 평정을 유지하며 자유롭게 뛰어다닌다.

사람들이 바다의 파도 위에서 항해할 때, 바다는 옛날 노래를 부른다. 많은 사람은 이것이 무슨 노래인지 이해하지 못하지만, 이 노래 소리를 듣는 사람들은 저마다 다른 감정을 느낀다. 바다는 만나는 사람마다 각각 특수한 언어로 노래를 불러주기 때문이다.

세상에서 인생을 가장 잘 이해하는 사람은 선원이다. 바다를 누비고 다닐 때, 배는 그 자체가 온 세상이고 바다는 망망한 우주이다. 그래서 선원들은 배를 움직이면서 자신의 손으로 세상을 움직인다. 선원들은 유한한 인간 능력의 한계 안에서 최고로 효과적인 협력을 펼친다. 그들 중 어느 누구도 없어서는 안 된다. 그러나 또 어느 누구도 모든 것을 주관할 수 없다. 선장과 항해사가 제일 높은 리더이긴 하지만 그들 또한 자신의 몫을 담당해야 한다. 그들은 지휘자인 동시에, 하나의 선원인 것이다. 그래서 선원이 되는 것은 매우 귀중한 인생의 경험이 된다."

애인과 함께 바다를 보러 가라. 끝없이 펼쳐진 광활한 바다에서 특별한 따뜻함과 낭만을 느껴보는 것은 얼마나 행복한 일인가. 손수 조개껍질을 주워 돌아와서 주방의 창가에 놓아 아름다운 추억으로 삼아라.

35세 이전에, 바다를 보러 가라. 끝없이 펼쳐진 광활한 바다를 느껴보라. 애인과 함께 여행에서 돌아오는 길에 함께 바다의 낭만을 이야기하라. 해변 가 창문이 넓은 바다를 향해 열려있는 어느 오두막에서 두 사람이 함께 매일 밀물과 썰물을 보고, 저녁마다 넘실거리는 파도가 바위에 부딪히는 소리를 듣는 것, 이런 낭만이 당신을 유혹하지 않는가?

이쯤해서 시인 하이즈의 유명한 시 〈바다를 향해 서서 늦은 봄, 꽃이 피는 것을 보리라〉가 생각나지 않는가?

모든 강에 모든 산에 따뜻한 이름을 지어주자

낯선 그대여, 나는 당신에게도 축복한다

당신이 찬란한 미래를 갖기 원한다

당신의 연인이 가족이 되기를 원한다

당신이 현실 속에서 행복을 얻기 원한다

나도 바다를 향해 서서 늦은 봄, 꽃이 피는 것을 보리라

36

안개 가득한 도시 런던을 천천히 걸으며, 여러 감정 속에 푹 빠져보라

런던, 수만 가지의 풍경을 갖고 있다는 이 도시는, 새벽 무렵의 희끄무레한 안개와 저녁 무렵 내리는 황혼까지, 시종 예의를 차리며 사람들과 적당한 거리를 두고 있는 사람들의 모습과 마찬가지로 도시 전체에서 마치 신사와 같은 겸손함과 보수성을 느끼게 한다. 좁은 시 중심가에서는 유럽 강대국의 수도가 갖고 있을 법한 화려함이 드러나지 않지만, 예전부터 내려오는 영국인들의 우아하면서도 세련된 생활이 그 때문에 더 소박하고 친절해 보인다.

템스 강 위에 유유히 흘러가는 보트를 타고, 모든 속박에서 벗어나 자유의 공기를 들이마시고, 황실 귀족이 마시는 차를 음미하면서 늦은 밤에 열리는 세련되고 풍성한 문예활동을 기대하며, 웨버의 〈오페라의 유〉, 프랑스의 문호 위고의 〈비참한 세계〉를 감상하고…. 이 모든 것이 다음과 같은 말을 생각나게 한다.

"The man tires of London, tires of life. For there is in London all that life can afford."

(런던에 싫증이 난다면 삶에 실증이 난 것이다. 런던에는 삶이 제공할

수 있는 모든 것이 있기 때문이다.)

-사무엘(Samuel Johnson)

35세 이전의 당신은 런던을 느긋하게 감상해 보라. 낭만적인 안개가 당신에게 주는 색다른 느낌을 즐겨 보기 바란다.

예전에 해가 지지 않는 대영제국의 수도였던 런던은 지금도 유럽 최대의 도시이다. 런던은 영어를 사용하는 모든 국가의 모태로, 많은 사람들이 그 도시의 거대함, 웅장함, 화려함에 예상보다 훨씬 강한 인상을 받는다.

전통적인 관광객의 관점에서 런던을 살펴보면, 템스 강을 따라 걸어서 국회 의사당 · 런던탑 · 런던탑 다리 등을 런던의 대표적인 관광명소로 볼 수 있다. 런던의 지하철을 타거나 혹은 런던 시내를 누비는 2층 관광 버스를 타보는 것도 커다란 즐거움이다.

영국의 찬란한 역사를 좋아하는 여행객은 버킹검 궁전 · 성 바울 교회 · 웨스트민스터 사원 등을 절대 놓치지 않기 바란다. 역사유적을 좋아하는 여행객에게 있어서, 대영박물관 · 국가 미술관 · 테이트 미술관 · 자연사 박물관 등 모든 것이 한번 가 볼만한 곳이다. 또 문화와 오락성을 겸비한 소호(soho)구에는 작은 술집들과 가두예술문화거리가 펼쳐져 있다. 그 중 차이나 타운 · 셜록 홈즈 박물관 · 투사드(Tussauds) 부인 초상화관 · 런던 동물원 · 콜롬비치 천문관 등이 손꼽힌다.

신년 카운트다운의 시끌벅적함을 느껴보고 싶다면, 트라팔가 광장에 반드시 가보기 바란다. 그곳은 런던에서 제일 큰 번화가로 시청과 각종 정부 기관이 밀집된 곳이다. 광장 중앙에는 55미터 높이의 돌기둥이 우뚝 솟아 있다. 꼭대기 부근에는 1805년 스페인과 함께 나폴레옹 군을 격파한 넬슨 장군이 서있다. 구경을 하다가 지치면 조용한 리전트 파크에 앉아도 좋다. 그곳은 런던에서 제일 큰 공원으로, 공원 안에 런던 동물원과 야외극장 등이 있다.

런던은 매혹적인 천당처럼 놀기 좋은 곳으로, 도시 안에 100개 이상의 극장이 있다. 만약 연극을 어디서 보는지 찾지 못했다면 여행객들에게 많은 정보를 제공해 주는 타임 아웃(Time Out) 지(매주 화요일 발행)를 한 권 사 보면 된다. 다양한 연극을 보기 원하는 여행객들은 소호(soho)구에 가거나 국립 극장·황실 가극원·영국국립가극원에 가서 연극이나 무도회, 콘서트를 보며 당신의 눈을 즐겁게 해도 좋다.

런던은 세계 금융의 중심지이다. 관심이 있는 사람이라면 런던 증권교역장에 가서 4000여 명의 주식중계인과 투자자들이 바쁘게 움직이는 것을 보아도 좋을 것이다. 영국화폐를 인쇄하고 동전을 주조하는 일을 맡고 있고, 국가의 황금을 보관하고 있는 잉글랜드 은행에도 가보라. 그곳은 성대하게 장식된 고전 건축물의 기세로 영국 역사상 흔들림 없는 위치를 확보하고 있다.

37

마음 속 깊이 사랑하는 사람과 함께
여름밤의 소리에 귀 기울여 보라

밤은 사람을 매혹하는 힘이 있다. 귀뚜라미·개구리·부엉이의 신비한 울부짖음은 밤을 완전히 다른 세계로 만든다. 영혼이 평정을 되찾는 고요한 밤에, 당신은 애인과 함께 그 고요한 아름다움을 즐겨 보라. 그것은 평소에 누리기 힘든 낭만적인 일이다. 모든 것이 잠든 것 같은 고요한 밤에도 잘 들어보면 소리가 난다. 들리는 듯 들리지 않는 듯한 독특하면서도 아름다운 소리가 밤을 휘감는다.

바람이 불어오면 가깝고 먼 곳에 있는 나뭇잎들이 모두 흔들린다. 바람이 스쳐 지나갔다. 곤충들이 다시 울기 시작했다. 밤에 관한 시를 쓰는 시인들이 어찌나 많은지 모른다. 그 시인들이 만약 실제로 그 아름다움을 알지 못했다면 어떻게 그렇게 정확하고 세밀하게 말할 수 있었을까?

밤을 실제로 알지 못한다면 어떻게 그렇게 깊은 감정을 쓸 수 있었을까?

사람들이 만약 밤을 좋아하지 않는다면, 이 시구들이 어떻게 이렇게 오랫동안 전해질 수 있었을까?

밤은 사람들을 매혹하는 힘을 갖고 있음이 틀림없다.

35세 이전의 당신은 바쁘거나 힘이 들더라도, 여름밤의 소리를 듣는 기회를 절대 놓치지 말라.

애인의 품에 안겨 귀뚜라미 · 개구리 · 부엉이의 울부짖음에, 그리고 애인의 심장이 뛰는 소리에 귀를 기울여 보라. 분명 무엇보다 낭만적인 경험이 될 것이다.

밤에 풀밭에 누워 있노라면 마치 밤이 두 손으로 부드럽게 감싸주는 것 같다. 그 느낌은 애인의 손과 같이, 강한 힘이 있으면서도 따뜻한 느낌으로 당신이 긴 시간동안 부드러움과 달콤함 속에서 조용히 휴식을 만끽할 수 있게 한다.

많은 사람이 조용한 밤에 책을 읽거나 일하는 것을 좋아한다. 이것이 밤과 친하게 지내는 것일까? 그렇지 않다. 그런 때의 밤은 일하는 환경일 뿐이고 사고를 발전시켜주는 도구에 불과하다. 밤은 당신에게 더 많은 것을 제공할 수 있고, 당신이 사랑할 만한 가치를 더 많이 가지고 있다.

밤은 당신이 낮에 보지 못하고 듣지 못하고 냄새 맡지 못했던 많은 것을 가지고 있다. 만약 당신이 깊게 잠들어서 아무 것도 느끼지 못한다면 할 수 없지만, 잠들지 않고 밤이 왔다가 가는 것을 주시하고 있노라면 낭만적인 서정이 당신 마음에 가득 차게 될 것이다.

밤에 나지막한 소리로 산을 부르면 산에 가까이 갈 수 있을 것 같고 바다를 부르면 바다를 볼 수 있을 것 같은 느낌이 든다. 왜 굳이 밤에는 잠을 자거나 조용한 시간을 빌어 무언가를 해야 한다고만 생각하는가? 손을 뻗어 창문을 열면 밤의 정령이 방 안으로 들어와서 당신과 함께 웃고 함께 근심에 잠긴다. 이렇게 아무도 알 수 없는 밤이란 존재는 당신과 함께 인생의 극히 작은 부분도 나눌 수 있을 것이다.

오늘 밤 창문을 열고, 밤에 들리는 맑은 소리에 귀 기울여 보라. 그 소리들은 매우 자유롭다. 그것은 당신과 당신의 연인 두 사람을 하늘로 초대하는 환상적인 소리이다. 이런 밤에 애인과 함께 눈을 마주하고, 밤의 소리가 두 사람을 감싸는 낭만을 즐겨 보라.

늦은 밤에는 무한한 보물이 숨겨져 있다. 오늘밤이 바로 밤과 친해질 수 있는 기회다. 아마 내일 일어났을 때 온 세계가 예전과 다르게 느껴질 것이다.

38

남극여행을 떠나 신선한 자극을 느껴보라

하얀 사막, 남극에 가는 것은 용기가 필요하다. 남극주는 남극대륙과 주변의 섬을 포함하는 약 1400평방킬로미터의 지역인데, 이것은 중국의 약 1.45배에 해당하는 넓이로 세계 육지 면적의 10퍼센트 정도를 차지하는, 세계에서 다섯 번째로 큰 대륙이다. 남극은 평균 해발 2350미터로 세계에서 가장 높고, 세계에서 가장 추운 대륙이다. 폭풍과 눈이 가장 빈번한 지역이고, 풍력이 가장 세고 가장 건조한 지역으로 95퍼센트의 면적이 항상 얼음으로 뒤덮여 있다. 얼음의 평균 두께는 약 2000미터에 이른다.

남극에 가기 위해서는 의지가 필요하다. 남극은 황량하고 쓸쓸한 곳으로, 기후 조건이 열악하고 기온이 너무 낮아서 흰색을 제외하고는 아무것도 존재하지 않는다. 남극에는 평균 10일 중 6일 동안 센 바람이 불고, 어떤 때는 풍속이 초속 20미터를 넘기도 하며, 대부분의 여름 기온이 영하 20도 이하로서 생명체가 살기 거의 불가능한 곳이다.

남극을 가려면 배짱도 필요하다. 하얀 대기(얼음 수정과 눈이 광선에 완전 반사되어 생기는 현상)가 정상적인 시각을 유지할 수 없도록 만들어서, 방향을 잘 구별할 수가 없다. 전후좌우를 둘러봐도 흰색밖에 없기 때문에 모든 것이 갇혀버린 듯한 느낌이 들고, 겨우 몇 미터 앞 밖에 내다볼 수 없기 때문에 방향을 순식간에 잃어버린다. 얼음이 갈라진 틈은 겉으로 보기에는 평평한 얼음처럼 보이지만, 실제로는 무수히 많은 거대한 원형계단으로 이루어져 제아무리 빠져나오려고 발버둥을 쳐도 마치 영원히 끝이 없는 미로처럼 보인다. 그것은 마치 악마의 동굴 같아서 남극 탐험을 하는 사람들을 종종 당혹스럽게 한다. 그 얼음이 갈라진 틈을 건너는 것은 마치 지옥의 문을 건너는 것과 비슷하다.

그러나 남극 여행은 자연의 오묘함을 관찰하는 즐거움도 있다. 거기에는 과학자들도 꽤 많이 있는데 남극은 그들에게 있어서 '샹그릴라' 이다.

당신과 당신의 애인은 어쩌면 옛날부터 남극에 가서 새로운 자극을 경험해 보려는 계획을 세우고 있었는지도 모른다. 그럼 망설이지 말라. 빨리 배낭을 메고 길을 떠나라. 거기에서 당신은 이전에는 미처 경험치 못했던 낭만적인 체험을 할 수 있을 것이다.

35세 이전의 당신은 신선한 것에 대한 도전 정신을 가지고 있어야 하고, 차고 넘치는 에너지를 활용해야 한다. 이런 도전성이 강한 게임과 체험에 마음이 있다면 빨리 행동으로 실천해 보기 바란다.

남극은 지구상에서 유일하게 원시인이 살지 않은 '미개발구역' 이다. 100년 이상의 역사를 가지고 있는 각국 탐험가들의 깊은 연구에 의해, 사람들은 이미 남극이 천연 과학 연구에 천혜의 조건을 갖추고 있고, 자원의 보고임을 인정하고 있다.

남극은 전 인류의 공동 재산이다. 지구상 유일의 어떤 국가의 '점령' 도
허용치 않는 지역이다.

일반적인 지도에서는 대부분 남극을 찾아볼 수 없거나 끝부분만 겨우
드러나 있다. 그 첫 번째 이유는 지구의 60억 인구 중에 매년 5000명 정
도의 사람만이 남극을 방문하기 때문이다.

두 번째 이유는 남극은 교통이 불편하고, 멀고 춥기 때문이다. 100여
년 전 이래로, 각국의 탐험가들이 남극을 왕래하던 노선의 태반은 남미의
칠레 남부와 남극반도 사이의 길이었다. 그곳은 지구상의 인류가 거주하
고 있는 육지 중 남극대륙과 가장 가까운 지역이다. 그 다음으로 가까운
길은 아시아의 남태평양 해역에서 배를 타고 남극으로 가서 남극 해양과
대륙의 과학 관측을 하는 것이다. 이 항해 경로는 전자보다 느리고 길도
멀다.

그래서 1959년부터 남극조약이 제정된 이래로, 세계 각국은 남극에
과학 관측소를 세웠고, 대부분이 남극반도 근처에 있다. 그리고 칠레 남
부의 한 마을을 비행기와 선박의 연락 기지로 삼았다.

그 외에 아르헨티나 남부의 우슈아이아(Ushuaia)에도 남극과 가까이
있어서 남태평양 지역의 펭귄과 빙하 관광의 여행 중심지가 되고 있다.

세상에서 가장 아름다운 산호초는 파푸아 뉴기니에 있다. 그곳은 물속의 천국이라고 해도 과언이 아니다. 왜냐하면 바다의 맑은 수면 아래에, 아름다운 산호 왕국이 있기 때문이다.

파푸아 뉴기니의 산호초는 인도네시아 남부에서 필리핀 북부지역까지 이른다. 카리브 해안과 비교해 보면, 이곳의 물고기와 산호의 종류가 훨씬 다양하고 그 수는 카리브 해안의 2배를 넘는다. 특히 우루루 섬 부근은 경치가 끝내주는 잠수지역이다. 보라색 붉은색의 물고기 떼는 산호 주변을 배회하며 먹이를 노린다. 가끔씩 동작이 민첩한 상어가 달려들면, 작은 물고기 떼는 신속히 흩어져서 산호 안으로 숨어버린다. 운이 좋으면 벽에 검은색 산호가 가득한 동굴 속으로 잠수할 기회가 있을 것이다. 이렇게 활발히 움직이는 해저 세계는 정말 사람들로 하여금 감탄을 금치 못하게 한다.

세계의 대부분의 산호초는 지금 심각한 오염으로 위기를 맞고 있다. 약 10퍼센트는 이미 오염되었고, 25~40퍼센트는 손상을 입고 있다. 그러나 이곳은 인류의 발걸음이 그다지 많은 편이 아니기에 해저의 생태계가 보존되고 있다.

파푸아 뉴기니 섬 주변의 맑은 해저에는 사람들이 알지 못하는 신비한 세계가 펼쳐져 있다. 열대어 떼가 여유롭게 헤엄치고 있고, 산호초가 장미꽃 화원을 이루고 있으며, 천당과 같은 해저 낙원이 당신과의 약속을 위해 성대한 준비를 하고 있다.

파푸아 뉴기니의 산호초는 광대한 산호해와 연결되어 있다. 전 세계의 대해 중 면적이 200만 평방킬로미터가 넘는 것은 8개가 있고, 300만 평방킬로미터가 넘는 것은 3개뿐이고, 400만 평방킬로미터가 넘는 것은 산호해 하나 밖에 없다. 파푸아 뉴기니 부근의 산호해는 전체 면적이 479.1만 평방킬로미터에 이른다.

산호해 주위는 하류의 유입이 거의 없고, 해수는 깨끗하고 투명하다. 육안으로 20미터 아래의 물건도 선명하게 볼 수 있고, 해수면 아래로 햇빛도 충분히 내리쬔다. 해수 염도는 27~38퍼센트 사이이다. 이런 조건은 산호충의 성장에 최적이다.

작은 산호충은 대륙붕과 얕은 모래사장에서 번식, 생장하는데, 이렇게 번식한 산호충들이 셀 수 없는 무리를 이룬다 . 이런 산호초는 일반적으로 수면에 약간 드러나서 알록달록한 부분은 맑고 깨끗한 물에서 더 눈부시게 빛나고, 곱고 아름다운 열대 풍경과 절묘한 조화를 이룬다. 산호해의 이름도 여기에서 따 온 것이다.

파푸아 뉴기니의 산호초는 바로 이 산호해에 있다. 산호 바위 주위의 해수 중에 각양각색의 생물이 살고 있고, 산호와 기가 막히게 어울리는 색깔이 마치 동화에서나 나올 법한 세계를 연상시킨다.

산호해 부근에는 상어가 무리를 이루어 살고 있는데, 그래서 어떤 사람들은 상어의 바다라고도 부른다.

산호초의 머리 부분만 노출되어 있는 해면을 산호섬이라고 부른다. 파푸아 뉴기니의 산호초의 범위 안에서, 크고 작은 수많은 산호섬이 자태를 빛내고 있다. 온화한 기후 덕택에 섬에는 무성한 열대 밀림이 하늘 높이 푸르름을 자랑하며 자라고 있다. 산호섬은 사계절 내내 푸른색으로 덮혀 있으며 그 곱고 아름다운 자태를 뽐내면서 수만 리 이상 향기를 내뿜고 있으며, 수많은 새들이 합창을 하고, 나비 떼가 함께 춤을 추고 있다.

이국적인 미와 정취를 간직한 이런 산호를 돌이라고 주장하는 사람도 있고 식물이라고 주장하는 사람도 있다. 사실은 산호는 산호충이라고 불리는 작은 강장동물이다. 산호충은 작은 주머니같이 생겼는데, 주머니의 제일 윗부분에 입이 있고, 입 주변에 수많은 털이 있는 촉수가 있다. 산호충은 주로 무리를 지어 생장한다. 그들은 쉴 새 없이 촉수를 내밀어서, 해수 중에 떠다니는 먹이 감을 잡는다. 음식을 소화한 다음, 석회질을 분비하여 골격과 석회질로 이뤄진 껍질을 만들어 낸다. 산호충이 죽은 뒤, 그 유골은 함께 모여서 후대에 또 그 유골 위에서 번식하게 된다. 그들은 이런 식으로 대대로 생존해 가며, 결국 큰 산호초와 산호섬을 이루는 것이다.

산호왕국으로 가서 수면 아래의 신비한 즐거움을 누려보자. 이런 낭만적 체험을 절대 놓치지 않기를 바란다.

'사랑의 비석'
타지마할 능을 보러 가라

타지마할은 마할 제5대 황제 샤 자한이 총애하는 아로만 바뉴 황후를 위해 지은 능이다. 황후의 원래 이름은 뭄타즈 마할인데, 이것은 '궁궐의 일인자' 혹은 '궁정의 빛'이란 뜻을 갖고 있다. 뭄타즈 마할을 줄여서 타지마할로 부른다.

황제와 황후는 정이 매우 깊고 금슬이 좋았다. 샤 자한이 왕위를 계승하기 전, 곤경에 처해 유랑을 할 때나, 국왕이 된 후 많은 곳을 순방을 할 때도, 두 사람은 항상 함께 다니면서 좀처럼 떨어질 줄을 몰랐다. 들리는 이야기에 따르면, 젊고 아름다운 타지마할은 19세에 자식을 낳았는데, 이후 자식이 모두 14명이나 되었다. 타지마할은 1631년 막내를 낳을 때 세상을 떠났는데 당시 나이가 겨우 39세였다. 샤 자한은 그 소식을 듣고 비통함에 식음을 전폐했다. 황후가 병으로 세상을 떠나기 전, 타지마할은 샤 자한에게 말했다.

"폐하, 저를 위해 큰 무덤을 만들어서 우리 사랑의 증표로 삼아 주세요."

샤 자한은 그녀에게 꼭 약속을 지키겠다고 다짐했고, 그녀의 사후에 아름다운 능을 세웠는데, 그것이 바로 타지마할이다.

황후의 유언에 따라서 샤 자한은 야무나 강가에 능을 세우기로 결심했다. 그는 인도 각지와 페르시아, 중앙아시아에서 유명한 건축가들을 초빙해 왔고, 마지막으로 터키 건축가 무스타프 이삭을 설계 감독으로 세웠다. 능의 주요 공정은 1632년부터 시작되었고, 1648년 완공되었는데, 부속 건물을 완성하는 데까지 걸린 전체 시간은 22년, 비용은 4000만 루피, 동원된 인력은 2만 명으로, 그 중에는 페르시아, 중앙아시아와 인도 각지에서 온 석공·공예가·서예가 등이 포함되어 있다.

능의 전체 모양은 직사각형으로 가로 583미터, 세로 304미터, 면적은 17만 평방미터이고, 4면이 붉은 흙으로 된 벽돌로 둘러싸여 있다. 침실이 능의 중앙에 위치해 있고, 동서 양쪽에는 각각 같은 모양의 건축물이 있는데 하나는 이슬람 사원이고, 다른 하나는 답변실로, 좌우로 대칭을 이룬 균형 잡인 구조이다. 능의 네 모서리에는 40미터에 이르는 첨탑이 있고, 그 안에 50층의 계단이 있다.

중앙 궁실에는 수려한 대리석 난간이 없고, 그 안에 샤 자한과 타지마할의 대리석 관이 있다. 그렇지만 진짜 관은 지하실 안에 있다. 석관에는 비취·마노·산호·공작석 등 20여 종의 화려한 색깔의 보석으로 정교한 백합, 자스민 등의 그림이 새겨져 있다. 그 그림은 하나 같이 정교하고, 화려한 색채로 그려져 있어서 천연 보물보다 더 아름다워서, 다른 비교 대상을 찾아볼 수 없을 정도이다. 석관 주변은 원래 금색 옥이 새겨진 난간으로 둘러싸였지만 지금은 철거되었다. 관 주변에 8각형의 흰 대리석으로 장식된 병풍이 있고 병풍의 주변에 오색찬란한 옥석이 있는데, 그중 하나는 장미꽃으로 61가지 색채의 작은 옥석으로 만들어져, 그 화려함에 눈이 어지러울 지경이다. 이 병풍은 침실이 만들어진 후, 10년이라는 시간을 들여 만든 것이라고 하며, 능의 모든 공예품 중 최고로 손꼽히는 작품이라고 한다.

　능 전체가 흰 대리석으로 꾸며져 있어서 이른 아침·정오·해질 녘 태양빛의 강약이 다름에 따라 능을 비추는 광선과 색채가 수시로 변하여 궁은 서로 다른 신기한 모습을 드러낸다. 달이 뜨는 한밤중이면, 그 자태는 사람의 마음을 홀리기에 충분하다. 샤 자한은 다음과 같이 말했다.

"만약 세상에 낙원이 있다면 타지마할 능이 바로 그곳이다."

　타지마할 능이 다 지어진 후에도 샤 자한은 왕위를 지켰다. 타지마할에 대한 그의 사랑은 보이지 않는 가느다란 선과 같아서 능의 안팎에 얽혀 있다. 타지마할 능에서 멀지 않은 곳에 아그라 성이 있는데 왕은 항상 거기서 능을 바라보았다. 그는 예전에 야무나 강의 다른 한 편에 타지마할 능과 같은 자신의 대리석 무덤을 지어 영원히 서로 마주보려고 했다. 그리고 흑백 두 가지 색의 대리석으로 강을 건널 다리를 만들어서 무덤을 서로 왕래할 수 있도록 하여 사랑하는 아내에 대한 그리움을 나타내려고 했다. 그런데 타지마할 능이 완공된 지 5년 후 뜻밖의 사건이 벌어졌는데, 그 당시는 아직 다리가 완공되지 못했을 때였다. 셋째 아들이 그의 왕위를 빼앗아서 그를 아그라 성에 구금시켰다. 샤 자한은 거기서 비참한 말년을 보냈다. 매일 창틀을 통해 사랑하는 아내의 무덤을 바라보면서,

달빛과 꿈속에서 그녀와의 추억을 회상하며 살았다. 그의 사후, 타지마할 능의 석관에 매장되어 아내와 나란히 눕혀졌고, 그의 사랑은 결국 거기서 끝이 났다.

타지마할의 구조는 완벽하다. 거기에는 이슬람교 예술의 장엄함과 웅장한 기세, 풍부한 철학이 잘 드러나 있다. 그곳을 방문하는 여행자들은 모두 인도인의 이 비범한 걸작에 찬사를 아끼지 않았다.

달빛이 비치는 밤의 타지마할 능은 최고의 시적 정취를 가지고 있는 장소이다. 휘영청 밝은 달빛 아래서, 마치 막 물속에서 나온 연화 같은 순백색의 건축물이, 하늘의 별 · 달과 아름다운 자태를 겨룬다. 백옥 같은 피부에 날씬한 몸매의 소녀가 가벼운 면사를 걸치고 호숫가 근처에서 쓸쓸한 모습으로 연민에 잠겨 있는 것 같기도 하다.

41 바르셀로나에 가서 이국의 낭만과 여유로움을 느껴보라

스페인은 태양과 푸른 하늘의 화신이며, 건축·회화·문학의 상징이고, 투우와 플라밍고의 대명사이다. 또한 감람나무와 카페와 술집의 고향이기도 하다.

바르셀로나는 스페인의 주요 관광지 중 하나로, 건축을 전공하는 사람들에게 교과서와 같은 도시이고, 여행가들에게는 실존하는 천당과 같다. 거기서는 위에서 묘사한 스페인의 모든 매력적인 특징을 다 감상할 수 있다.

35세 이전, 만약 여행을 갈 계획이라면 바르셀로나는 반드시 가 봐야 하는 곳이다. 그곳에는 오래된 건축물이 사람들을 자꾸만 뒤돌아보게 만드는 매력이 있다. 짙은 예술의 향기 때문에 그곳은 예술의 전당이라고도 불린다.

스페인은 낭만적이고 여유로운 생활철학으로 세계에서 이름 높다. 많은 사람들이 진한 커피 한 잔으로 하루 생활을 시작한다. 아침 10시 이후, 상점이 속속 문을 열고 영업을 시작한다. 오후 2시에 스페인 사람들은 가장 풍성한 점심 식사를 시작한다. 식사 후 스페인 사람들은 낮잠을 자는 습관이 있다. 그때는 썰물처럼 거리에 인적이 드물게 된다. 커졌다

작아졌다 하는 코고는 소리가 들릴 정도로 거리 전체가 고요해진다.

저녁 6시 후에, 거리는 노동자와 어슬렁거리는 사람들로 다시 붐비기 시작한다. 이때 술집과 카페에 인파가 몰려든다. 스페인 식의 늦은 저녁 식사는 약 10시 전후에 시작된다.

저녁 식사 후 젊은이들은 부근의 술집에서 한잔 걸치며 이야기를 나누고, 노인들은 공원에서 산책을 하거나 춤을 춘다.

스페인 사람들은 자신들의 문화유산을 가장 자랑스러워하여 그림 · 건축 · 문학 등 예술 분야에서 유명한 사람이 셀 수 없이 많다. 회화 분야를 살펴보면, 중세화가 엘 그레코, 궁정화가 고야부터 시작해서 20세기 추상파 및 입체파의 대가 피카소, 미로 및 초현실주의의 달리 등이 있다. 이런 예술가들은 스페인의 유산일 뿐만 아니라, 전 세계적인 보물이다. 건축방면엔 건축가 골디의 작품이 대표적으로, 세계 건축사상에서 굉장히 중요한 위치를 차지하고 있다.

바르셀로나는 스페인 동북부의 지중해 해안에 위치해 있는데, 지중해를 여행하는 여행객들이 들르는 정거장과 세계적으로 유명한 역사문화의 도시로 그 이름을 빛내고 있다. 도시 면적은 약 91 평방킬로미터로, 스페인에서 두 번째로 큰 도시이다.

바르셀로나는 전형적인 지중해성 기후로, 겨울에 따뜻하고 여름에 서늘하며 봄과 가을은 습도가 높아 1년 4계절 모두 여행하기에 좋다. 겨울의 평균 온도는 11도이고, 매년 11월과 1월이 가장 추운 시기이다. 여름의 평균 기온은 섭씨 24도이다.

바르셀로나의 지리적 위치는 천혜의 혜택을 받은 곳으로, 온화한 풍경에, 명승고적이 도시에 널려 있어 일찍부터 '이베리아 반도의 빛나는 진주'로 불리었고, 스페인에서 유명한 관광지로 이름을 날리고 있다. 바르셀로나는 유명한 금색 해안과 낭만적 색채가 가득한 인문적, 자연적 환경을 갖고 있어, 매년 수많은 해외 여행객들이 휴가를 보내러 오도록 유혹한다.

바르셀로나는 다양한 얼굴을 지닌 도시이다. 비록 현대화가 많이 진행되기는 했지만, 그와 동시에 완벽하게 고트 풍의 수많은 고(古)건축물을 보존하고 있다.

바로셀로나에 가면, 당신은 신흥 지구의 변경에서 복잡한 구조의 항구를 보게 될 것이고, 어쩌면 옛 냄새가 물씬 풍기는 고성에서 수공업 시대에서나 볼 수 있을 법한 굴뚝을 볼 수도 있다. 그 모든 것이 거기선 자연스런 풍경이 된다.

42

칭하이 호(靑海湖)에서 만나라

35세 이전에 당신은, 애인과 함께 칭하이 호에서 만나라. 물살이 부드럽게 넘실거리는 호숫가에서, 환상이 가득한 그곳에서, 색다른 사랑을 느껴보라. 진정한 사랑의 고귀함을 체험해 보라.

 ## 푸르게 빛나는 칭하이 호

그녀는 처음 그를 만났을 때 칭하이 호 이야기를 꺼냈다. 어느 여름 밤 도서관 앞, 긴 계단에 두 사람은 그녀의 졸업 논문 원고를 깔고 앉았다.

두 사람은 가장 낭만적인 일이 뭐라고 생각하는지 이야기하고 있었는데, 그가 먼저 자신이 가장 사랑하는 사람과 칭하이 호를 보러 가는 것이 제일 멋진 일이라고 말했다. 그녀는 그 옆에 앉아, 등불 아래서 빛나는 그의 코와 눈을 보았다. 가슴이 뛰었다. 그녀가 생각하기에 낭만적인 일은, 베트남에 가서 악어 위에 앉아보거나 하이난(海南) 섬에 가서 일광욕을 하는 것이었다. 그때는 졸업을 불과 몇 개월 앞두고 있을 때여서 둘 다 마음이 심란했다. 그 외에 더 좋은 것이 뭐가 있는지 생각이 나지 않았다. 그녀는 그가 정말 어린애 같다고 생각했다.

그녀는 고향을 떠나기 전 그의 전화를 받았다.

"학교에 남아있을 생각 없어?"

그녀가 웃었다.

"한 곳에만 있는 건 너무 지루해. 생활환경을 바꿔 보고 싶어. 회사에 취직해서 승진하거나 부자가 되는 것에 도전해 보고 싶어."

그는 아무 말이 없다가 다시 입을 열었다.

"우리 언제 칭하이 호 보러 갈까?"

그는 갑자기 '우리'라는 말을 사용했다. 그녀는 그 말의 의미를 알아차렸지만 짐짓 모르는 척 "좋아, 만약 우리 둘 다 가고 싶은 때가 오면 그땐 같이 갈 수도 있겠지"라고 대답했다.

떠나는 날은 금방이라도 비가 올 것 같은 날씨였다. 그는 그녀를 기차역까지 배웅했다. 그가 기차의 유리창에 바짝 붙어 서서 그녀에게 엄지와 새끼손가락으로 전화기 모양을 만들어 보였다.

그녀는 고개를 끄덕였다. 마음이 이렇게 평온할 줄 미처 몰랐다. 기차가 퉁팅 호(洞庭湖)를 지나는데, 새 모양의 흰 구름 아래서 호수가 푸르게 빛났다. 그녀는 갑자기 칭하이 호가 보고 싶어졌고, 기대에 부풀어서인지 마음속에는 안정감과 즐거움이 찾아왔다.

시간이 흘렀다. 둘은 언제 칭하이 호를 보러 갈지 구체적인 계획을 세우기 시작했다. 그들은 각자가 돈을 모으기로 계획을 세웠다. 행복이 점점 다가오는 듯 했고, 겉으로 보기엔 일이 계획대로 진행되어 곧 쉽게 행복을 얻을 것만 같았다.

그러나 문제는 생각지도 못한 곳에서 피할 수 없는 현실로 다가오는 경우가 많다. 한 번의 작은 일로 말다툼을 한 뒤, 더 이상 둘의 관계가 회복되지 않았다. 그는 그녀가 말도 안 되는 이야기를 한다고 욕을 했고, 성질을 부리면서 전화를 끊어버렸다.

둘의 상처는 깊어져 갔다. 그와 칭하이 호를 생각하면 그녀는 괜히 짜증이 났다. 며칠 후, 그가 천리 밖에서 서둘러 그녀에게 도착했을 때는 이미 늦어버렸다. 친구 한 명과 함께 하이난(海南) 섬에 일광욕을 하러 가기로 했다고 그녀가 말했다. 그는 한참을 서 있다가 마침내 입을 열어 말했다.

"나 칭하이 호에 갈 돈 다 모았어. 네 생각을 바꿀 마음은 없는 거야?"

그녀는 생각을 거듭한 끝에 고개를 저었다. 그녀가 원한 것은 칭하이 호가 아니었다. 그의 입에서 다른 말을 듣고 싶었지만, 그는 그것을 알지 못했다.

그렇게 그가 떠난 이후로 아무 소식도 없었다.

그와 연락이 다시 된 것은 이미 1년도 더 지난 후였다. 그는 더 이상 그녀 옆에 앉아 사랑하는 사람과 칭하이 호를 보러 간다는 그 남학생이 아니었다. 그녀 역시 아닌 척, 못 알아들은 척 했던 예전의 어린 모습이 아니었고, 나이도 적지 않았다. 늘 그랬던 것처럼 서로 안부를 묻고 나서 그가 그녀에게 물었다.

"결혼했어?"

그녀는 웃었다.

"아니, 아직 결혼할 돈 못 모았어."

그도 웃었다. 그녀는 그가 그녀의 질문을 기다리고 있다는 것을 알고 있으면서도 묻지 않았다.

"나 그저께 칭하이 호에서 갔다 왔어."

그녀가 말했다.

"정말? 어땠어? 예뻤지?"

그가 말했다.

"그렇지 뭐. 상상보다 좋은 건 없더라."

그녀는 장기 휴가를 내서 시닝(西寧)으로 가는 기차를 탔다. 아주 오랫동안 그렇게 혼자 여행을 떠나보지 못했다. 딱딱한 좌석은 대학시절을 생각나게 했다. 그러자 그가 생각났다.

차를 타고 끝없이 펼쳐진 평원과 솟아오른 산봉우리, 알록달록한 구름의 그림자, 천천히 이동하고 있는 소떼와 양떼, 이 모든 것이 마법같이 보였다. 거울에 햇빛이 반사되어 눈을 뜨기 힘든 것처럼 빛나는 칭하이 호를 보고 나서야 드디어 그녀는 믿게 되었다. 정말, 일생에 가장 낭만적인 것은 애인과 함께 칭하이 호를 보는 것이라는 사실을.

맨발로 호숫가의 모래사장을 걸을 때, 그녀는 그가 했던 말과 남방의 후덥지근한 여름이 문득 생각났다. 그리고 그에게 전화를 걸었다.

"나야, 나 지금 칭하이 호에 있는데, 널 사랑해."

그가 입을 열기 전, 그녀는 전화를 끊어버렸다. 뜻밖에 마음이 조금 심란해졌다. 마치 학창 시절로 되돌아간 것처럼.

43

샌프란시스코로 가서
요즘 유행하는 최신 춤을 경험해보라

하늘에서 샌프란시스코를 내려다보면, 이 도시는 마치 트랜지스터 라디오처럼 잘 정리되어 있는 것을 알 수 있다. 정교하기 그지없는 빅토리아 시대의 건축물들, 도처에 널린 공원, 아름다운 해변의 경치, 하늘에 닿을 듯한 고층 빌딩의 세련된 모습, 유리에 반사되어 비치는 화려한 거리 풍경, 구불구불한 도로가 고지대에 위치한 상업 지구까지 연결되어 있는 모습.

이런 장관(壯觀)을 가진 패션의 집합지가 당신에게 전해주는 낭만이 당신의 영혼 속으로 들어오는 그 느낌을 꼭 경험해 보기 바란다.

샌프란시스코에는 그곳으로 이민 온 사람들이 뿜어내는 열정으로 가득하다. 그곳은 사람들을 그 매력에 흠뻑 취하게 만드는 문화 혼합체이다. 터무니없이 말하기를 좋아하는 사람이든, 프랭크 시나트라를 좋아하든, 발레에 열광하든 아이스하키에 빠져있든, 이 샌프란시스코에서 당신은 모든 즐거움을 찾을 수 있을 것이다. 미국에서 가장 큰 도시이고, 세계에서 가장 위대한 도시 중 하나인 샌프란시스코는 당신을 환영한다.

샌프란시스코에서 다음과 같은 멋진 경치를 놓쳐서는 안 된다.

골든 게이트 브릿지

이 붉은 색의 거대한 다리는 푸른 강물 위를 가로질러 놓여있는데, 그것은 샌프란시스코의 대표적인 건축물일 뿐만 아니라 전 세계인들의 마음속에 중요한 위치를 차지하고 있어서 다른 것으로 대신할 수 없는 가치를 지니고 있다.

행인과 자전거는 모두 다리를 지나갈 수 있는데 느린 걸음으로 다리를 건너는 데 약 1시간이 걸린다. 만약 도보나 자전거를 타고 다리를 건넌다면, 옷을 잘 챙겨 입는 것을 잊어서는 안 된다. 다리의 풍속이 시속 97킬로미터 이상이니까.

롬바르드 거리

롬바르드(Lombard) 거리는 굉장히 길다. 하이드와 레번워스(Hyde/Leavenworth) 거리 사이에 짧은 도로가 있는데 바로 그곳이 세계적으로 유명한 곳이다. 그 도로는 많은 사람들에게 '세계에서 가장 구불구불한 거리'란 이름으로 불리기도 하는데, 샌프란시스코의 러시아 산 위에 위치해 있다. 그 도로에는 40도의 비탈진 경사 위에 8개의 급커브 길이 있다. 초기의 주민들은 커브 길 곳곳에 꽃을 심어두었는데, 나중에 살게 된 사람들은 거리를 따라 팔선화 · 수국 등 여러 종의 꽃을 심었다. 그래서 봄철과 여름철에는 갖가지 꽃이 화려하게 피어 눈이 휘둥그레질 정도로 예쁜 경치를 만들어 낸다.

아트 박물관

이곳은 1915년 2월 20일 개막한 파나마 태평양 만국박람회를 위해 지어진 것을 오늘날에 이르러선 사람들이 샌프란시스코를 떠나기 싫어하도록 만드는 매력적인 장소가 되었고, 연못위의 백조와 오리, 수중에 거꾸로 비치는 박물관의 정취, 탐색과학 박물관과 아트 박물관 내의 극장도 함께 있어서 휴일에 많은 사람들이 가볼 만한 곳이다.

인어공주 부두

39~42호 부두에서 센터까지 이어진 인어공주 부두는 '북쪽 개펄'이란 이름으로도 불린다. 구역에서 조금 떨어진 곳에는 유명한 감옥 알카트로스 섬이 있는데 영화 "The Rock"의 주요 무대가 바로 이 섬이다. 부두 내에는 샌프란시스코의 토산품 중 하나인 치라델리(Chirardelli's) 초콜릿 공장과 매장이 있는데, 공장 안에 초콜릿이 얼마나 많은지, 안으로 들어가면 초콜릿에 파묻혀 버릴지도 모를 정도이다. 현지인들은 인어공주 부두를 '행복한 땅'이라고도 부르는데, 정말 딱 들어맞는 이름이다. 왜냐하면 그곳은 각종 신선하고 진귀한 해산물로 입이 즐거워지는 지역이기 때문이다. 한 솥 가득 끓이고 또 끓인 뜨거운 물에 새우와 게를 넣어 국물을 우려내는 과정을 거쳐 만든 포타주는 반드시 한 번 맛봐야 할 뉴잉글랜드의 특산품 중 하나이다. 차디찬 해풍이 불어오는 곳에서, 포타주를 마시며, 일광욕을 하는 바다표범을 바라보면서, 악마가 섬의 감옥에 갇혀 있다고 상상해 보라. 그야말로 샌프란시스코의 독특한 풍경이 당신의 영혼 안으로 들어올 것이다.

44 스릴 넘치는 자극적인 경험을 해보라

35세 이전의 당신의 상태는 인디언들이 했던 말과 비슷할 것이다. 당신의 두 발은 번개처럼 빠르고, 당신의 손은 맹렬한 천둥 같고, 당신의 영혼은 아무것도 두려워하지 않는다. 따라서 스릴 넘치고 자극적인 경험을 하기에 35세 이전의 당신은 아무 문제가 없다.

생명의 끝자락에 다다른 곳에서, 사람의 생명은 가장 민감하고 강렬하게 반응한다. 사람의 잠재력은 개발을 기다리고 있는 금광 같은데, 사실 우리 모든 사람은 이런 잠재적인 금광을 가지고 있다.

 대자연의 거대함과 경쟁에서 얻을 수 있는 특별한 경험

광둥 텔레비전 방송국은 예전에 〈생존 노선〉이란 프로그램을 방영하여 많은 사람들로부터 인기를 끈 적이 있다. 상하이 · 베이징 · 신장 · 싱가폴 등지에서 온 12명의 미모와 지혜, 용기를 겸비한 현대 여성이 100여 일 동안 '무인도에서 살아남기', '황하 거슬러 올라가기', '뉴질랜드 쟁탈전'이라는 3개의 각기 다른 환경에서 생존 경쟁을 벌여 적자생존의 자연 법칙을 체험하는 시간을 가졌다.

‘무인도에서 살아남기’는 12명의 ‘미녀 로빈슨’이 인적이 드문 서태평양의 한 섬에서, 물도 전기도 매일 먹던 음식도 없는 황무지에서 고생하면서 생존하는 프로그램이다. 30여 일의 도전 기한 중에, 아무 것도 가지지 못한 미녀들은 곡물을 베어 먹고, 물을 모아서 마시는 등 황무지와 사투를 벌여 그들의 연약한 생명을 끝까지 유지했다.

‘황하 거슬러 올라가기’는 운 좋게 생존한 8명의 미녀들이 배낭을 메고, 유일한 생존 자원인 양 한 마리를 끌고, 멀고 먼 행군의 길을 떠나는 것이다. 2000여 킬로미터의 여정 중, 미녀들은 길에서 먹고 자는 고생을 하며, 바람과 비를 친구 삼으며, 차비와 식비 모두 물물교환이나 아르바이트를 해서 번 돈으로 충당했다.

‘뉴질랜드 쟁탈전’은 끝까지 남은 4명의 도전자들이 기지와 용기를 발휘해서 낯선 지역에 뛰어드는 것이다. 4명의 미녀들을 제비뽑기로 두 팀으로 가른 뒤, 가장 짧은 시간 내에 지정된 장소에 도착하는 팀이 이기는 게임이었다.

대자연의 거대함을 경험하고, 경쟁이 얼마나 손에 땀을 쥐게 하는지를 느껴 보는 것, ‘생존 도전’을 통해 알 수 있는 것은 자연과 문화가 한데 어우러지는 화려함과 경쟁을 통해 사람들이 서로에게 주는 충격적인 자극들과 협동심의 환상적 세계였다.

모든 사람은 견고한 믿음과 전술, 전략을 세우는 식견을 가지고 생활 속의 각종 도전에 참여한다. 자신의 한계를 시험하고 그것을 뛰어넘을 때마다 얻을 수 있는 자신감과 희열은 말로 설명할 수 없다. 위험이 가득한 험난한 길에서도 심신을 자극하는 여정으로 삼고 묶여있던 일상의 수갑으로부터 해방되어 장엄하고 드넓은 경치, 그리고 새로운 인생의 목표를 향해 나가는 그 기쁨이란!

만약 시간이 없거나 가고 싶은 곳에 가서 극한에 도전할 힘이 없다면, 합리적인 범위 내에서 충분히 대자연을 만나보기 바란다. 자신의 안전에 위협되는 일은 하지 말고, 편히 쉴 수 있는 곳으로 갈 방법을 찾아야 한다. 자연이 당신의 감각을 바꾸도록 맡기고, 자신의 육체가 변하는 환경에 어떻게 반응하는지 민감하게 살펴보기 바란다.

만약 비에 흠뻑 젖고 싶다면 빗속을 걸으면서 바람과 비의 느낌을 가져보라. 만약 정말 폭우가 내린다면 최대한 그 거대한 비에 몸을 맡기라. 자신이 폭풍우가 없는 별에서 왔다고, 그리고 처음으로 이런 경험을 한다고 가정을 하고, 하늘에 구름이 가득 차 있고 비가 종일 내리는 날씨에 공기 중의 전류를 느낄 수 있는지 자기 자신을 살펴보기 바란다.

사람들이 소위 말하는 '자신을 초월하는 것', 이것은 모든 사람이 생각하는 것이긴 하지만, 그렇다고 그렇게 쉬운 일은 아니다. 세속의 번잡한 일들을 구석으로 밀어버리고, 성신을 집중해서 사아를 만나고 극한에 도전할 때, 극한 정적과 극한 변화의 전환기에 당신은 자아를 초월하는 것이 정말 자연스럽다는 것을 발견할 것이다. 그리고 자아 속에 숨겨진 무한한 잠재력도 발견할 것이다.

45 베니스에서 수상무도장의 신비함을 느껴보라

이탈리아의 베니스는 세계적으로 유명한 도시이다. 그 멋진 경치는 전 세계 관광객들의 발걸음이 끊이지 않는 이유이다. 베니스는 아드리아 해에 위치해 있어서, 옛날부터 '아드리아 해상의 진주'라고 불리어 왔고, 서기 9세기 무렵에는 이미 그 이름을 세계에 떨쳤다. 독일의 위대한 작가 괴테는 베니스를 두고 '기이한 도성'이라고 칭했으며, 영국의 시인 베른은 '지상의 낙원, 이탈리아의 무도장'이라고 했다.

베니스에는 차도 없고 마차도 없이, 쉴 새 없이 왕래하는 크고 작은 배만 있다. 그 외에는 가볍고 귀여운 모양의 작은 여객선 '곤드라'가 있다. 거리와 항구마다 청옥색의 물결이 가득하고, 모든 집들이 한 폭의 그림과 같이 수상 도시의 독특한 분위기를 갖고 있다.

35세 이전의 당신은 반드시 베니스의 낭만적 분위기를 느껴 보아야 한다. 애인과 함께 가서 그곳의 색다른 낭만을 경험해 보라. 그곳은 거대한 수상 무도장이다. 그곳에서 사람들은 수상도시의 번영과 신비함을 느낄 수 있을 것이다.

서기 5세기 전후, 노르만 족이 유럽을 휩쓸며 이탈리아 반도까지 내려
왔을 때, 약 4만여 명의 난민이 살아남기 위해, 이 축축한 늪지대로 모였
다. 그 땅은 경작할 공간이 없고, 캘 만한 광석도 없었고, 주조할 만한 철
도 없었고, 마실 물도 부족했고, 심지어는 집을 지을 나무도 없었지만,
그들은 그 모든 난관을 극복했고, '가장 조용한 땅'이라는 의미의 베니
스를 세웠다.

산마르코 광장

산마르코 광장의 명성은, 광장의 수많은 비둘기 떼와 수 백 년의 역사
를 간직한 노천카페, 그 외에 후끈한 열기의 모래사장 덕택이다.

산마르코 광장 부근에는 유명한 노천카페가 많이 있는데, 콰더리 카페
나 거리를 두고 마주보는 페로리안 카페 등이 유명하다. 1만 리라쯤 하는
커피를 시키면, 비정기적으로 열리는 노천 음악회를 즐길 수 있어서 다른
곳에서는 즐길 수 없는 독특한 낭만을 경험할 수 있다.

탄식의 다리

그 유명한 탄식의 다리는 총독부와 해안 건너편의 감옥을 잇는 아름다
운 다리를 말한다. 전해 내려오는 이야기에 따르면, 옛날에 죄수가 궁중
에서 심판을 받아 형이 확정되면 총독부 궁전에 나가서 탄식의 다리를 지
나 옥에 갇혔는데, 두 곳은 다리 하나를 사이에 두고 있지만 실제론 천당
과 지옥처럼 차이가 난다. '탄식의 다리'라는 이름은 한 이야기에서 유
래하는데 연인이 만약 탄식의 다리에서 키스를 하면, 사랑이 영원히 지속

된다고 한다.

베니스 피에스타(축제)

화려한 색채에, 기이하고 괴상한 마스크를 쓴 사람의 그림자가 흔들린
다. 유명한 베니스의 마스크 피에스타는 이미 베니스 풍경화의 일부분이
되었다. 이 축제는 매년 2월에 열린다. 10일 간의 축제 기간 동안 온 성이
미친 듯 열광하며, 전 세계에서 찾아오는 관광객들로 베니스 곳곳이 가득
찬다. 자신을 알아보지 못하도록 하기 위해서 모든 사람이 마스크를 쓰고,
옷·악세서리 등을 사용해서 완전히 새로운 사람으로 변신해 버린다.

원래 귀족들끼리의 은밀한 유희였던 축제는 15세기부터 모든 사람들
이 즐기는 놀이로 바뀌었는데, 이런 축제를 통해 즐거움을 추구하는 베니
스 인들의 기질을 충분히 엿볼 수 있다.

뉴욕에 가서 어둠이 찾아오시 않는 대서양해안의 정취를 느껴보라

뉴욕 시는 미국 동북부 허드슨 강 입구에 있고, 대서양에 접해있으며, 미국과 아메리카 대륙에서 가장 큰 도시이다. 1626년 네덜란드인이 24달러에 해당하는 물건을 가지고 인디언으로부터 맨허튼 섬을 샀고, 19세기가 시작되자, 뉴욕은 세계적인 도시로 발전했고, 20세기 초에 세계에서 가장 큰 도시 중 하나가 되어 런던, 파리와 이름을 나란히 하게 되었다.

맨허튼 구는 뉴욕시의 정수(精髓)가 위치한 곳이다. 맨허튼 남부의 월가는 고층 건물들이 하늘 높이 솟아 있는 세계와 미국의 금융 센터이다. 그 이름도 유명한 자유의 여신상·UN본부·타임 스퀘어·메트로폴리탄 뮤지엄·센트럴 공원·제5대 도(大道)상업구·록펠러 센터·브로느웨이·자이나타운 등이 다 여기에 있다.

뉴욕은 미국의 문화중심지이기도 하다. 크고 작은 극장이 200여개 있고, 그 중에 유명한 메트로폴리탄 극장(링컨 표현예술센터(Lincoln Center for the performing arts)에 있다)이 있다. 현재는 거의 100개의 영화관이 있고 200개에 가까운 공립·사립 도서관이 있다.

뉴욕의 환상적인 경치는 당신에게 색다른 낭만적인 느낌을 가져다 줄 것이다.

자유의 여신상

유명한 자유의 여신상의 본래 뜻은 '세상에 자유를 비추는 신'으로 미국의 기념비이다. 오늘날 그것은 사람들의 마음에 깊이 파고들어, 세계 자유와 민주의 상징이 되었다. 자유의 여신상은 웅대한 모습으로 사람들의 주목을 받는데, 땅에서부터 계산해 보면 152피트(1피트 0.3048미터)의 높이에 받침은 89피트, 허리둘레는 420피트이다. 미소를 드러내지 않는 입의 넓이는 3피트이다. 발아래에는 수없이 깨진 흔적이 남아있다. 왼손에는 1776년 7월 4일의 자유의 도래를 선포한 명판이 있다. 자유의 여신상은 에펠탑의 설계자로 유명한 프랑스 토목기사 구스타프 에펠이 설계하고, 프랑스에서 경비를 지불하여, 10년의 시간이 걸려 완성되었다.

타임 스퀘어

뉴욕 여행의 클라이막스는 당연히 타임 스퀘어를 중심으로 한 브로드웨이에서 연극을 감상하는 것이다. 그곳에서 연극을 선택하고 표를 사는 것은 모두 연극에 대한 공부를 하는 것이나 다름없다.

기본적으로 브로드웨이에서 공연되는 연극이라면 모두 일정한 수준을 갖추고 있다고 봐야 한다. 섹시함·유머·유혹·주연 배우의 개인기·단체 춤의 멋진 변화 등 많은 매력들로 당신은 절대 실망하지 않을 것이다. 만약 당신이 선택한 것이 토니상 수상작이고, 게다가 당신이 그 이야기에 관심이 있다면, 당신은 분명 그 고도의 문화 향연에 압도될 것이다.

연극을 볼 때 잘 집중하지 못하는 사람들은, 부디 대뇌에 흐르는 혈액을 낭비하지 말고 눈과 귀를 연극에 고정시켜 주길 바란다. 인간의 삶과 사회와 예술에 관해 진지하게 생각해 볼 수 있는 기회가 될 것이다.

엠파이어 빌딩

〈시애틀의 잠 못 이루는 밤〉이란 유명한 영화를 기억하고 있는가?

영화의 스토리는 바로 여기에서 전개된 것이다.

엠파이어 빌딩은 모두 102층으로, TV송수신 탑을 포함해 높이가 1454피트에 이른다. 디자인·예술·건축분야의 사무실로 쓰이고 있고 1931년에 완공되었다. 여행객들은 86층과 102층에서 인근에 있는 4개 주의 부분적인 경치를 구경할 수 있다. 86층에는 야외 산책을 할 수 있는 곳이 있다. 빌딩 안에는 모든 설비가 다 갖춰져 있으므로, 35세 이전에 영화처럼 맥 라이언의 사랑을 경험해 보고 싶다면 이 낭만적인 환상의 장소를 놓쳐서는 안 된다.

47 베네수엘라의 기아나 고원을 탐험하라

1912년에 출판된 아서 코난 도일(Arthur Conan Doyle)의 SF소설「잃어버린 세계」중에는 과학탐험가가 이곳에서 공룡과 기타 생물의 흔적을 발견하는 장면이 나온다. 산 정상은 열대성 대초원이고, 사방에는 솜사탕 같은 구름이 깔려있으며, 특이한 열대식물이 고원을 덮고 있으며, 백 개가 넘는 폭포가 고원의 곳곳을 가르고 있었다. 그 중 해발 979미터의 안헤르 폭포는 세계에서 가장 높은 폭포로 이 장관을 보고 싶다면 헬리콥터를 타고 갈 수밖에 없다.

세상과 고립된 이 고원에는 희귀 동식물이 많고, 지질과 지형 또한 특이하다. 침식된 기이한 형태의 거대암석들이 우뚝 솟아 있고, 무수한 금광과 다이아몬드가 매장되어 있다. 이러한 장관과 기이함이 함께 공존하는 경치는 세계에서 보기 힘들 것이다.

베네수엘라는 남아메리카의 북부에 위치하고 있다. 동쪽은 구야나와 인접해있으며 남쪽으로는 브라질, 서쪽은 콜롬비아와 경계해 있고, 북부는 카리브해에 접해 있다. 해안선은 2813킬로미터이다. 북부와 서부는 안데스 산맥에 둘러싸여 있고, 중부에는 오리노코 평원, 동남부에는 구야나 고원이 있다. 산간지방 이외에는 베네수엘라는 기본적으로 전형적인 적도기후에 속하며 산지는 온화한 기후이지만, 낮은 지역은 몹시 무덥다. 베네수엘라의 하류(河流)는 매우 많고, 수량도 풍부한 편이다.

베네수엘라에서 가장 특색 있는 기념일은 흑인의 종교일이다. 서부에 거주하고 있는 흑인들 사이에서는 성 베네딕트 축일이 성행한다. 성 베네딕트는 흑인들의 성인으로, 베네딕트 축일은 예전부터 '성 흑인제'라고 불려왔다. 매년 10월 1일에서 12월 25일까지 신도들은 성상을 들고 각 촌락을 돌아다닌다. 처음에는 촌락을 돌고, 마지막에는 촌락의 제사를 지낸다. 제사에는 어떤 계층의 사람이든 참가할 수 있다. 농촌에서는 '숫소와 양초'라는 의식이 있는데, 숫소의 가면을 쓴 사람이 마을에 와서 뛰어 다니고, 가면의 귀에는 등불을 단다. 꽃으로 장식한 마차가 회색의 수요일까지 모든 마을을 돈 후 '정어리의 매장'이라는 제사를 지내고 제전의 끝을 선언한다. 제전 중에 '아마'(마귀의 종류)가 등장하면 놀란 사람들은 의식을 중단한다.

베네수엘라는 일 년 내내 기온이 상당히 일정하다. 하지만 지형에 따라 온도의 변화가 있어, 지형이 1000미터 올라갈수록 기온은 6도 낮아진다. 베네수엘라는 90퍼센트 이상의 지역이 해발 1000미터보다 낮기 때문에 각 지역의 연평균 기온은 최소 23도이다. 안데스 산맥 연해의 지역은 기온이 더 낮으므로, 만약 등산 계획이 있다면 밤에 기온이 급격히 하강하여 영하로 떨어질 때를 대비해야 한다.

강우량은 계절에 따라 변화한다. 일반적으로 건기에 여행하기 적당하지만, 몇 군데의 명소, 예를 들어 천사폭포는 우기에 감상하는 것이 그 위엄함을 보기에 훨씬 좋다. 또한 베네수엘라의 기념일도 고려해야 하는데, 성탄절·카니발(성 '재의 수요일' 전 며칠)·고난주일(부활절 전의 일주일)은 베네수엘라에서 친한 친구들을 방문하는 절정기이다. 만약 이 세 기간에 여행할 계획이라면, 묵을 곳을 미리 정해야 한다. 그러나 이 세 기간에는 다채롭고 다양한 즐거운 광경을 직접 보고 들을 수 있을 것이다.

베네수엘라에는 세계에서 가장 큰 자연보호지역이 있는데, 구야나 고원에 위치한 카라오 강과 카로니 강의 물줄기가 모이는 곳과, 테푸이스 고원을 포함한다. 그곳은 강줄기가 교차하고, 세차게 떨어지는 폭포가 매우 많고, 고산이 가파르게 서있다. 또한 끝이 없는 열대우림과 광활한 초지가 있으며, 세계에서 낙차가 가장 큰(낙차 979미터) 안헤르 폭포가 있다. 테푸이스 고원의 안헤르 폭포 외에 많은 폭포의 경관은 장관이라 할 수 있다.

35세 이전에 기회가 있다면 반드시 이런 여행을 한 번쯤은 체험해 보아야 한다.

48 신혼여행, 프랑스의 낭만적인 정취를 느껴보라

만약 당신이 신혼여행을 떠나려고 계획을 세우고 있다면, 프랑스 여행은 훌륭한 선택이 될 것이다. 프랑스를 언급하면, 당신은 그와 관련된 몇 개 단어가 떠오를 것이다. 적포도주·미식·패션·낭만·프랑스 대혁명·영화, 어쩌면 최근 유행하는 '조앤 커피'까지. 이 단어들이 당신의 마음에 떠오르는 순서가 어떻든 간에, 이것들은 모두 프랑스 문화의 일부분이다. 단지 일부분일 뿐이다!

서유럽에서 면적이 가장 큰 이 육각형의 나라는 서기 8세기부터 '프랑크 왕국'이라는 이름으로 지구상에 탄생한 이래 축적된 자연 및 인문 자원이 비할 데 없이 풍부하기 때문에, 35세 이전의 당신이 여행하기에 최적의 장소이다. 만약 낭만적인 신혼여행을 꿈꾸고 있다면 프랑스는 절대 당신을 실망시키지 않을 것이다.

곧 결혼할 모든 여성들에게 어느 나라로 신혼여행을 가고 싶으냐고 물어본다면, 프랑스가 1등을 차지할 것은 확실하다. 영어를 제외하고, 만약 어느 언어를 선택해서 연인에게 사랑을 고백하고 싶으냐고 물어본다면, 그 언어는 분명 프랑스어일 것이다. 식탁에서 낭만적인 식사를 할 때는 프랑스 요리와 보르도 적포도주가 반드시 필요하다. 비싼 가격에 혀를 내두르기는 하겠지만 말이다. 직설적으로 이야기해서, 프랑스를 이야기하거나 그와 관련된 것을 이야기할 때는, 낭만 밖에 떠오르지 않는다.

프랑스는 정말 그렇게 낭만적인가?

만약 파리에 한번 가보면, 당신은 위에서 말한 것에 동의할 것이다. 강을 따라 여행을 떠나면서 동화와 같은 성곽을 감상하거나 프랑스의 중남부 성을 한번 유람해 보면, 당신은 프랑스가 낭만적이고 여유가 가득한 곳임을 믿게 될 것이다.

기본적으로 프랑스는 사계절이 분명한 나라로, 춘하추동의 경치가 각각의 특색을 가지고 있다. 그러나 만약 가벼운 마음으로 천의 얼굴을 가진 여인을 만나고자 한다면, 늦봄과 초여름인 5~6월에 여행하는 것이 가장 좋다. 그때는 기온이 비교적 따뜻하고 시원한 편인데다가 유럽의 바캉스 시즌이 아직 시작하지 않아 인파가 몰리지 않고, 바캉스 시즌의 물가를 부담할 필요도 없는 그야말로 금상첨화의 시기이기 때문이다.

가을, 겨울 무렵은 프랑스에서 가장 아름답고 낭만적인 시기이다. 화랑·극장의 공연이 줄줄이 기다리고 있어서 도시는 활력이 넘쳐 흐른다. 그때 프랑스를 방문한다면 성수기 때보다 여유가 있고, 더 자유로우며, 더 깊고 진정한 프랑스를 맛볼 수 있다.

4월에서 10월은 관광객이 가장 많은 시기이다. 이때는 숙소와 교통 등 물가가 비교적 비싼 편이고, 7월에서 9월이 프랑스인의 휴가철이라 많은 상가들이 일시적으로 영업을 중지한다. 파리 같은 대도시에서 이때는 여행객이 현지인보다 더 많은 현상이 벌어진다.

프랑스에 가면 당연히 세계적으로 유명한 꽃의 도시 파리를 방문해야 한다. 여기는 프랑스 문화가 농축된 집결지로, 풍부한 역사 건축물과 사람들이 깜짝 놀랄만한 소장품을 보유한 박물관, 미술관들이 전 세계 관광객들의 시선을 이끈다. 파리의 거의 모든 관광 명소는 세느 강 연안을 따라 위치해 있다. 그 중에는 에펠탑·프랑스 혁명 광장·루브르 궁·오르세 미술관·성모원 등이 있는데 그 외에도 개선문·파리 극장·샹젤리제 거리 등 놓쳐서는 안 될 것이 많다.

세느 강의 좌안(左岸)쪽이 인문지식의 보고라고 한다면, 강의 우안(右岸)은 파리의 상업지구, 그리고 많은 관광객들이 머무르는 곳이라고 할 수 있다. 샹젤리제 거리를 천천히 걸어 보아야만 당신은 프랑스다운 낭만을 제대로 알 수 있다. 거리의 끝부분에 우뚝 솟아있는 개선문, 문 위의 입체부조는 프랑스의 영웅 나폴레옹이 전쟁에서 개선한 후 세운 최고의 증거품이다. 루브르궁은 예술품의 보고로, 다 빈치의 대표작 모나리자의 미소, 그리고 여성 조화미의 대명사로 불리는 미로의 비너스상 등이 바로 여기에 소장되어 있다.

파리의 지표인 에펠탑은 건축가 에펠의 이름을 딴 것이다. 원래는 오랫동안 보존하려고 했던 것이 아니라 1910년 철거할 예정이었는데, 무선전선 탑으로서의 가치와 관광명소로서의 가치를 무시할 수 없었고, 여행객들이 철탑을 늘 참관했기 때문에 지금까지도 남아있게 되었다.

또 약간 멀리 있긴 하지만 절대 놓쳐서는 안 될 곳은 바로 금빛 찬란한 베르사유 궁전이다.

파리에는 패션 · 웅장한 건축물 · 향수 · 포도주가 주는 매력 외에도 다양한 공연이 주는 매력이 관광객들을 이끄는데, 세계적으로 유명한 붉은 방앗간과 캉캉춤은 꼭 감상해 보기 바란다.

위에서 서술했던 경치 이외에도, 파리의 여유 있는 낭만을 즐기기를 권한다. 뤽상부르 공원을 산보하는 것을 잊지 말고, 라틴구역에 가서 커피를 마시는 것, 성 루이 섬에서 아이스크림을 먹는 것, 그리고 세느 강에서 일몰을 보는 것도 있지 말라. 그래야 파리의 낭만에 대해 쉽게 평가를 내릴 수 없음을 알게 될 것이다.

35세 이전의 그대여, 만약 신혼여행을 떠나려고 한다면, 프랑스는 최우선 순위에 놓여야 할 것이다. 당신은 틀림없이 그 독특한 낭만적 분위기와 커피 · 포도주 · 향수 등에 빠져들 것이다. 당신은 과연 이 수없이 많은 낭만의 유혹을 이겨낼 수 있겠는가?

제3부
낭만적인 가을

멀리까지 은근히 퍼지는 진한 향기를 맡고 싶다면,

그리고 이제는 잊혀진 쓰라린 기억이 어슴푸레 떠오르고,

오랜 시간 바라던 소중한 것을 마음속에 간직하고 싶어 하는 당신을

만족시킬 수 있는 유일한 장소는 바로 커피숍이다.

커피숍에는 인생의 기쁨과 슬픔이 있고,

커피탁자에는 철학이 있고,

커피포트 안에서는 성공과 실패가 끓고 있고,

커피 잔 안에는 희망이 담겨 있다.
커피를 즐기는 사람은 고도의 정신적 향수를 추구하는 사람이다.

연인과 함께 커피숍에서 만나라.

그곳에서 낭만적인 분위기를 맘껏 즐기라.

커피숍에서 만나 낭만적인 분위기를 맘껏 즐겨라

어느 한가한 주말, 연인과 함께 커피숍에서 만나라. 이것은 두 사람이 서로에 대한 감정을 발전시키는 기회이다.

커피숍에 앉아서 혀끝에 맴도는 진한 커피를 음미하며 따스한 햇살에 미소를 지어 보이고, 정열적이고 부드러운 음악을 감상하면, 당신의 심장은 틀림없이 미친 듯이 뛸 것이다. 마주보는 연인의 따뜻한 눈빛에 당신은 흥분을 감출 수 없을 것이고 그 분위기에 흠뻑 빠져들 것이다. 커피숍에 앉아 있는 시간과 상관없이 커플들에게 있어서는 모두 황홀한 시간이다.

35세 이전의 당신이여, 사랑하는 사람과 커피숍에서 만나서, 커피의 진한 향을 가슴 속 깊이 음미해 보기 바란다. 그것은 훌륭한 선택이 될 것이고, 사랑이라는 길에서 겪을 수 있는 독특한 낭만이 될 것이다.

한 비엔나의 예술가가 다음과 같이 말한 적이 있다.

"나는 집에 있지 않으면 커피숍에 있고, 커피숍에 있지 않으면 커피숍으로 가는 길을 걷고 있을 것이다."

커피숍은 비엔나 예술가들의 제2의 집이고, 생활의 질을 나타내는 일종의 통로였다. 우리는 커피숍이 가지고 있는 미묘하고 독특한 분위기에서 예술가들의 생활의 정취를 알 수 있다.

장야오는 「커피지도」에서 한 사람을 묘사했는데, 그 사람은 작은 키에, 자신의 주변에 예쁜 여자가 있는 것을 좋아하고, 카페인의 자극을 좋아하고, 신들린 듯이 글을 쓰는 사람이라고 했다. 그런 사람에게서 존재주의 철학이 창설되었다고 한다. 존재주의 철학은 커피의 도움을 많이 받았거나 적어도 커피 향이 묻어나는 철학이라 할 수 있다.

비엔나에는 세계적으로 유명한 커피숍이 있는데 거기에는 각계각층의 손님들이 찾아온다. 노인 · 대학교수 · 학생 · 작가 · 정신과 의사 · 연극계 스타 · 평론가 · 작곡가 및 원로 귀족 · 은행장 등 도시의 모든 사람들이 이런 조급하지도 느긋하지도 않는 생활 속에서, 힘들이지 않고 여유 있게 각자의 문제를 해결해 나간다.

비엔나의 커피숍에는 현지인들의 가장 본질적인 문화감각이 스며들어 있어서, 그들의 생활수준을 고스란히 담고 있다. 커피숍에는 아무것에도 구속받지 않고 하고 싶은 말을 마음껏 할 수 있는 분위기가 형성되어 있다.

커피숍은, 창밖에 지나가는 사람들을 권태롭게 바라보는 작가의 사고를 자극하고, 그들의 창작욕을 자극하여 욕망을 표현하게 만든다. 어쩌면 이런 이유로 해서, 커피숍에서 많은 예술가들이 배출되었고, 세기의 예술작품이 탄생되었고, 비엔나의 커피 역사가 유럽문화사의 전반부를

장식하게 되었는지도 모른다. 뿌리 깊은 역사를 자랑하는 그런 커피숍의
단골들은 자신이 즐겨가는 커피숍을 쉽게 바꾸지 않는다. 커피숍에 가는
시간과 앉는 테이블까지도 항상 똑같다. 이런 규칙은 비엔나의 대표적인
사회 현상으로 자리 잡았다.

　이른 아침, 길가의 어느 작은 광장의 커피숍에 조용히 앉아 커피를 마
시는 사람이 있다. 테이블에는 열기가 감돌고 있는데 사람들은 아무것도
보지 않는 듯하고, 아무것도 생각하지 않는 듯하다. 햇빛과 커피 향에 취
해, 오래된 교회와 푸른 하늘과 흰 구름 아래서 모두 잠이 들어 있다. 길
을 지나가는 사람들은 사방으로 퍼져가는 진한 커피 향을 맡을 수 있을
것이다.
　따뜻한 봄날, 꽃이 듬성듬성 피기 시작하고, 따뜻한 색깔의 탁자보가
산들바람으로 살짝 흔들거리고, 사람들은 아름다운 추억에 잠들어 있다.

50 상상 속의 당신의
집을 설계해보라

집은 무엇인가?

이 질문에 대해서 사람마다 다른 대답을 하리라 생각한다.

집, 어떤 사람들은 단순히 사는 곳이라고 생각할 수도 있지만, 그곳은 사람들이 떠나서 살 수 없는 따스한 항구이다. 당신은 집에서 자유롭게 큰 슬리퍼를 끌고 다녀도 되고, 마음 편하게 소파에 앉아 맛있는 음식을 먹을 수도 있다. 집에선 당신이 주인이며 무엇이든 원하는 대로 할 수 있다.

집은 마음의 항구이다. 당신은 스스로 조용하고 우아한 공간을 만들어, 소설을 읽을 수도 있다.

집은 상처 입은 영혼의 요양소이다. 심신이 피폐해졌다면 샤워를 한 번 하고, 푹신푹신한 침대에 몸을 던져서 최고의 휴식을 취할 수 있다.

당신이 귀가하면 집은 함박웃음으로 당신을 맞아준다. 집은 당신이 괴로운 고민을 해결해 줄 수도 있다. 집은 당신이 피곤할 때, 그 피곤을 풀어줄 것이다. 집은 모든 사람들이 매일 들어가야 하는 장소이다. 집은 두 사람의 훌륭한 서식지이며, 사랑의 에덴동산이고, 가족들이 함께 만드는 낙원이다. 집은 즐거움이 가득한 오락장소이다.

결론을 내리자면, 집은 당신이 마음과 손을 사용해서 만들어 내는 곳으로 당신이 간절히 바라고, 영원히 그리워하게 하는 곳이다.

35세 이전, 상상력을 사용해서 자신의 집을 설계해보라. 당신의 번뜩이는 지혜와 창의력으로 당신의 낙원을 설계해보라.

다음은 중국의 여류작가 싼마오가 사막에 있는 자신의 새 집을 어떻게 수리했는지에 대한 이야기이다.

 ## 그리운 나의 집

그리운 내 집으로 돌아왔다. 1주일밖에 안 되는 짧은 휴가지만, 우리는 미친 듯 집을 정리하기 시작했다. 나는 속이 빈 벽돌을 들고 방의 오른편에 쌓아 올리기 시작했다. 그 위에 합판을 올려놓고, 두꺼운 양탄자를 두 개 사서 하나는 벽에 기대어 놓고 다른 하나는 바닥에 평평하게 깔았다. 그 위에는 커튼과 똑같은 색깔의 천을 덮고 뒷면에 실로 촘촘히 재봉질을 했다.

그것은 질 좋고 값도 싼 소파가 되었다. 차분한 색깔이 흰 벽과 잘 어울려서 분위기를 굉장히 밝게 만들었다. 우리는 흰색 보를 탁자 위에 깔고 그 위에 어머니가 보내 주신 대나무 깔판을 놓았다.

어머니가 목화로 만드신 등불 덮개를 아래로 걸고, 린화이민이 검은 바탕에 하얀 글씨로 춤추듯 씌어진 '영문무집'이라는 서예작품을 벽에 붙이고 나자, 우리 집은 말로 설명할 수 없는 독특하면서 따뜻한 분위기가 감돌았다.

이런 집이라야 더욱 더 정성을 기울이고 싶은 마음이 생긴다.

오래된 차의 타이어를 가지고 와서 잘 씻은 다음, 집안의 바닥에 평평하게 깔아 놓고, 그 안에 붉은 색 깔개를 채워 넣었더니 훌륭한 소파가 되어 마치 새 둥지처럼 누가 우리 집에 놀러 오더라도 앞 다퉈 앉아보려고 한다.

짙은 녹색의 큰 물병을 집으로 가지고 와서 그 위에 야생 나무의 가시를 꽂아 넣으면 아주 강렬한 고통의 느낌이 전해진다.

작은 캔에 들어있는 페인트를 사서 탄산음료 병에다가 인디언 같은 그림과 색을 덧입힌다. 낙타의 머리뼈는 이미 책장에 놓은 지 오래이다. 난 다시 허시를 재촉해서 철 껍데기와 유리로 램프를 만들었다. 금방 썩을 것 같은 양피를 가지고 와서 소금을 먼저 뿌리고 그 위에 명반을 발라 처리하면 그게 바로 의자 깔개가 된다.

성탄절이 되었다. 우리는 사막을 떠나 메릴랜드로 돌아가 외조부모를 뵈었다.

다시 돌아왔을 땐, 허시의 어릴 적부터 대학 시절까지의 책을 다 가지고 왔다. 사막의 오두막에서는 책의 향기가 난다.

'생명' 을 이용해서 집을 꾸며라

중국고대가구 장식을 살펴보면, 화려한 집안 장식 중에서 새 · 꽃 · 물고기 · 곤충 · 푸른 산과 물 · 조류 · 야생동물 및 사람의 이야기가 다 들어가 있어서 방 안팎을 생명력과 삶의 숨결이 들어가 있도록 한 것이 종종 눈에 띈다.

집안 장식에 살아있는 생명체를 좀 더 많이 집어넣는 것은 어떨까.

자연 경치를 집안으로 옮겨오고, 집안에 생기를 가득 채워 보자.

51 사랑하는 사람과 함께
서로를 기쁘게 해주는 것을 즐겨라

사랑하는 사람을 향해 끊임없이 사랑한다고 말해서 그것을 습관으로 만들라. 왜냐하면 그런 동작은 두 사람의 영혼을 불붙게 하기도 하고, 딱딱한 관계를 녹일 수도 있기 때문이다. 만족스런 눈빛, 따뜻한 미소, 예상치 못했던 칭찬…. 인생 중에서 많은 것들이 사람에게 좋은 감정을 불러일으키는데, 평범해 보이는 그런 것이 오히려 진정한 행복을 내포하고 있다. 작가 마리안 마네스는 말한다.

'감정의 유희'는 "두 사람 사이에서 눈 깜짝할 사이에 사라지는 작은 불꽃이지만 영혼은 그 부싯돌이다"라고.

'감정의 유희'는 짧은 시간 내에 이루어지는 일종의 감정 교류이며, 가능성에 관한 일종의 예술이다. 선의의 유혹·달래기·매혹시키기 등 '감정의 유희'를 통해 쌍방을 모두 기쁘게 할 수 있다. 감정의 유희는 남녀 간의 의사소통을 진행시키며, 서로에게 약간의 호기심을 남긴다.

대부분의 사람들은 35세 이전에 예민하면서도 뛰어난 감각을 가지고 있는데, 그때는 감각의 모든 통로를 활짝 열어 낭만을 느낄 줄 아는 최고의 시기이다.

사랑하는 사람과 감정의 유희를 즐기라. 마음껏 두 사람이 서로 즐기며 낭만과 아름다움을 누리라.

가장 행복한 남녀는 감정 유희의 고수임에 의심할 여지가 없다.

표면적으로 볼 때, 감정 유희를 실행하는 것은 굉장한 자신감이 필요한 듯 보이지만, 더 필요한 것은 당신의 기개와 대범함이다. 감정 유희의 가장 유쾌한 지름길은 당신의 각종 감각기관에 느끼는 그대로 순응하는 것이다. 먼저 상대방을 정면으로 바라보는 것부터 시작하라. 눈은 영혼의 창고라고 말하는데, 너무나도 많은 사람들이 일상생활 중 그 커튼을 닫고 산다. 그렇다면 창문을 활짝 열라. 애정을 머금은 눈빛으로 사랑하는 사람을 바라보라.

그(그녀)의 눈빛을 피하지 말라. 그(그녀)의 눈빛과 친밀한 접촉을 하라.

거기에서 더 나아가, 적당한 때를 봐서 애인을 칭찬해야 한다.

"당신 오늘 정말 멋진데!"

"당신 정말 멋진 남자야."

"당신 정말 섹시해."

이런 말들에 당신의 애인은 감정의 유희를 느낄 것이다. 그가 아무런 반응도 안 할 것 같은가?

이렇게 한 것이 두 사람의 삶에 얼마나 많은 낭만과 행복을 주는지 생각해 보라.

성숙하고 매력 있는 여인이 감정 유희의 고수를 만난 이야기를 들려주었는데, 그 이야기는 두 사람이 부부가 되는 것으로 끝났다.

매력있는 여자의 마음을 산 감정유희

30분 전에 우리는 전혀 모르는 사이였다. 그러나 지금은, 우리 두 사람과 그 외 10명이 거대한 회의 책상에 앉아 있었는데, 그는 바로 내 옆에 앉았다. 멀리서, 회의 책상의 다른 면에서, 그들은 내 생각에 굉장히 중요한 일들을 논의했고, 그 남성은 마치 큰 비밀 이야기를 나에게 해주는 것처럼 몸을 기울여 내 귀에 대고 속삭였다. 그가 한 말은 바로 "당신에게서 참 좋은 향기가 나요"였다. 나는 놀라서 잠시 멍해졌다. 웃어야 할지 비명을 질러야 하는지 아니면 그를 유혹해야 할지 몰랐다. 사실 그 세 가지 모두 다 하고 싶지 않았다. 그러나 나는 내가 필요로 하는 통계 숫자를 본 것처럼 무덤덤하게 반응했다.

오랜 시간이 흐른 지금에도 그의 당돌한 행동을 생각해 보면, 나는 지금도 얼굴이 빨개진다. 두말할 필요도 없이, 그는 나에게 깊고 유쾌한 인상을 남겨주었다. 바로 그의 감정 유희가 내 마음을 자극해서 그와 가까이 하지 않고서는 배길 수가 없게 되었다. 이제껏 함께 했던 날들 동안 그는 나에게 많은 기쁨을 주었다. 이 감정 유희를 잘 이해하는 남자는 나의 마음을 완벽하게 사로잡았다.

그는 내가 보기에 매력이 넘쳤고, 나를 유혹했다. 결국 나는 그가 짠 사랑의 그물에서 헤어 나올 수 없이 그를 깊이 사랑하게 되었다. 그를 사랑하게 된 이유 중 절반 이상은 그의 절묘한 감정 유희 기술 때문이라고 할 수 있다.

52 밝은 달 아래에서 팔짱을 끼고,
초승달빛을 함께 감상하라

연인과 함께 밝은 달 아래에서 팔짱을 끼고 있으면, 달의 맑은 빛이 당신과 애인의 주위를 은은하게 돌고, 진한 사랑의 정취가 당신의 마음속에서 흘러나오게 한다.

당신은 그녀의 손을 이끌고 달밤을 산책하라. 겨울이든 여름이든, 춥든 덥든, 마음의 비밀스런 약속을 그리 오래 되지 않은 한 곡의 노래로 만들어, '영원'이라는 주제로 이야기하라.

35세 이전, 애인의 손을 굳게 잡고 달을 보러 가서 잠시 번잡한 일상생활과 피곤함을 벗어버리라. 달빛을 감상하며 몸과 마음이 안정을 되찾는 것, 손을 잡는 낭만을 즐기는 것, 이런 것들은 절대 사치스러운 일이 아니다.

사람들은 '달빛 아래의 꽃 앞에서'라는 수식어를 사용해서 자주 인간의 친밀한 관계를 묘사한다. 꽃은 사랑의 매개물이며, 달빛은 마음을 전할 수 있는 도구이다. 꽃과 달은 모두 낭만적인 사물로, 사랑의 대명사이다. 몽롱한 달은 마치 한 폭의 그림 같아서, 당신과 연인은 그림의 주연이고 달은 그 둘을 돋보이게 하는 역할을 한다. 달은 당신의 마음과 연인의

마음을 더 친밀한 끈으로 엮어 줄 것이다.

연인과 함께 팔짱을 끼고 달 아래에 서라. 두 사람만의 낭만을 느껴보라. 아무도 두 사람을 방해할 수 없으니 두 사람만의 아름다운 세계를 최대한 즐기라. 달은 당신들의 사랑에 있어서 진실한 증인이다. 달은 최고로 충실하고 아름다운 사물로, 정중하고 매력이 있으면서도 주연의 자리를 빼앗지 않는다.

달은 사랑의 대명사이자 미의 상징이다. 그래서 사람들은 여성의 아름다운 눈썹을 둥근 달에 비유하곤 한다. 중국에서는 달과 관련된 수많은 사랑 이야기가 전해지고 있다.

후예와 항아의 전설적인 러브스토리

후예와 항아는 금슬이 좋은 부부였다. 두 사람은 서로를 향한 정이 매우 깊고 두터웠다. 후예는 힘이 장사 같았고, 항아는 꽃처럼 아름다웠다.

어느 날, 하늘에서 갑자기 열 개의 태양이 솟아올라서 기온이 급상승했다. 강과 호수는 모두 태양 때문에 말라 버렸고 곡식도 태양 때문에 말라 죽었다. 사람들은 뜨거운 태양열에 속수무책으로 당할 수밖에 없었고, 매일 힘든 나날을 보냈다.

결국 견디다 못해 사람들은 태양 중에 9개를 쏴서 없애버리고 하나만 남겨두어서 원래대로 돌아가자고 결정을 내렸다. 그러나 누가 태양을 쏠 수 있겠는가? 사람들은 깊은 고민에 빠졌는데 결국 후예가 용기를 내어 한번 도전해 보기로 했다.

손에 활과 화살을 쥐고 태양을 향해 힘껏 화살을 발사했는데, 죽을 힘을 다한 결과 9개의 태양을 쏴서 떨어뜨렸고 한 개만 남게 되었다. 큰 공을 세웠기 때문에 황제의 모친이 그에게 상으로 묘약을 하나 주었다. 그는 그 묘약을 집안 은밀한 곳에 숨겨두었는데, 항아도 어디에 있는지 알 수 없었다.

어느 날 항아는 그 묘약을 우연히 발견했는데, 호기심을 억누를 수 없어서 삼켜버리고 말았다. 순간 예상치 못한 일이 발생했다. 그녀가 묘약을 삼키자 날개가 돋아나서 하늘을 훨훨 날아 구름을 지나서 달까지 이르게 된 것이다. 그때부터 그녀는 남편을 다시는 보지 못했고, 깊이 뉘우쳤지만 이미 엎질러진 물이었다. 그래서 그녀는 매일 밤, 옥으로 만든 토끼를 안고 달에 나타났고, 남편은 그를 멀리서 바라볼 수 있게 되었다. 달이 뜬 밤이면 우리는 어렴풋하게나마 달에서 항아가 애처롭게 남편의 눈빛을 기다리는 모습을 볼 수 있다.

달은 연인들 간의 끊어진 다리를 이어주는 중매쟁이이다. 그 아름다움은 마음의 문을 편안하게 열 수 있도록 해준다.

53

사랑에 충실하라. 그리고 사랑의 시험을 받아들여라

젊은이들 사이에서 오래전에 회자 된 한 이야기가 있다. 이 이야기는 오늘날에도 많은 사람들의 입에 오르내린다.

볼란트는 중위의 사랑의 시험

뉴욕 센트럴 기차역 안내소의 시계가 오후 5시 45분임을 알려주고 있었다. 큰 키의 청년 중위 한 명이 태양에 검게 그을린 얼굴을 들고, 눈을 찡그리면서 시간을 주시하고 있었다. 그의 마음은 격렬하게 뛰고 있었다. 몇 분만 지나면 지난 13개월간 변함없이 그의 삶속에 가장 중요한 위치를 차지했던 그녀를 만날 수 있다. 그녀를 한 번도 만난 적은 없지만, 그녀가 그에게 써 준 편지들은 그에게 무궁무진한 힘을 주었다.

볼란프트 중위는 전투 중 특히 격렬했던 하루를 기억하고 있는데, 그 당시 그의 비행기는 적기에 완전히 포위되어 있었다.

그는 그녀에게 보내는 편지에 솔직히 당시에는 두려웠다고 썼다. 이 전투가 시작된 지 며칠 동안, 그는 그녀의 답신을 받았다.

"당연히 두려웠을 거예요. 용감한 사람도 두려워하는 걸요. 다음에 자신을 의심하게 될 때는, 제가 당신에게 낭송해 주는 소리를 들어 보세요.

내가 사망의 음침한 골짜기에 빠지더라도 나는 두려워하지 않을 것이다.

왜냐하면 그대가 나와 함께 있기 때문에."

그는 그 말을 기억했고, 기억할 때마다 그 말은 그에게 새로운 힘을 주었다.

지금 그는 믿는다. 그는 그녀를 사랑하고, 그녀도 그를 사랑한다고.

그러나 그녀는 사진을 보내달라는 그의 요구를 거절했다. 그녀가 설명했다.

"저에 대한 감정이 진실이라면, 내 외모는 그다지 중요하지 않지요. 내 외모를 예쁘다고 생각한다면, 저는 당신이 외모 때문에 관심을 갖는다고 생각될 거예요. 저는 그런 사랑이 싫어요. 내 외모가 예쁘지 않다고 생각한다면(사실 이 편이 더 가능성이 높겠죠), 저는 항상 두려울 거예요. 당신이 나에게 계속 편지를 써 준 것이 단지 고독해서 다른 선택은 없었다는 이유로 생각 되겠죠. 제 사진을 더 이상 요구하지 마세요. 뉴욕에 오게 되면, 저를 만날 수 있을 거예요. 그때 당신이 결정을 내리세요."

1분만 지나면 6시다. 볼란프트 중위는 더 긴장이 되었다. 젊은 여자 한 명이 그를 향해 다가왔다. 큰 키에 날씬한 몸매, 금발의 머리카락이 파도처럼 그녀의 섬세하고 부드러운 귓가에 걸려 있었다. 그녀는 연녹색의 옷을 입고 있었는데 마치 봄처럼 활발하고 가볍게 느껴졌다.

그는 그녀가 장미를 갖고 있지 않다는 것을 미처 보지 못하고 그녀에게로 한 걸음씩 내딛었다. 그녀는 그를 보고 입가에 장난치는 듯한 옅은 미소를 띠었다.

"군인아저씨, 제가 가는 길을 왜 막는 거죠?"

그녀가 조용히 말했다.

그가 한걸음 더 나아가자 40대가 훌쩍 넘어 보이는 한 부인이 보였다. 그

녀는 바로 그 아가씨 뒤에 서 있었다. 희끗희끗한 머리가 낡은 모자 아래
에 묶여 있었는데 그녀의 몸은 지나치게 풍만해 보였고, 굽이 낮은 구두
를 신은 두툼한 발이 보였다. 그러나 그녀는 장미를 들고 있었다.
녹색 옷의 아가씨는 이미 그를 지나갔다.

볼란프트 중위는 망치로 뒤통수를 얻어맞은 듯했다. 그 아가씨를 좇아가
고 싶은 마음이 얼마나 강했는지! 그러나 정신적으로 진정으로 자신과
함께 했고, 자신을 격려해 주었던 캐리스 매니얼에 대한 그의 마음이 얼
마나 깊었던가! 그녀는 바로 거기에 서 있었다. 그녀의 창백하고 두툼한
입술은 따뜻하고 지혜가 넘치고 있음을 그는 알아볼 수 있었다. 그녀의
회색 눈에서 따뜻한 빛이 반짝였다.
볼란프트 중위는 즉시 결단을 내렸다. 서로가 알아 볼 수 있도록 사전에
약속해 두었던 「인류의 속박」을 굳게 쥐었다.
그는 어깨를 펴고 인사를 했다. 그리고 그 책을 부인을 향해 내밀었다.
그러나 말을 하면서, 그는 어딘가 씁쓸함을 느꼈다.
"저는 요한 볼란프트 중위입니다. 당신이 캐리스 매니얼씨죠? 만나서
정말 기쁩니다. 제가 식사를 대접할게요."
그녀가 두툼한 입술을 벌리며 미소를 지었다.
"전 이게 도대체 무슨 영문인지 모르겠네요, 젊은이."
그녀가 대답했다.
"방금 지나간 녹색 옷을 입은 젊은 아가씨가 저보고 이 장미를 들고 오게
했어요. 만약 당신이 나와 어딘가에 가고 싶다면 내가 당신이 가야 할 곳
을 알려줄게요. 그녀는 저쪽 식당에서 당신을 기다리고 있어요. 이건 테
스트라고 그러더군요."

이 이야기를 다 읽고 난 후 당신은 어떤 느낌이 드는가?

사랑이 험한 시련에 처했을 때, 당신은 요한 볼란프트 중위처럼 그렇게 진정한 사랑을 지킬 수 있겠는가?

35세 이전의 당신은 이런 사랑의 시험을 겪어 보아야 한다. 이런 경험은 아슬아슬한 스릴과 함께 낭만을 선사할 것이다.

당신은 폭우가 쏟아지는 상황에서 꽃을 들고 그녀의 집 문 앞에서 기다릴 수 있는가? 수많은 사람이 있는 해변에서 그녀의 수영복 색깔을 알아볼 수 있는가?

사랑할 때 "너는 내 영원한 사랑이야"라고 말하겠지만 위급한 상황이 닥쳤을 때, 서로의 손을 붙잡고 놓지 않을 사람이 얼마나 있을까?

진정한 사랑은 비 온 뒤의 무지개이고, 고통을 겪고 난 후에 눈물을 흘리며 웃는 모습이다. 당신은 사랑에 빠져 있는 사람인가?

허영심이 당신의 사랑에 도전할 때, 당신은 연인을 영원히 지킬 수 있는가?

54

사랑하는 사람의 손을 잡고, 결혼식장으로 천천히 들어가라

 **나무 오백 그루의 사랑**

그는 얼굴이 검고, 못생겼고, 이도 전부 누렇고, 비가 오나 눈이 오나 밖에서 신발을 수리했다.

그녀는 그보다 스무 살이나 어렸다. 서른 살의 그녀는 마치 꽃과 같아서 아름다웠다. 그에게 시집 간 그녀는 속은 느낌이 들었지만, 그렇다고 돌아갈 수도 없었다. 그녀는 이미 물러날 곳이 없었다.

그러나 이런 별 볼일 없어 보이는 남자로 인해 그녀는 진정한 사랑에 대해 깨달을 수 있었다.

결혼 후, 남자는 그녀를 매우 아꼈다. 수시로 작은 선물을 사서 그녀에게 주었는데, 어떤 때는 빵을 사주기도 했고, 어떤 때는 립스틱, 어떤 때는 양귀비가 좋아했다던 달콤한 리즈(과일 종류)를 사 주기도 했다. 서른 살이 될 때까지 그녀는 이런 물건을 써 본 적이 없었고, 리즈를 먹는다는 것은 상상을 해 본 적도 없었기에, 자신이 왕비보다 더 행복하다고 그녀는 생각했다. 그녀가 리즈를 먹을 때 남편은 먹지 않고서, 바보 같은 표정으로 그녀가 먹는 것을 보고만 있었다. 그녀가 "당신도 먹어요"라고 말하자 그가 말했다.

"난 리즈 별로 안 좋아해. 당신 먹는 것만 봐도 좋아."

나중에 그녀는 길을 가다가 리즈가 얼마인지를 물어보고선 깜짝 놀랐다. 한 근에 꽤 비싼 돈이었다. 그녀의 눈은 순식간에 촉촉이 젖었다. 남편은 리즈를 싫어한 게 아니라 비싸서 자신에게만 먹게 했던 것이다.

그녀는 착한 그를 더욱 사랑하게 되었다. 매일 따뜻한 김이 나는 저녁밥을 지어 그를 기다렸다. 겨울에 남편이 길에서 일하느라 몸과 발이 꽁꽁 얼어버리면, 그녀는 남편의 굳어있던 몸이 풀릴 때까지 자신의 품에 안고 따뜻하게 해주었다. 남편은 기쁜 듯이 이제서야 축복이 굴러 들어와서 그녀와 결혼할 수 있게 되었다고 말했다.

"왜 내가 오십이 되도록 결혼을 못했을까? 그건 바로 당신을 기다리기 위해서였어."

그녀는 그 말을 듣고서 기뻐서 어쩔 줄을 몰랐다.

그는 일거리가 점점 더 많아져서 정신없이 바쁘게 되었다. 그녀는 집에서 쉬면서, 그가 그렇게 지쳐있는 모습을 보며 마음이 아팠다. 그녀가 말했다.

"저에게 기계를 한 대 사줘요. 그럼 당신하고 같이 신발을 고칠게요."

남자는 반대하며 말했다.

"당신과 함께 지낼 만한 돈은 벌 수 있으니 걱정하지 말아요."

그러나 그녀는 꼭 같이 해야겠다고 고집을 피웠다.

그 후부터 그 길에서 나이 많은 남편과 젊은 아내가 함께 신발을 수리하는 것을 볼 수 있게 되었다. 두 사람은 꼭 붙어서 일을 했다. 신발을 수리할 때는 두 사람이 같이 수리하고, 손님이 없으면 같이 이야기하면서 웃으면서 지냈다. 겨울에 바람이 많이 불면, 여자의 손이 추위에 갈라졌고, 귀도 꽁꽁 얼어서 새빨개졌다. 그 때면 남자는 향기가 솔솔 나는 군고구마를 사왔는데, 남자가 껍질을 까서 입으로 후후 불면서 자기는 먹지도 않고 그것을 여자의 입가에 가져다주었다. 여자는 행복한 듯이 한입을 먹고 후후 불면서 남자에게 주었다. 그들은 서로 주거니 받거니 하면서 먹었는데 비싸고 기름진 음식보다도 맛있었다.

어느 날, 남자가 여자에게 말했다.
"나중에 내가 당신보다 먼저 죽을 거야."
그녀가 울면서 말했다.
"그럼 나도 당신과 같이 갈 거예요."
남자가 말했다.
"그럼 나 화낼 거야. 우리가 지금은 돈이 별로 없지만, 몇 년 만 더 벌면 당신 먹고 사는데 문제없을 거야. 그리고 내가 저쪽에 오백 그루의 나무를 심어 놓았어. 어느 날 내가 먼저 가게 되면, 당신은 절대 날 따라와선 안 돼. 오백 그루도 그 때쯤엔 다 자라 있을 거니까 당신은 충분히 잘 살 수 있어."
여자는 남자의 품에 안겨 대성통곡을 했다. 오백 그루의 나무, 그게 오백 그루의 나무일뿐인가? 일생동안 그녀를 위해 이렇게 생각해 준 사람이 없었는데, 남자는 한발 더 나아가서 그녀의 미래를 위한 준비까지도 생각하고 있었다. 그녀는 이 인생이 정말 살만한 가치가 있다고 생각했다.
2년 후 그들에게 이들이 생겼다. 이들의 이름은 행복이었다.

그녀를 사랑한다면 그녀의 손을 잡고 결혼식장으로 들어가라. 면사포를 쓰고 가볍게 날아다니는 그녀의 모습을 보라. 당신이 그를 사랑한다면 그와 결혼하라. 그가 사랑이 듬뿍 담은 눈빛으로 그대를 안을 수 있도록 하라.

55

기다림 속에서
약속을 지켜라

한 마디 말은 평생을 간다. 당신이 사랑하고, 당신을 사랑하는 사람과의 약속을 지키라. 두 사람의 약속을 굳게 지키고, 그(그녀)를 세월이 흘러 늙을 때까지 기다리라. 어제 시든 국화처럼 창백해질 때까지.

'기다림'

미국항공박물관은 수도 워싱턴에 있는데, 미국에서 여행객이 가장 많이 찾는 박물관이다. 나는 박물관 주요 입구의 옷과 모자를 보관하는 곳에서 일하고 있었으므로, 거의 모든 여행객들을 관찰할 수 있었다.

약 3년 전의 어느 오후 내가 신니를 만났을 때, 그는 1시 5분 영화표를 사려는 사람들 틈에 끼어 있었는데 언뜻 보기에 상당히 애태우며 뭔가를 걱정하고 있는 것 같았다.

참관하는 사람이 점점 많아져서 더 이상 신니를 지켜 볼 시간이 없었다. 그런데 이상하게도 1시 35분이 되어도 그는 표를 사려는 사람들의 줄에 서있었고 3시 5분에도 신니에게는 아무도 나타나지 않았다. 신니의 얼굴에 실망한 듯한 표정이 가득했다. 그가 내 창구 앞에서 배회하고 있을 때, 나는 그를 불러 세웠다. 돕고 싶었다.

"그녀는 키도 작고 얼굴도 까매요. 19살이구요. 그렇지만 얼굴에 활력이 넘쳐요. 그녀는 갈색의 얇은 외투를 입고 있는데, 본 적 있으세요? 어쩌면 오늘 딴 옷을 입고 있을지도 모르겠네요."

나는 고개를 저었다. 신니는 또 나에게 그녀가 보낸 엽서를 보여주었다.

'목요일에 항공박물관에서 만나서 같이 떠나자. 너를 사랑해. 사랑해. 영원히 너를 사랑하는 케이트가.'

신니는 초조해 했다.

"전 여기서 이틀밖에 못 있는 단 말이에요. 이틀 후에 플로리다로 가야 해요. 거기서 직장을 구했는데 지금은 딱히 정해진 주소나 전화가 없어요."

그 다음날, 신니는 또 와서 기다렸다.

신니는 3,4일을 계속 기다렸지만 아무런 소식도 없었다. 부근의 경찰도 그녀를 찾았지만 아무런 수확이 없었다. 그 즈음에는 아무런 사건도 발생하지 않았기 때문에 경찰은 케이트가 마음을 바꾼 거라고 결론을 내렸다. 나중에 신니는 나의 직장 동료가 되어 매점에서 일하게 되었고 1년 후, 신니는 매점이 주인이 되었다.

또 다시 새 봄이 왔다. 여행객들이 또 셀 수 없이 많이 찾아왔다. 그 날도 평소와 다름없이 입구에서 사람들이 줄줄이 입장을 하고 있었다. 신니가 갑자기 환호성을 질렀다. 이어서 기념품·엽서·완구 등이 모두 하늘 높이 날아갔다. 그리고 신니는 책상을 뛰어 넘어, 앞에 놓인 장애물을 모두 발로 차버리고, 마치 날아가는 듯 10피트 밖의 한 여자에게 뛰어가서 그녀를 꼭 붙잡았다. 그녀는 작은 키에 까무잡잡한 얼굴이었지만 넘치는 활력을 가지고 있었다.

바로 케이트였다! 그들은 꼭 끌어안았다. 나는 가끔 케이트의 몇 마디 말만 겨우 들을 수 있었다.

"그 집, 길 끝에 있는 그 집."

원래 케이트는 당시 정확한 시간에 워싱턴에 도착했었지만 장소를 못 찾았다. 아주 어릴 때, 그녀는 부근의 또 다른 비행 박물관을 가족들과 함께 참관한 적이 있었다. 그녀는 거기서 힘들게 기다렸는데, 그 건물이 박물관 안으로 이전했는지는 꿈에도 몰랐다. 그녀는 돈이 다 떨어질 때까지 기다렸고, 어떻게 겨우 직장을 구해서 거기 남아서 계속 기다리기로 마음먹었다.

"너 계속 워싱턴에 있었던 거야?"

신니는 도저히 믿을 수가 없었다. 케이트는 고개를 끄덕였다.

케이트는 신니의 말을 다 듣고, 안색이 점점 하얗게 변했다. 그녀는 고개를 돌려 입구를 바라보고는 혼잣말을 했다.

"3년! 바로 여기 근처에서 일했는데 한 번도 들어오지 않았지. 꼭 들어와야 하는 곳을 안 들어왔네."

말을 하면서 그녀는 신니를 꼭 끌어 안았다. 두 사람은 머리를 끌어 안고 눈물을 흘렸다.

더 이상 신기한 일은 없을 것이다. 온갖 감정이 폐부에 깊숙이 스며드는 인생의 희비극이었다.

"네가 계속 기다린다면 언젠가는 그녀를 만날 수 있을 거야."

56

평범함 중의 낭만을 즐겨라

어느 노래 가사가 기억난다.

"내가 생각할 수 있는 가장 낭만적인 일은 그대와 함께 천천히 늙는 것이죠. 나와 그대는 흔들의자에 앉아 조용히 대화를 나누고 있지요. 우리는 죽을 때까지 절대 헤어질 수 없어요. 나에게 당신은 영원한 손바닥 안의 보물이에요."

35세 이전의 당신은 젊고 아름다우며 활력을 내뿜고 있어서, 늙는 것과는 전혀 상관없어 보이지만, 그러나 아무도 세월이라는 바퀴를 막을 수는 없다. 사랑하는 사람과 함께라면, 이 평범한 낭만을 늙을 때까지 즐기는 것은 어떤가?

사랑하는 이와 함께 천천히 늙어가는 것, 이것은 얼마나 낭만적인가!

평범한 일상의 행복

하나님이 세상을 창조하셨을 때, 그는 모든 생물이 흩어져서 땅에 정착하도록 했고, 사람은 자자손손 번식하도록 만드셨다. 남자와 여자에게 땅을 나누어 주었고, 어떻게 움집을 짓는지 가르쳐 주었고, 남자에게 삽을, 여자에게 곡식의 씨앗을 주었다.

"번식하라. 너희들의 자손을 낳아라."

하나님은 그들에게 계속 말씀하셨다.

1년 후 어느 날 하나님이 천사장 가브리엘을 데리고 그들에게 향했다. 때마침 이른 아침이었다. 해가 떴을 때, 그는 보았다. 움집 근처에 남자와 여자가 앉아 있는 것을.

그들 눈앞에 있는 논밭은 다 익은 곡식으로 가득 차 있었고, 그들 옆에는 요람이 하나 있었는데, 요람 안에 깊이 잠들어 있는 아기가 누워 있었다. 그 남자와 여자는 가끔 하늘을 바라보다가 가끔은 서로를 바라보면서 상대방에게 사랑의 마음을 전했다.

그들의 눈빛이 마주치는 그 순간, 하나님은 그들의 눈빛 중 도저히 이해할 수 없는 아름다움과 알 수 없는 힘이 있음을 발견했다. 이런 아름다움은 하늘이나 태양과도 비교할 수 없었고, 대지와 논밭도 상대가 되지 못했다. 하나님이 창조한 모든 것보다 큰 힘이 넘쳐 났다.

50년 후, 하나님은 천사장 가브리엘을 데리고 다시 찾아왔다. 원래 움집이 있었던 곳에 이미 원목으로 지은 집이 들어섰고, 황무지는 과수원이 되었고, 땅에는 황금색 곡식으로 가득 찼으며, 몇 명의 아들이 땅을 갈고 있었고, 딸들은 곡식을 거두고 있었다. 손자들은 초원에서 놀고 있었고, 노인과 노부인은 집 앞에서 가끔씩 붉은 색의 고운 아침노을을 바라보고, 가끔씩은 서로를 바라보며 사랑을 전하고 있었다.

하나님은 여전히 그들의 눈 속에서 어느 것과도 비교할 수 없는 아름다움과 그 힘을 느낄 수 있었다.

57

목적지 없이 여행을 떠나 낭만적이고도 우연한 만남을 겪어보라

35세 이전의 당신은, 낭만적인 우연한 만남을 가져 본 적이 있는가? 길을 가다가 생각지도 못한 사람이 나타나서, 당신의 모든 생각을 바꿔 버리고, 당신의 인생에 지워지지 않는 흔적을 남긴 적이 있는가? 이런 낭만적인 흔적은 잔잔했던 당신 마음의 호수에 퍼지는 물결과 같다.

운명과도 같은 우연한 만남

정오 무렵, 칭다오(靑島)의 하늘은 여전히 안개로 덮여있고, 가랑비가 부슬부슬 내리고 있었다. 나는 길에서 큰 아이스크림을 산 뒤 차에 올랐다. 창문을 열고 계속해서 마음이 살리는 아름다운 이 도시를 쳐다보았다. 내 옆에는 한 아가씨가 앉아 있었는데, 그녀는 백옥 같은 피부에 큰 눈을 가졌고, 노란색으로 염색하고 파마머리를 정성껏 묶은 예쁜 아가씨였다.

차를 타고 가면서 나는 그녀가 할 말이 있음을 눈치 챘다. 그러나 나는 눈빛을 멀리 돌리면서 그녀와 마주치기를 피했는데 왜냐하면 나는 낭만이란 것은 영화에서나 볼 수 있는 것이지, 나랑은 아무 상관없는 것이라고 생각했기 때문이다. 그래서 나는 애써 냉담한 표정을 지었다.

우리는 차에서 내렸다. 옌타이(烟台)시의 베이마루 정거장에서. 하늘은 여전히 흐렸고 어떤 활력도 찾아볼 수 없었다.

내 옆의 아가씨가 힘겹게 자신의 짐을 끌고 있었다. 그녀를 바라봤을 때, 마침 그녀의 눈빛도 나를 향했다. 나는 다가가서 그녀를 도와 짐을 끌었다. 그녀가 물었다.

“어디로 가세요?”

“저도 몰라요. 정해둔 목적지도 없는 걸요.”

“그 쪽은 어디까지 가세요?”

“저도 정해둔 목적지는 없어요.”

나는 웃었다. 운명이란 건 정말 그렇게 우연한 것이었다. 어떤 목적지도 없는 두 사람이 같이 만나다니.

나는 걷다가 피곤해져서 어느 호텔 앞에 멈춰서 그녀에게 쉬고 싶다고 이야기했다. 나는 그녀의 짐을 내려놓고 혼자 안으로 들어갔다. 내 방 번호는 707호였다.

잠시 후, 그녀가 다가와서 손에 방 열쇠를 쥐고선 나에게 말했다.

“708호에요. 옆방이네요.”

우리는 1층에 짐을 맡겨 놓고 같이 방으로 올라갔다. 복도에서 그녀는 계속 나를 쳐다보며 말했다.

“저기요, 그쪽 정말 어떤 사람이랑 닮았어요. 진짜에요. 거짓말 아니에요.”

우리는 세수를 하고, 옷을 갈아입고, 함께 식사를 했다.

날이 어두워졌다. 해변에서 우리는 어깨를 나란히 하고 앉았다. 어두워져서 아무것도 보이지 않는 바다를 바라보노라니, 조용한 파도 소리가 귓가에 울리는 것만 들렸다. 뒤편 록 음악이 울리는 광장에서, 사람들이 어지러이 춤을 추고 있었다. 그녀가 말했다.

"내려가 볼래요."

말을 마치자, 그녀는 신발을 벗고 뛰어내렸다. 그녀가 뛰어내린 그 순간, 비명소리가 들렸다. 나는 다급해져서 뛰어내렸다. 그녀는 모래사장에 쪼그리고 앉아서 발을 끌어안고서 숨을 헐떡이고 있었다.

이미 땅거미가 내려앉은 후라 아무것도 보이지 않았다. 나는 그녀 발의 조개껍질을 깨끗이 제거했다. 그녀는 아무 소리도 내지 않고, 나를 바라보기만 했다. 그녀는 내 등에 업혀 돌아왔는데, 내 귓가에서 그녀의 조용한 울음소리를 들었다.

나는 그녀를 방에 데려다 준 뒤 밖으로 뛰어나갔다. 뛰어가서 약국을 찾아 필요한 약을 사 그녀에게 가져다주었다.

내 방으로 돌아와 샤워를 다 끝냈을 때, 그녀가 내 방에 들어와 있는 것을 알고 흠칫 놀랐다.

여자가 내 방에 앉아 있는 것은 난생처음이었다. 내 머리는 순식간에 텅 비어 버렸다. 그러나 나는 그녀에게 정성껏 약을 발라 주고, 깨끗한 천으로 그녀의 작은 발을 감아주었다. 그녀는 두 손으로 내 얼굴을 들어서 내가 그녀의 흐르는 눈물을 바라보게 했다.

그녀가 나에게 말했다.

"꼭 안아 줘요. 전 더 이상 잃어버리고 싶지 않아요!"

그녀가 내 목을 꼭 끌어안아서, 내 목덜미에 그녀의 눈물이 느껴졌다.

그 다음에, 그녀는 내 얼굴을 받쳐 들고는 키스를 했다. 그녀의 입술은 얼마나 부드러운지, 아무런 소리도 나지 않았다.

내 심장이 쿵쿵 뛰기 시작했다. 이건 내 첫 키스였다! 단 한 번도 해 본 적이 없는….

"원래 옌타이에 올 생각은 없었어요. 집에 가는 표를 사뒀거든요. 차 안에서 당신을 봤어요. 당신은 외모나 성격이 꼭 제 남자친구 닮았어요. 그래서 전 마음을 바꿔서 당신을 따라서 여기까지 온 거에요."

그녀는 4월 12일을 잊을 수 없다고 했다. 그 날은 그녀의 남자친구가 떠난 날이었다.

그녀는 몸과 마음을 추스려 다시 잘 살려고 노력했다. 그런데, 그녀는 나-그녀의 전 남자친구를 너무나도 닮은-를 만난 것이다. 그녀의 남자친구는 나처럼 자신을 잘 보살펴 주지 않았다고 했다. 오늘 밤 내가 한 것처럼 해 준적이 한 번도 없었다고 했다.

그녀는 말을 하면서, 억울한 듯한 어이없는 웃음을 터뜨렸다. 긴 눈썹 위에 눈물이 반짝였는데 배나무 꽃 위의 빗방울처럼 아름다웠다.

나는 따뜻하게 그녀를 품에 안았다. 나는 그녀의 마음 속 억울한 것들을 다 털어놓게 했고, 예전 일을 귀 기울여 들었다. 그녀의 조용한 흐느낌 소리에 내 마음이 아픈 것을 느끼며, 내가 그녀를 사랑하게 되었음을 알게 되었다. 아무런 이유도, 아무런 소리도 없이 조용하게.

후에, 그녀는 내 아내가 되었다. 바로 그 낭만적인 우연한 만남이 일생일대의 아름다운 연가가 된 것이다.

58 사랑하는 마음을 솔직히 고백하라. 사랑의 손목을 꼭 붙들어라

사랑은 살며시 다가와 당신의 마음 문을 열 것이다. 당신은 그것이 자유롭게 날 수 있게 해야 하고, 상대방이 그 사랑을 보고 듣고 느낄 수 있게 해야 한다.

사랑이 다가왔을 때, 그것을 잡으라. 반드시 잡아야 한다. 그럼 당신은 평생의 행복과 낭만을 붙잡는 것이다.

♥ 사랑과 낭만을 붙잡지 못한 한 여자

그의 소식을 듣지 못한지 벌써 5년이 되었다.

어느 가을날 오후, 햇빛이 살짝 비치고, 가을바람이 솔솔 내 얼굴로 불어왔다. 나는 약간 심심했었다. 헤어지자는 그의 전화는 바로 그때 왔다. 그는 자기가 떠날 것이라고 했다. 다시 돌아오긴 할 건데, 그게 어쩌면 1년이 될 수도 있고, 3년이 될 수도 있다고 했다. 어쨌든 돌아오긴 한다는 것이었다. 그 당시에 이 도시에서 나는 아무도 아는 사람이 없었다. 그래서 이사를 할 때 마다 그가 와서 아무 말 없이 나를 도와주곤 했었다. 그는 이사가 다 끝나면 아무 말도 안 하고 조용히 돌아갔다. 마치 당연한 일을 한 것처럼. 내가 그에게 어떻게 대하든지 간에, 그는 거구의 체격처럼 넓은 마음으로 나를 변함없이 대해 주었다. 어쩌면 내가 이기적이었거나 유치했는지도 모른다. 나는 그를 신경 쓴 적이 한 번도 없었다.

어느 해 겨울, 네 번째 이사를 하던 날, 방안에 한 가득 쌓여있는 크고 작은 책이 든 박스들을 멍하니 쳐다보면서, 나는 뭘 어떻게 해야 할지를 몰랐다. 몇 년간 방황하던 생활을 되돌아보니, 고향의 부모님 생각도 났고, 의지할 곳 없는 고독감이 밀려왔다.
나는 눈물을 참지 못했고 급기야는 두 볼 위로 눈물이 흘러내리기 시작했다. 바로 그때 그가 왔다. 난 그가 천리경을 갖고 있는 줄 알았다. 내가 가장 그를 필요로 할 때, 그는 언제나 제 때에 내 앞에 나타났다. 그는 크고 작은 책 상자를 순식간에 나르고 나선, 묵묵히 손수건을 나에게 건네주며, "울지 마, 내가 도와줄게"라고 말했다.

어쩌면 내가 너무 어려서 사랑을 몰랐고, 사랑을 원하지 않았을지도 모른다. 그러나 나는 내 앞에서 그가 거의 아무 말도 하지 않고, 묵묵히 나를 바라만 본다는 것을 알고 있었다. 그래서 나는 그가 원래 그런 사람인 줄만 알았다. 어느 날 그가 나에게 말했다.
"너 눈 정말 예쁘다!"
그런 말은 너무 많이 들어서, 아무런 느낌도 들지 않았다. 그러나 그의 입에서 그런 말이 나오다니, 나는 놀라 자빠질 지경이었다. 그는 고개를 숙이며 뛰어 가버렸다. 나는 그다지 대단치 않은 일로 생각했었다. 아뿔싸! 지금 생각해 보면 그때 그를 그냥 보낸 것이 내 인생의 최대의 실수였다.

그는 떠났다. 그 후 몇 년간 그에게서 아무 소식도 들을 수 없었다. 그는 어떤 목적을 이루려고 노력하는 중이라고만 말했다. 그것은 그의 인생에 있어서 최대의 꿈인데, 그걸 실현하고 나서 돌아오겠다고, 그때는 틀림없이 다시 연락하겠다고 말했다.

어느 가을날, 내가 일하고 있는 사무실에서 그의 전화를 받았다. 그가 내 전화번호를 어떻게 알았을까? 우리는 어쨌든 연락을 안 한지 오래 되어서, 최근 몇 년 동안, 나에겐 크고 작은 변화가 있었다.

"결혼했어? 결혼했는데도 어떻게 나한테 말 한마디 안 할 수 있어?"

그의 어투가 좀 이상했다. 내가 결혼한 게 너랑 무슨 상관이냐고 말하고 싶었지만, 그런 말로 사람에게 상처 주는 것은 옳지 못했다.

"나는 그렇게 오랫동안 헛되이 널 사랑했어. 요 몇 년, 나는 쭉 너 하나를 바라보면서 살아왔다고 해도 과언이 아니야. 너의 두 눈은 내 영혼의 깊은 곳으로 들어와 있어. 넌 정말 예쁜 여자고, 나는 돈을 벌어서 널 남부럽지 않게 살게 하고 집도 사주고 싶었어. 내 사랑 전부를 다 바쳐 널 보호하고, 사랑해 주고, 네가 글 쓸 수 있도록 최고의 환경도 만들어 주고, 네가 좋은 작품을 써서 이상을 실현하게 해 주고 싶었어. 이제야 난 능력과 용기가 생겼는데, 넌…."

이것은 내가 그를 읽고 난 이후로 들어본 가장 긴 말이었다. 나는 너무 놀라서 아무 말도 할 수 없었다. 나는 그가 날 사랑하고 있는 것을 몰랐다. 정말 몰랐다. 큰 바위가 나를 누르는 것처럼 마음이 무거웠다. 나는 아무 말 없이 전화를 끊었다.

어떤 것도 다시 바뀌지는 않는다. 사랑은 기다리지 않는다. 시간은 거꾸로 흐르지 않는다. 한 사람을 사랑한다면 빨리 고백하는 게 좋다.

다시 고개를 들어 하늘을 바라보았더니 비가 내리고 있었다.

내 하늘이 비를 내리고 있었다.

애정을 표현하는 데 있어서, 대다수의 사람들은 소극적인 편이다. 대다수의 사람들이 감사나 관심을 입에 올리는 것에 익숙하지 않다. 사람들은 강인함이나 독립 근성, "대장부는 쉽게 눈물을 흘리지 않는다"라는 등의 표현이 멋있다고 여긴다. 사람을 만나면 그저 겉치례로 인사를 하는 듯하지만, 사실 내면 깊은 곳에서는 우리는 서로에게 관심이 있다. 그러나 우리는 이런 감정을 숨기는 것이 좋다고 여기고, 그런 따뜻한 마음이 드러날까 조심한다. 이것은 전형적인 동양적 사랑 표현이다.

부모와 자녀 사이에서, 남편과 아내 사이에서, 친구 사이에서, 그들은 모두 자기의 감정을 솔직하게 말하는 것을 왠지 어색해 한다.

사실 사람의 일생은 서로를 향한 관심의 표현이고, 사랑을 표현하는 과정이다. 언어의 교류는 분명히 중요하다. 왜냐하면 모든 사람의 '사랑의 필요'는 다방면에서 충족되기 때문이다.

다른 사람이 '추측'을 통해 당신의 관심과 사랑을 알게 하지 말라. 상대방이 자주 당신의 마음을 느낄 수 있도록 하라. 당신 자신의 입술로 상대방에게 말을 하라.

59 연인을 데리고 흠모하는 명인을 만나러 가라

일반적으로 생각하기에 위대한 사람을 만나려면, 모든 진실함과 지혜와 노력을 다해야만 한다. 만나려는 그 사람이 정말 그렇게 위대하다면, 우리의 노력도 크게 요구된다.

35세 이전의 당신은, 적어도 한 사람은 존경하는 사람을 품고 있어야 한다. 그래야 모든 진실함과 지혜와 노력을 다해서, 끊임없이 노력하여 그 흠모하는 사람을 닮아갈 것이다. 결과가 어떠하든지, 그 과정 자체가 이미 위대하고 낭만적이다. 이 위대하고 낭만적인 과정 중에, 애인을 데리고 가는 것을 잊지 말기 바란다. 함께 가서 위인에게 존경을 표해 보라.

용감한 여자아이, 크리스의 편지

크리스라는 여자 아이가 있었다. 그때는 링컨이 막 대통령에 당선되었을 때였다. 이 용감한 아이는 그에게 편지 한 통을 썼다. 편지에는 다음과 같이 쓰어 있었다.

"만약 대통령 아저씨가 수염을 기른다면, 분명 더 잘 생겨 보일 텐데요."

아무도 예상치 못한 일이 발생했다. 링컨은 크리스에게 답장을 보냈다.

"나는 지금 막 당선이 되었단다. 갑자기 수염을 기르면, 사람들이 날 못 알아 볼 지도 몰라."

그래서 크리스는 또 편지를 썼다.

"대통령 아저씨, 수염이 없는 대통령은 사람들에게 두려움을 줘요."

링컨이 워싱턴에 취임식을 하러 가고 있을 때, 일부러 기차를 크리스가 사는 마을에 세우게 했다. 링컨은 기차의 꼬리 부분에 서서 외쳤다.

"크리스, 너 거기 있니? 얼른 나오렴!"

크리스는 새빨개진 얼굴로 링컨 앞으로 다가왔다.

"크리스야!"

링컨은 허리를 구부려서 크리스의 작은 손을 잡았다.

"보렴, 특별히 널 위해 수염을 기르고 있어. 이젠 좀 잘생겨졌지?"

어쩌면 나중에 당신은 위인이 될지도 모른다. 그러나 어쨌든 지금은 아니다. 어쩌면 당신은 정말 나중에 위인이 되기를 원하는지도 모른다. 그러기 위해 어떤 노력이 필요할까.

어쩌면 당신은 지금 위대한 사업을 하고 있는데도, 당신 스스로가 어떤 존재인지 전혀 알아차리지 못할 수도 있다. 당신은 점점 더 당대에 제일 위대한 사람을 만나기를 원한다. 위인은 어떻게 보통 사람들과 다른지 보고 싶고, 위인의 스스로에 대한 평가를 듣고 싶어 하고, 위인의 살아온 이야기를 듣고 싶어 하고, 위인이 당신에게 어떤 유용한 충고를 해 줄지 궁금해 한다.

# 톨스토이와의 감격스러운 만남

"인생을 가장 잘 투시(透視)할 줄 아는 작가 톨스토이는 다른 사람과 함께 있을 때 오히려 단순하고 솔직하며 진실해 보였다. 예전에 내가 두려워했었던, 모든 것을 통찰하는 그런 모습은 조금도 보이지 않았다. 내 마음이 다칠까봐 움츠러들 필요가 없었다.

왜냐하면 그는 다른 사람에게 조금도 상처를 주지 않기 때문이다.

분명한 것은, 그는 나를 표본으로 삼아 연구를 하려고 한 것이 아니라, 나와 함께 음악에 대해 이야기하려 했다는 것이었다. 그는 음악에 대해 굉장히 관심이 많았다. 톨스토이는 내 옆에 앉아서 내가 연주하는 1부 4중주곡을 듣고 있었는데, 나는 그의 눈에서 눈물이 흘러 뺨을 타고 내려오는 것을 보았다. 내 일생 중에서 작곡가로서 제 아무리 사치스런 소망이 이뤄진다고 하더라도 이보다 더 큰 만족은 얻지 못할 것이다."

위 이야기는 차이코프스키가 처음으로 톨스토이를 만난 후, 감격하면서 적은 글이다.

60 꿈을 꾸라, 희망을 하늘 높이 날려라

꿈이 없어지면 삶은 그 빛이 바랠 것이다. 꿈이 없으면 희망은 어디서 올까?

만약 당신이 미래를 보지 못한다면, 당신의 삶은 분명 빛이 날 수 없을 것이다. 당신이 어떤 사람이 되고 어떤 일을 성취할 것인지는, 지금 당신이 어떤 꿈을 쌓아가고 있는가에 달려있다. 왜냐하면 그 꿈에 따라 결과가 판이하게 달라지기 때문이다.

35세 이전은 꿈을 세우는 기간이다. 당신은 꿈을 추구하는 것을 포기해서는 안 된다. 이상을 실현시키는 길에 어떤 장애물이 있든지 간에 당신은 굳게 믿어야만 한다. 발보다 더 긴 길은 없고, 사람보다 높은 산은 없다는 말을.

꿈을 추구하는 발걸음

만약 당신에게 항상 바라는 꿈이 있다면 그 꿈을 이루기 위하여 분투하며 살아갈 것이다. 매일 꿈을 이루려는 기대를 갖고 살 것이다. 당신의 정신은 살아 움직이고, 당신의 삶은 활력으로 가득 차게 될 것이다.

일단 사람이 꿈이 있으면, 생명이 살아나고 모든 일에 의미가 있다. 매일 흐리멍덩하게 사는 삶과, 꿈을 이루기 위해 노력하는 삶은 하늘과 땅만큼의 차이가 있음을 당신은 발견하게 될 것이다.

꿈은 질긴 생명력을 가지고 있다. 그것을 가지고 사는 사람은 삶에 비전이 있고, 포기할 줄 모르는 근성을 가지고 있다. 꿈을 가지고 사는 사람의 길은 방패를 가진 인생 같아서 좌절을 겪더라도 망연자실하지 않고, 두려움이나 고립감을 느끼지 않는다.

만약 꿈이 없는 채로 어려움에 닥치면 쉽게 지치고, 삶은 광채를 잃을 것이고, 당신은 자기도 알지 못하는 사이에 속이 없는 껍데기로만 살게 될 것이다.

꿈을 안고 사는 사람은 반짝반짝 빛이 난다.

꿈을 추구하면서, 당신은 어쩌면 예전에 미처 몰랐던 자신을 발견할지도 모른다. 더 강인하고, 아름답고, 진지하면서 다재다능한 자신을. 꿈을 향해 걸어가는 한 걸음 한 걸음이 모두 참신한 계기가 되어서 더 많은 꿈을 꾸게 될 것이고, 천부적인 재능·관심·열정 등이 합쳐져서 의기투합한 친구가 될 것이다.

꿈을 이루는 비결

꿈을 이루는데 성공한 사람들은 도대체 어떤 비결을 갖고 있는 걸까?

우선 자신을 믿어야 하고, 세상의 어떤 수군거림에도 흔들리지 말아야 한다.

"잡념을 버리고, 자신의 말에만 집중하라."

「꿈, 일생을 개조하다」의 작가 라이스 프랑이 말했다.

"일생 중, 어떤 사람은 나는 할 수 없다는 생각에 끊임없이 빠지게 된다. 그런 사람은 자기 자신도 제대로 바라보지 못하는데 어떻게 다른 사람을 제대로 볼 수 있을까? 인생을 바꾸려면, 결심을 하고 그대로 밀고 나가야 한다. 꿈을 이루는 능력은 원래 자기 안에 있는 법이다."

프랑은 어릴 때 부모로부터 버려지고, 범죄가 빈번히 발생하는 빈민가에서 자랐는데 어릴 때 지능이 떨어진다고 해서 양부모를 제외하고는 아무도 그에게 잘해주지 않았다. 그러나 그는 의지와 투지를 가지고, 오하이오 주의 국회의원이 되었을 뿐만 아니라, 사람들의 마음을 움직이는 대중 연설가가 되는 꿈도 이루었다.

그러므로 꿈을 추구하는 길에서 당신은 반드시 먼저 자기 자신의 충실한 응원단이 되어야 한다.

그 다음, 당신은 공포심을 극복하고 미래를 향해 멀리 내다보아야 한다.

당신은 꿈을 이루기 위해 어떤 노력을 기울였는가?

꿈의 가장 완강한 반대자는 항상 두려움을 극복하지 못한 자기 자신이다. 진정한 문제는 "당신은 두려운가?"가 아니라 "무엇을 두려워하는가?", "두려움을 어떻게 처리할 것인가?"이다.

61

그를 알라,
그 손바닥 안의 흉터까지 알라

당신의 손을 꼭 붙들고 있는 그 큰손은 당신에게 깊은 인상을 남기고 있는가? 당신의 허리를 들고 당신을 어깨 위에 올려 놓은 큰 손, 당신의 허리를 끌어 안고 당신에게 안정감을 준 큰 손, 당신에게 과일을 깎아주는 큰 손, 당신의 웃는 얼굴을 만지다가 열정적인 키스를 퍼붓던 그 손, 고통으로 눈물을 흘릴 때 당신의 눈물을 닦아주던 큰 손.

당신은 그 모양을 똑똑히 기억하고 있는가?

당신은 많은 손 중에서 정확히 그의 손을 알아맞힐 수 있는가?

당신은 그의 손바닥의 흉터를 알아볼 수 있는가?

♥ 손바닥의 진홍색 흉터

다른 사람들이 보기에 그들은 굉장히 잘 어울리는 한 쌍이었다. 그는 광고회사의 기획부서에서 일했고, 그녀는 평면 설계를 담당하고 있었다. 그는 준수한 외모의 소유자였고, 그녀 역시 굉장한 미인이었다.

어떻게 사랑이 싹텄는지는 두 사람도 정확히 기억하지 못한다. 그들은 자주 만났고, 일에 대해서 이야기했었고, 일이 늦게 끝나면 종종 같이 식사하기도 했었고, 그가 그녀를 집까지 바래다주기도 했으니 애정이 생길 만도 했다. 나중에 그들은 결혼에 대해 이야기하기 시작했다.

광고회사에서 기획한 텔레비전 오락 프로젝트만 아니었더라면, 그들은 진작에 결혼했을지도 모른다.

광고회사의 사무실 아래에는 슈라는 여자가 운영하는 악세사리 가게가 있었다.

그는 그곳이 예전에 그녀를 데리고 자주 갔던 가게였다는 것만 기억하고 있었다. 가게 안에는 아기자기한 악세사리가 많았고, 내부 인테리어도 훌륭했다. 그는 그런 분위기가 마음에 들었다. 틀림없이 가게 주인과 이런 분위기와 연관이 있을 거라고 그는 생각했다. 그가 가게를 지나갈 때마다 그녀는 그를 바라보곤 엷은 미소를 띠며 인사를 했다.

그는 쑤가 다른 사람과 다르다고 생각했다. 그녀는 장사꾼 같지 않았다. 틀림없이 평범하면서 약간 보수적인 아가씨일 거라고 생각했다.

얼마 뒤 저녁 파티가 있었는데, 그날 한 여직원이 갑자기 병이 났다. 그는 그 급한 상황에서 쑤가 생각이나 초대했다.

모두들 방송실에서 즐겁게 파티를 즐기고 있었다. 마지막 순서에 MC가 제안을 하나 했다. 한 사람이 무대 뒤에서 두 개의 내밀어진 손을 보고, 어느 손이 자신의 연인의 것인지 맞히는 게임을 하자는 제안이었다. 한 커플이 올라갔다. 그 여자는 남자친구의 손을 금방 알아보았다. 왜냐하면 그녀의 남자친구는 손이 엄청 컸기 때문이었다. 두 번째 커플도 마찬가지로 금방 끝났는데, 그녀의 남자친구의 손바닥은 요 며칠 살갗이 벗겨져 있다고 말했다. 그들 차례가 다가왔다. 그런데 그녀는 그의 손을 맞추지 못해서 굉장히 난감해 했다. 그의 손은 굉장히 특이하게 생겼는데, 손바닥 중앙에 진홍색의 흉터가 있었다. 그러나 그녀는 전혀 그것을 몰랐었다. MC는 그러면 이번에는 게임 방법을 바꿔서 남자가 여자 손을 맞춰보라고 했다.

그는 약하게 떨고 있는 손과 예전에 잡았던 적이 있는 손을 보았다.

이유를 알 수 없지만, 그는 조용히 약하게 떨면서 수줍어하는 슈의 손을 잡았다.

MC가 말했다.

"당신도 틀렸습니다."

나중에 그녀와 그는 냉담해져서 헤어지고 말았다.

얼마 후 슈가 먼저 그에게 만나자고 했다. 1년 후 그들은 결혼했다. 그들에겐 귀여운 딸이 생겼다. 그와 슈는 즐겁게 살았다. 한 번은 그가 슈에게 물었다.

"당신, 왜 내게 먼저 만나자고 했어?"

슈가 깊은 정이 담긴 목소리로 말했다.

"게임을 하는 날, 당신이 내 손을 가볍게 잡아 주었거든요."

그는 그 말을 듣고서 눈물을 흘렸다.

우리는 진정한 사랑이 게임에서 비롯되었다고 설명할 수도 있다. 그러나 실은 사랑은 자신을 속일 수 없고, 저도 모르게 그녀의 손을 잡았던 것과 똑같이, 이 모든 것이 반드시 벌어질 일이었고, 그 누구도 막을 수 없다고 하는 것이 옳은 해석일 것이다.

62

형형색색의 글로
사랑의 순간을 기록하라

만약 세상의 여자가 모두 요염하고 다정다감한 사람이라면, 여자들이 쓴 글은 온갖 화려함을 갖춘 고운 문장의 글일 것이다.

중국 고대 역사상 뛰어난 여자가 몇 명 있는데, 그녀들의 이름은 수천 년이 지난 지금도 사람들의 입에 회자되고 있다.

이청조(李淸照)는 송나라 때 사람으로, 사(詞)라는 문학 장르가 유행하던 시기에 문학에서 뛰어난 재능을 보인 여성이다. 그녀의 사는 완곡하고 함축적인 분위기가 주를 이루었고, 자신만의 독특한 분야를 개척하였다.

그녀는 소녀였을 때, 섬세하고 부드러운 마음을 지니고 있어서 꽃이든 푸른 잎이든 관계없이 무엇이든 그녀를 은은한 분위기 속으로 이끌었고, 그때마다 그녀는 글을 써 내려갔다.

여몽령 如夢令

—이청조

간밤에 간간이 비 내리며 바람 사나왔고

곤히 잤어도 술기운은 가시질 않았네

발을 걷는 하녀에게 물으니

해당화는 여전히 곱게 피어 있다네

알지 못하리, 알리 없어

잎만 무성하고 붉은 꽃은 시든 것을

근대 중국에서는 더 많은 여자들이 세상에 자신들의 재주를 드러내었다. 기울어 가는 청나라 시대, 난세에 사랑을 읊었던 여자 딩링(丁玲)은 〈소피여사의 일기〉로 세상에 반역의 도전장을 내밀었다. 하나의 붓을 따라, 붉은 색의 희망을 향해, 근대 역사상 보기 드문 파격적인 시도를 했다.

"낙양 친구는 안부를 묻는 것 같고,

얼어붙은 마음은 옥주전자 안에 있다."

그녀는 긴 일생동안, 시종 얼음같이 반짝반짝 빛나고 투명한 마음을 가졌다. 그녀는 바로 얼어붙은 마음, 순진하고 넓은 사랑의 마음, 화려한 붓놀림으로 유명한 20세기 문단의 기적과도 같은 존재이다.

장아이링(張愛玲)은 마치 수수께끼 같은 여자로, 그녀의 일생이 바로 전기이다. 그녀의 글이 세상에 알려지자 그녀는 순식간에 온 천하에 유명한 사람이 되어 버렸다.

크게 기뻐하고 크게 슬퍼하고, 웃으면서 우는 한 여자가 있었다. 사랑을 위해서, 인생 중 그 강렬한 자유에 대한 열망을 위해, 낭만적인 유랑을 위해, 그녀는 애인과 함께 사하라 사막을 걸었다. 그들의 집은 사막의 독특한 풍경이 되었다. 그러나 그녀의 글은 수많은 소녀들의 동경과 희망이 되었다. 그녀의 이름은 바로 싼마오(三毛)였다. 그녀는 자기 방식대로 사는 여인으로, 그녀의 글은 바로 그녀 생활의 일부분이었다.

당연한 사실이지만, 모든 여인이 위에 등장하는 그녀들처럼 글을 통해 세계적으로 유명하게 되지는 않는다. 그러나 타고난 섬세함과 민감함으로, 여인은 삶에 대해 아주 깊은 체험을 하게 되는 것이다.

35세 이전, 생동적인 글로 사랑의 순간을 기록하라. 당신의 사랑으로, 당신의 따뜻한 정으로 영원한 기억을 새겨 넣으라.

당신의 삶이 바로 글이다. 뜨거운 사랑을 하는 삶, 삶 속의 여인을 뜨겁게 사랑하는 것, 그리고 글을 쓰는 것은 인생에서 가장 진실한 깨달음이다. 당신의 붓과 먹을 아끼지 말라. 만약 당신이 사랑한다면, 그 마음을 적어보기 바란다. 삶 속에서 너무나도 많은 일들이 감동을 준다. 봄의 꽃, 여름의 비, 가을의 달, 겨울의 태양, 새로운 생명이 탄생하고, 한 고독한 사람이 세상을 뜨고, 이별의 눈물, 해후의 포옹….

35세 이전, 당신의 섬세하고 민감한 마음은 이런 모든 변화에 조금씩 움직일 것이다. 재주가 있는 여인은 아마 이런 감정을 붓에 담아 형형색색의 글로 변하게 하고 싶을 것이다.

형형색색의 글로 사랑의 순간을 기록하라. 물론 여자만 그 재주를 발휘할 수 있는 것은 아니다. 당연히 남자도 할 수 있다.

63

적당한 거리를 두어
좋은 감정이 생기도록 하라

친 밀한 관계의 의미가 어떤 것을 하든지 둘이 늘 함께 해야 한다는 의미는 절대 아니다. 어떤 때는 그 사람이 옆에 같이 있기만 해도, 자기가 사랑하고 있고 사랑받고 있다는 것을 충분히 느낄 수 있다.

두 사람이 원한다면 당연히 같이 일을 해도 되지만, 이런 공동생활 방식이 두 사람의 관계와 자연스럽게 연결되어야 하는 것이지, 그런 방식을 반드시 규칙적으로 지켜야 하는 것은 아니며, 또 한쪽이 일방적으로 함께 하기를 요구해서도 안 된다.

만약 당신은 책을 읽고 싶은데 아내는 과일 샐러드를 만들고 싶어 한다면, 각자 하고 싶은 일을 해도 전혀 문제가 되지 않는다. 당신이 냉장고에서 먹을 것을 꺼내려고 아내 곁을 지나갈 때, 그녀에게 사랑의 미소를 지어보이거나 그녀의 목에 키스를 해도 좋다. 그 후에 계속 자기 일을 하면 된다.

만약 당신의 배우자가 낮잠을 자고 싶어 하는데 당신은 방을 치우거나 텔레비전을 보거나 음악을 듣는다면, 그것도 그다지 문제될 것이 없다.

친밀한 관계 중에서, 가장 중요한 것은 서로에 대한 느낌이지, 살아가는 방식이 아니다. 어떤 남녀는 공통의 취미를 갖고 있지만 어떻게 친밀해지는지를 여전히 모르는 경우도 있다. 반면 독신 생활을 하는 많은 사람 가운데 어떻게 함께 있는 시간을 잘 사용하는지 알고 있고, 어떻게 상대방에게 사랑과 존중을 표현하는지 알고 있는 이들도 많다. 관계가 성공하기 위해 가장 기본적으로 요구되는 것은 일종의 안정감, 안도감이다. 배우자와 직접적으로 같이 뭔가를 못하더라도, 그(그녀)의 정은 항상 함께 있다는 것을 알아야 한다.

만약 꼭 함께 있지 않더라도 친밀감을 표현하는 방법을 알고 있다면, 두 사람은 균형적인 관계를 발전시킬 수 있다. 그때에는 두 사람이 홀로 있든, 같이 있든 전혀 상관없다. 어떤 남녀들은 시간만 있으면 반드시 상대방과 함께 뭔가를 해야 한다고 생각한다. 처음에는 그것이 좋은 현상이라고 생각할지 모르지만, 언젠가는 이런 부득이한 친밀함은 둘 중 한 명 혹은 둘 다에게 장애물이 될 수도 있고, 심지어는 그런 친밀함이 참을 수 없는 답답함으로 변해버릴 수도 있다.

애정의 신선도가 떨어지는 것을 막기 위해 가장 좋은 방법은, 일정한 거리를 두어 좋은 감정이 생기게 하는 것이다. 적당한 기간 동안 떨어져 있다가 다시 합치는 방법이다.

🎁 아윈과 모모

아윈과 모모는 7년간 연애를 했고 만난 지 8년 만에 결혼을 했다. 8년간의 '항전'이 결국 승리의 결혼 행진곡으로 끝맺음을 했고, 그들의 마라

톤 같은 사랑에 결국 원만한 마침표를 찍게 되었다. 그런데 결혼한 지 1년 만에 그들의 감정이 갑자기 식기 시작했다. 아원은 그 점에 대해 고민했고, 매우 답답해했다.

"이런 게 그토록 고생하며 7년 동안 추구한 결과인가? 그녀가 왜 순식간에 다른 사람으로 변한 거 같지?"

모모도 고민하기는 마찬가지였다. 매일 남편의 딱딱한 얼굴을 보고 그도 마음이 상해서, 만나는 사람마다 불평을 털어놓았다.

"난 정말 잘못 결혼한 거 같아. 그 사람과 함께 있으면 정말 재미가 없어. 그 사람은 정말 삶의 재미가 뭔지를 모르는 사람이야."

이 말이 아원의 귀에 들어갔고, 그의 얼굴에는 무기력함과 굴욕감이 드러나 있었다.

어느 날, 아원은 잠시 혼자 여행을 하고 싶다고 이야기했고, 모모도 그것에 반대하지 않았다. 아원이 여행간 후 모모는 남편의 자리가 얼마나 큰지를 깨달았다. 이원 또한 여행하는 동안 아내인 모모의 사랑스런 모습을 다시 떠올리게 되었고, 연애 시절처럼 매일 모모에게 선물을 보내며, 매일 밤 자기 전에 그녀에게 전화를 걸었다. 그녀는 마치 연애를 하던 때의 달콤한 시절로 돌아간 것 같았다. 아름다운 미소가 그녀의 얼굴에 되돌아 왔다. 연애 시절과 다른 점은, 아원이 여행에서 돌아와 다시 모모의 침실에서 밤을 보낸다는 것이었다. 그들은 다시 낭만의 격정을 불태우기 시작했다.

일정한 거리를 두어 좋은 감정이 생기게 하라. 35세 이전의 그대여, 사랑하는 사람과 일정한 거리를 둘 때 찾아오는 아름다움을 경험해 보라.

64 연인을 위해 따뜻한 '등불'을 밝혀라

어떤 사람이 말하길, 사랑스럽지 않은 여인은 모두 다 똑같지만 사랑스러운 여인은 각각 그들만의 귀여운 점이 있다고 했다. 미모나 피부는 여기서 언급하지 않기로 하자. 사랑스러운 여인의 성품이나 기질에 대해 이야기하면 요염한 자태나 밝은 성격 등은 누가 말을 해도 끝이 없는 화제이다. 그러나 그 중 가장 중요한 것은 온화함이다.

여자로서 당신은 소탈해도 좋고, 지혜롭거나, 유능하거나, 지모가 뛰어나거나, 글을 잘 쓰거나, 일을 잘 해도 좋다. 그렇지만 절대 빠져서는 안 될 것은 온화함이다.

여인이 존재하는 이유는 보통 남자들에게 없는 온화함을 구비하고 있다는 데 있다. 온화함, 이것은 어머니와 아내로서의 여인에게 없어서는 안 될 기본적인 자질과 성품이다.

'온화함'이란 단어는 자연스럽게 관심·동정·보살핌·관용 등과 부드럽게 연결된다. 온화함은 일종의 무형의 능력을 갖고 있는데, 모든 분노·오해·원한·억울함·복수 등을 녹여버리는 힘이 있다. 온유함 앞에서는, 말다툼이나 울부짖음·까탈스럽게 따지는 것·억지로 밀어붙이는 것·용서하지 않는 것 등 모든 것이 우스운 꼴로 되어 버린다. 온화함은 바람과 번개가 없는 보슬비로서, 메마른 정신을 촉촉하게 적시는 가을날의 나뭇잎 같다.

온화함은 가늘고 긴 손 같아서, 뜨겁고 차가운 것을 알고, 가볍고 무거운 것을 안다. 살짝 만져주기만 해도 상처 입은 영혼이 회복되고, 깊은 잠에 빠진 청춘이 되살아나고, 고통속의 신음소리가 달콤한 행복의 콧노래로 바뀐다.

온화함은 여인만이 가질 수 있는 특수한 무기이다. 어떤 남자가 이 무기 앞에 이길 수 있겠는가? 온화함은 끊임없이 이어지는 일종의 시적 의의를 지니고 있다. 그것은 조용하고도 가볍게 내뿜고 당신의 몸에까지 날아와 가득 퍼지고, 공기 중에 가득 차서, 당신을 취하게 만든다. 그래서 당신은 그녀로부터 태고의 편안함과 귀속감, 아름다움을 느끼게 된다.

한 여인이 선량한지 그렇지 않은지 보려면, 그녀가 온화한지 아닌지를 보면 된다. 사람은 누구나 선한 마음을 갖고 있지만, 선량함은 보이지 않는 것이고 만질 수도 없어서, 온화함을 기준으로 판단할 수밖에 없다. 만약 선량함이 잔잔한 호수라면, 온화함은 호수 위에 부는 시원한 바람이다.

온화함은 자석이기도 한데, 당신이 그 자기장 내에 들어가기만 하면 자기도 모르게 그것에 끌려가고, 도망치고 싶어도 도망치지 못하게 된다.

온화함 안에는 진지함이 포함되어 있는데, 그것은 억지로 표현되는 것이 아니라, 삶 자체에서 자연스럽게 표출되는 것이다. 생명 내부의 이런 특성이 발산되어야 시련을 견딜 수 있고, 오랫동안 시들지 않으며, 생명이 다하는 순간까지 함께 갈 수 있는 것이다.

그러나 온화함은 진정이 담긴 것이고, 뼛속에서부터 나오는 본능적인 것이다. 온화함은 모든 사람이 느낄 수 있다. 한 여인이 앞에 서서, 몇 마디 말을 하면 (심지어 말을 할 필요도 없다고 하는 사람도 있다) 이 여인이 온화한지 아닌지 느낄 수 있다.

어떤 사람이 다음과 같은 말을 한 적이 있다.

"여인의 온화함은 밤의 장막이 드리울 때의 빛나는 등불이며, 집으로 돌아가고 싶어 하는 욕망을 불러 일으킨다. 내가 얼마나 멀리 떨어져 있든 간에, 그 등불은 마음 속 깊은 곳의 변함없는 소망이다."

35세 이전에 사랑하는 사람을 위해 온화함이란 등불에 불을 붙여 흑암을 밝히고, 평생의 행복을 지키기 바란다.

온화한 여인은, 침대 머리맡에 두는 등을 하나 사서, 그녀가 좋아하는 사람에게 선물을 하기도 한다. 그 등은 전구만 바꾸면, 한 평생 사용할 수 있다. 그 등은 매일 밤 당신의 침대 머리맡을 비출 것이고, 당신이 밤에 깨어나도 어두움에 결코 길을 헤매지 않을 것이다.

65

부부간에 성(性)이라는
복사광선을 즐겨라

부부간의 사랑은 인생에 없어서는 안 될 신성한 것이다. 그것은 성결하고 아름답다. 성행위 및 유사 성행위로 표현되는 성감대의 접촉은 종종 정신상의 거대한 만족을 가져다주어 부부간의 감정을 촉진한다. 그 외에, 성생활의 만족은 사람들에게 다음과 같은 건강상의 유익을 가져다준다.

스트레스 완화

배우자와 함께 애무를 하는 과정에서 뇌하수액이 성호르몬을 분비해서 신경의 긴장을 완화하고, 스트레스를 풀어주어 편안한 마음을 갖도록 하고, 우울증에 걸리지 않도록 한다. 어떤 때는 이 반응이 몇 시간씩 지속되기까지 한다. 그 외에, 원만한 성생활에서는 근육이 흥분할 때 수축되고, 성행위가 끝나면 다시 원상태로 돌아가는데, 이런 과정을 통해 수면의 질이 향상된다.

면역력 증가

규칙적인 성생활을 하는 사람은 감기나 위장병에 쉽게 걸리지 않는다. 이것은 섹스가 면역세포의 수준을 높여주어, 감기나 기타 세균성 질환으로부터 보호해 주기 때문이다. 연구 결과에 의하면, 매주 1,2회의 성생활을 하는 사람은 타액중의 gA(신체가 감염으로부터 저항하는 것을 돕는 일종의 면역항체)가 성생활 횟수가 비교적 적은 사람보다 30퍼센트 높게 나왔다. 이런 살균 화학 물질은 질병이 신체로 침입하는 것을 막는 데 도움을 준다.

고통 경감

섹스는 가장 간단하면서도 부작용이 없는 진통제이다. 호르몬의 분비는 신경계통이 엔돌핀을 분비하도록 해서, 자연스러운 진통효과를 가져온다. 그 때, 혈액도 가속해서 몸의 각 부분을 흐르게 되어, 뇌 부분에 압력을 주어 두통도 완화해 준다. 섹스 후의 완전한 휴식도 온몸의 긴장을 완화시켜준다. 골절상을 입은 후의 긴장된 근육도 여기에 포함된다. 그 외에, 규칙적인 성생활은 월경주기를 더 규칙적으로 만들어 주고, 여성호르몬 분비를 증가시켜서 생리통을 감소시킨다.

성을 즐길수록 다이어트 효과가 나타난다

섹스가 가장 좋은 운동법은 아니지만 확실한 다이어트 효과를 보이고 있는 것도 사실이다. 열렬한 키스는 12칼로리를 연소시키고, 10분간의 애무는 50칼로리, 1번의 섹스는 약 200칼로리를 연소시킨다.

성을 즐길수록 아름다워진다

왜 결혼한 후의 여자가 더 예쁜가? 명품 화장품의 신기한 효과는 절대 아니다. 바로 물고기가 물을 만난 듯 저절로 나타나는 효과덕택이다. 진한 키스를 할 때, 얼굴의 34개 부분의 근육이 운동을 하기 시작한다. 그래서 피부가 오랫동안 붉은 윤기와 광택을 유지한다. 신경과 내분비계통의 활동도 섹스와 함께 활발해져서, 심장 박동이 빨라지고, 호흡도 깊어지고, 횟수가 증가하여 온 몸의 혈액순환과 신진대사를 대폭 향상시키고, 근육이 풍만해지고, 피부는 홍조를 띤다. 다른 한편으로는 난소의 호르몬 분비량이 증가해, 피부의 투명도를 높이고 손발톱이 더 광택이 나고 탄성이 좋아지고, 머리카락의 색깔이 더 진해진다.

그 외에, 여성 생장 호르몬이 유방 발육을 도와서, 점점 더 풍만하게 된다. 동시에 피부 접촉은 유쾌한 마음을 갖도록 해서, 겉모습도 더 광택이 나게 된다. 그래서 양성간의 사랑은 여인의 미모에 화려한 옷이나 패션, 보석이나 화장품보다 더 좋은 효과를 보인다.

66

미칠 듯한 사랑으로
자신을 불태우라

사람은 감정이 있는 동물로, 모든 사람은 순전한 애정을 갈망한다. 35세 이전의 당신은 더더욱 그럴 것이다. 진정한 사랑은 일평생을 바쳐 상대를 지키는 것이다. 기꺼이 미칠듯한 사랑으로 자신을 불태우는 것이다. 아무런 원망과 후회 없이 사랑을 바치고, 그(그녀)를 기꺼이 지켜주는 것이다.

안타까운 그러나 아름답고 감동적인 러브 스토리

치우즈는 밍즈의 깊은 배려에 감동해서 그를 사랑하게 되었다. 밍즈는 치우즈의 현숙함과 선량함에 반해 그녀를 사랑하게 되었다.

사랑을 갈구하지 않는 사람은 없다. 사랑하는 것과 사랑받는 것도 다르지 않다. 그들이 처음 만났을 때, 치우즈는 몽롱한 의식 속에서 그녀 앞에 있는 검은 피부의 이 북방 남자를 사랑하게 되었다는 것을 알았다. 그는 훤칠한 키에 사나이다운 씩씩한 기개가 넘쳤다. 치우즈는 그를 처음 보자마자 말로 형용할 수 없는 슬픔과 후회가 생겼다. 만약 그가 진작에 자신의 눈앞에 나타났다면, 망설임 없이 그에게 시집을 갔을 것이다. 그러나 모든 것이 너무 늦었다. 그녀는 이미 다른 사람의 아내였기 때문이었다.

그러나 그녀의 결혼 생활은 전혀 행복하지 않았다. 그녀의 남편은 인생이 뭔지 알지도 못하는 사람이었고, 그녀를 아껴줄 줄도 모르는 사람이었지만 어쩔 수 없었다. 그와 함께 하는 결혼 생활은 바위를 끌어안고 사는 것과 별반 다를 게 없었다. 그녀는 생각하면 할수록 슬펐다.

그는 깨끗한 마음으로 자신의 평생을 그녀에게 주고 싶다는 생각이 들었다. 그의 생각은 정말 단순했다. 절대로 제3자가 되고 싶지도 않았고, 그녀의 가정을 깨뜨리고 싶지도 않았다. 단순히 그녀를 보호하고 싶었고, 그녀를 평생 동안 돌보고 싶었다.

그는 자기 앞에 있는 이 아름다운 여자가 눈 깜짝할 사이에 자기에게서 멀어질까봐 두려웠다. 그는 정말 그녀를 잡고 놓아주고 싶지 않았지만, 그녀는 다른 사람의 아내였다. 생각이 여기에 미치자 그는 울고 싶어졌다.

그는 그녀 마음속의 갈등과 고뇌를 이해했다. 그는 묵묵히 그녀를 사랑해 주면서 그녀에게 아무런 약속도 요구하지 않았고, 아무런 스트레스도 주지 않았다. 두 사람은 비록 같은 도시에 있었지만, 한없이 멀게도 느껴졌다. 그는 그녀를 보살펴 주고 싶었고, 그녀 마음에 따뜻함을 가득 채워 주고 싶었다.

밍즈는 생명을 걸고 이 고결한 사랑을 지키기로 결심했다.

그의 눈에 그녀보다 더 좋은 사람이 없었고, 그녀만큼 현숙하고 온화하고 선한 사람이 없었다. 그는 이런 여자는 아름다운 사랑을 받아 행복해야만 한다고 생각했다. 그러나 지금은 아니었다. 밍즈는 마음속으로 간절히 정말 간절히 그녀의 행복을 위해 끝까지 지켜보며 기도하리라 다짐하였다.

67 해가 질 무렵, 연인과 함께 조용히 보름달이 뜨기를 기다려라

낭만적인 체험은 보통 순간적인 것이고, 금방 지나가는 것이다. 그러므로 이 순간적인 아름다움을 잘 포착해야 한다. 보름달이 뜨는 바로 그 순간을 사랑하는 사람과 함께 감상해 보라. 대자연의 선물인 그 낭만적인 정취를 마음껏 즐기라.

35세 이전의 당신은 이 세계에 대한 호기심과 독특한 상상이 가득하다. 하늘의 보름달이 상징하는 화목함, 따스함, 그리고 충만함….

사랑하는 사람과 함께 보름달이 떠오르는 것을 기다려 보라. 가슴 벅찬 기다림과 사랑의 행복이 당신의 마음을 적시게 하라. 이런 체험은 굉장히 특별한 것이므로 절대 놓치지 말기 바란다.

사실, 천체운행의 법칙 때문에, 일몰 때가 유일하게 보름달이 떠오르는 것을 관찰할 수 있는 시간이다. 한 달에 한 번씩 보름달이 뜨고, 만약 날씨가 좋지 않으면 구름층이 너무 두터워 볼 수 없기 때문에 기회를 놓칠 수도 있다. 그러면 별 수 없이 다음 달까지 기다려야 한다. 달이 떠오를 때, 먼저 편하게 앉을 수 있는 곳에 가서 얼굴을 동쪽으로 향하고 앉으라. 만약 사진을 찍고 싶으면, 사진기를 가지고 가도 좋다.

자기가 생각하기에 달이 떠오를 것 같은 지평선의 한 곳을 정해 눈을 고정시키라. 달이 뜨기 시작할 때, 평소에는 느낄 수 없었던 기운이, 마치 이번 공연을 위해 얼굴 가득 기운을 불어 넣은 듯한 모습이 느껴진다. 당신은 달이 움직이고 있는 것을 선명하게 볼 수는 없지만, 얼마 지나지 않아 그것은 지평선을 비출 것이고, 하늘 높이 걸릴 것이다.

태양이 지평선 다른 곳으로 내려가고 있을 때, 지구 표면 색깔의 변화에 주의해 보기 바란다. 달은 하늘에 높이 걸린 후, 한 시간 안에 원래 크기로 돌아올 것이다. 이런 변화를 발견한 적이 있는가?

일몰은 무척 아름답다. 달이 떠오를 때의 경관은 언제나 사람의 마음을 뛰게 한다. 둥근 보름달이 떠오를 때의 아름다움은 평생 감상할만하다. 당신이 깊이 사랑하는 사람과 함께 보름달이 뜨기를 기다릴 때, 당신은 인생에 있어서 최고의 낭만을 경험할 것이다.

35세 이전의 당신, 직장 생활과 사업으로 밤낮 분주하고, 고달픈 삶에 치여 마음이 평안했던 적이 언제였는지 기억하는가? 날씨 좋은 휴일을 택해서 애인을 데리고 당신이 다녔던 학교로 돌아가 보라. 만약 애인이 같은 학교를 졸업했다면 두 사람은 학교에 수많은 아름다운 추억을 남겨 두었을 것이므로 더욱 좋다. 함께 가서 그때의 추억을 되살려 보기 바란다. 애인이 당신의 그 시절을 잘 몰라도 괜찮다. 그녀와 함께 거기서 놀아도 좋다. 당신이 지금 서 있는 곳은 얼마나 당신에게 멋진 추억을 남겨준 곳인가? 그런 소중한 추억들을 자세하게 애인에게 들려주라. 매화가 피는 겨울, 당신이 신나게 스케이트를 탔던 꽁꽁 언 호수, 싱그러웠던 학교 뒷산, 과일이 주렁주렁 열렸던 나무, 신 야생대추, 산사나무, 탐스러운 감.

가을은 가장 아름다운 때이다. 풀밭에서 들리는 아름다운 귀뚜라미의 울음소리, 이 모든 것이 마치 어제 일처럼 느껴질 것이다.

애인을 데리고 학교로 돌아가서 학교의 분위기를 만끽하기 바란다. 학교 안은 정신없이 복잡하고 바쁜가? 아니면 너무 조용하고 차분해서 괜히 낯선 느낌마저 드는가? 한때 생활했던 학교는 졸업생들 때문에 유명해졌는가? 아니면 학술 연구나 학사 과정이 좋아서 유명해졌나?

당신은 이런 것을 비교적 상세히 알 것이므로 애인에게 그런 이야기를 들려줘도 좋다.

애인을 데리고 학교 중심지역을 지나보기도 하고, 이 건물에서 다른 건물로 가보기도 하고, 기숙사도 구경해 보라.

풀밭에 앉아 지나가는 학생들이 뭘 생각하는지 한번 쳐다봐도 좋고, 궁금하면 학생들에게 전공이 무엇인지, 졸업 후에 무엇을 할 계획인지 물어봐도 괜찮다. 학교 도서관을 가서, 학생 시절의 느낌이 나는지 안 나는지 책상에도 앉아 보라.

그때 당신의 꿈은 무엇이었는가? 그 시절 꿈꾸었던 그런 사람이 되었는가? 자신의 느낌을 애인에게 들려주고, 그녀도 당신과 함께 나누도록 해야 한다. 당신은 그녀의 이야기에도 귀를 기울여야 하고, 그녀의 기분이 학교의 아름다운 분위기 때문에 더욱 낭만적으로 변하도록 해야 한다.

한 강의실에 들어가서 앉아보자. 당신은 물리에 어떤 환상이 있거나 혹은 외국어 계열, 인생계획 같은 수업에 꺼지지 않는 열정을 가지고 있었는가? 고등지식을 공부할 때 필요했던 노력을 생각해 보자 - 사고, 독서, 작문 그리고 평가. 새로운 것을 공부하는 것은 당신의 삶을 풍성하게 할 것이다.

해 질 무렵의 황혼을 골라서, 학교나 주변의 호숫가로 가서 멋진 일몰

광경을 감상해 보라. 예전에 당신에게 감동을 주었던 장소와 시간을 다시 당신의 추억으로 되살리고 있는가? 눈앞의 애인은 학창 시절 당신의 마음을 뛰게 만들었던 그 사람인가? 사실 그런 것은 별로 중요하지 않다. 중요한 것은 당신이 지금 느끼는 감정이다. 당신 품에 안겨 있는 애인과 함께 멋진 시간을 함께 보내고 있다는 점이 중요하다.

기억은 영혼의 움직이는 그림이고, 아름다운 감정이 녹아있는 시와 같다.

아름다운 추억을 회상하면서, 예전에 다녔던 학교를 한번 가 보자. 사랑하는 사람과 함께 그 추억의 장소에 두 사람의 발자취와 노랫소리와 웃음을 남기자.

배우자를 위해 초상화를 그려라

이런 낭만적인 경험을 통해, 당신의 배우자가 당신에게 어떤 모습으로 존재하는지 분명히 알 수 있다. 방법은 아주 많다. 그림을 그려도 되고, 각각 다른 장소에서 다른 각도로 사진을 찍어도 되고, 조각을 해도 되고, 혹은 글로 아주 자세히 묘사를 해도 된다. 기억에 의해 써도 좋고 배우자를 주시하면서 써도 좋다.

이것을 실제로 해보면 굉장히 재미있다. 게다가 자신과 배우자가 어디에 흥미가 있는지도 발견할 수 있다. 예술적 소질이 부족한 건 전혀 문제가 되지 않는다. 누구나 표현해 낼 방법을 찾아낼 것이고, 그렇게 하다가 자기도 모르는 선천적인 소질을 발견할 수도 있다.

35세 이전의 당신, 하고 싶은 일이 있다면 못할 것이 없다. 예술적 재능이 필요한 일이라고 하더라도 당신은 마찬가지로 충분히 해낼 수 있다.

사랑하는 사람을 위해 초상화를 그려보라. 마음속에 그(그녀)의 모습을 그려보라. 이런 낭만적인 경험은 예술적 재능이 있는 사람만 할 수 있는 것이 아니다. 당신이 그것을 즐길 수만 있다면, 한 번 시도해 보라.

배우자가 입을 다물 때, 윗입술과 아랫입술이 살포시 포개지는 모습을 주의하여 살펴보라. 당신의 아내가 머리를 짧게 잘랐을 때, 머리카락이 귓가와 목 부위를 얼마만큼 덮는지 유심히 살펴야 한다. 배우자의 두 손과 그 손가락의 길이와 모습에 주의하라. 당신이 그 (그녀)를 묘사 할 때, 그(그녀)가 경탄과 친밀한 눈빛을 보내는지 살펴보라.

배우자를 잘 설득해서 적극적으로 동참하도록 유도하라. 그(그녀)가 당신이 일하고 있을 때 움직이지 않도록 해야 한다. 당신이 하고 있는 일을 두 사람 간의 진정한 친밀감을 느낄 수 있는 그런 방식이라고 상상해 보라. 두 사람보다 자신들을 더 잘 이해할 수 있는 사람은 그 순간 아무도 없다고 생각하라.

작품을 완성한 후, 당신의 걸작을 배우자에게 주고 함께 보면서 이야기를 나누라. 그(그녀)가 여러 방면에 걸쳐 평가를 할 수 있도록 하라. 그리고 역할을 바꿔 다시 한 번 이 낭만적인 일을 반복하라.

침실 가득 걸린 초상화

윈티앤은 예술을 전공한 학생은 아니었다. 그는 페이위라는 여학생을 좋아했다. 페이위와 그는 같은 학교 학생이었다. 그녀는 미술을 전공하고 있었고, 깜찍하고 영리하게 생긴, 천진난만하고 귀여운 여자였다. 윈티앤이 페이위를 알게 된 것은 대학교의 표창대회에서였다. 그는 그 전부터 그녀의 이름을 수도 없이 들어봤다. 그녀는 재능이 넘치는 학생으로, 그녀의 회화 작품은 자주 학교의 주요 상을 휩쓸곤 했다.

윈티앤 역시 모두가 인정하는 수재였는데, 그의 글은 학교 간행물에 늘 실렸다. 그들은 서로에 대해 알고 싶어 했다.

학교의 표창 대회에서 그는 그녀를 알게 되었다. 그는 그녀의 총명함과 재치에 깜짝 놀랐고, 그녀도 그의 키 크고 잘 생긴 외모에 깜짝 놀랐다. 그들은 한눈에 반했다.

그들이 함께 하던 날은 늘 아름다웠다. 비록 그들도 다른 커플처럼 크고 작은 말싸움은 했지만, 그들은 지혜로운 사람들이었기 때문에 감정상의 문제도 잘 해결해 나갔다. 그들은 사랑의 모든 장애물을 다 헤치고 나와, 결국 졸업 후 결혼을 했다. 결혼 후의 생활도 달콤했다.

그는 이해심 깊고 통이 큰 남자였고, 그녀는 작고 귀여웠을 뿐 아니라 생활 속에서 낭만을 만들어 갈 줄 아는 여자였다. 그녀가 만든 낭만 안에서 지낸 날들은 정말 따뜻했고 아름다웠다. 그가 깊이 잠들었을 때, 그녀는 조용히 붓을 꺼내, 그의 깊이 잠든 모습을 흰 종이 위에 그리는 것을 좋아 했다. 그녀는 가장 따뜻한 색깔을 배경으로 했다. 그가 깨어나기 전에 작품을 완성한 뒤, 조심스럽게 그 그림을 침실에 걸어놓았다. 그는 그녀가 자신을 '훔쳐보는' 느낌을 굉장히 좋아했다. 그것은 사랑받고 있다는 강한 느낌이었다. 그들의 사랑은 그녀의 작은 '짓궂은 장난'을 통해 날로 깊어만 갔다.

1년 후, 그들의 침실에는 그의 초상화가 가득 걸리게 되었다.

그들에게는 귀여운 딸이 생겼고, 딸의 이름을 '샤오샤오' 라고 지었다.

70 친밀한 세계를
상상하라

35세 이전의 당신은 모든 사물에 대한 열정으로 충만해 있다. 사업과 가정에 대한, 특히 당신을 깊이 사랑하고 있는 사람에 대한 열정으로 충만하다. 당신은 최선을 다해 이런 상상속의 낭만을 즐겨도 좋다. 이런 상상이 당신에게 주는 아름다움을 마음껏 즐겨보기 바란다.

자신이 친밀한 생활에 푹 빠져있다고 상상해 보라. 일상생활이 낭만으로 가득 차 있고, 배우자와의 육체적인 관계에서도 만족한다고 상상해 보라. 또한 자신을 좋아하는 모든 사람과 사물들이 눈앞에 모여 있다고 상상해 보라. 당신은 배우자와 완벽한 조화를 이루며 살고 있고, 두 사람이 언어를 초월하는 방식으로 의사소통을 하고 있고, 두 사람은 서로를 완전히 이해하고 있으며, 둘 다 상대방에 대한 성숙한 애정을 갖고 있다고 상상해 보라. 거기에다 당신은 환상의 세계 – 그 세계는 사랑받고 용납받기 위해 모든 일들이 완벽해야 하는 그런 곳이다 – 에 살 필요가 없다고 상상해 보라.

만약 당신에게 이미 배우자가 있다면, 자신이 열심히 노력해서 승진을 했고 배우자와의 관계도 매우 친밀하고, 그(그녀)를 더 잘 이해하려고 하고 있으며, 각자 최대한 상대방을 도와주기 위한 방법을 찾는다고 상상해 보자. 그(그녀)가 성생활에서도 당신의 사랑을 느끼고 있다고 상상해 보자. 자신이 애인을 볼 때마다 마치 처음 만나는 것 같이 느끼고, 그(그녀) 역시 당신의 매력에 처음 만났을 때처럼 설렌다고 상상해 보자.

마음의 눈을 열어 친밀한 세계를 탐색하라. 육체적, 감정적 그리고 정신적인 관계를 마음의 눈으로 바라보라. 두 사람이 각자 성장하고 있는 동시에, 당신과의 관계 중에 수시로 생기를 불어넣고 있는지, 그것이 영원히 변질되지 않게 노력하는지 살펴보라. 그 이외에, 자신이 전심전력을 다해 두 사람이 같이 세우고 유지해 왔던 관계를 잘 가꾸어 가고 있다고 상상해 보자. 자신을 상대방의 제일 좋은 친구이고, 수시로 도와주고 위로해 주는 그런 사람이라고 상상해 보라.

자신의 모든 노력과 의도가 결과를 맺어서, 자신과 주변의 모든 사람들의 삶에 사랑과 선의, 관용이 충만하다고 상상해 보라.

기 차 향기가 모락모락 피어오르는 곳에서 진한 애정을 음미해 보라

한가한 주말을 골라, 사랑하는 사람과 찻집으로 가서 차 한 잔 하기로 약속하라. 약속장소는 진한 차향이 감도는 곳이어야 하는데, 가장 중요한 조건은 그곳의 분위기가 떠나기 아쉬워 뒤를 자꾸 돌아보게 만드는 그런 품격이 느껴지는 곳이어야 하고, 마음속의 그녀(그)와 함께 맛을 음미할 수 있는 그런 곳이어야 한다는 점이다. 찻집에서 함께 시간을 보낼 수도 있고, 연인을 집으로 초대할 수도 있다. 그녀(그)와 함께 이런 낭만적인 경험을 하기 위해서, 당신은 넓은 집을 깔끔히 정리하고 예전의 방 구조를 바꿔서, 그녀(그)가 집에 들어왔을 때 새로운 느낌을 주는 것이 좋다. 그 후에 따라 나오는 진한 차 향기는 그녀(그)를 취하게 만든다. 이런 낭만적인 경험을 두 사람이 한 평생 추억할지도 모른다.

35세 이전에, 사랑하는 사람과 차향을 함께 음미하기로 약속하라. 향기가 모락모락 피어오르는 가운데 진한 애정을 느껴보라.

당신이 차에 대해 지식이 있고 없고에 상관없이 이런 낭만적인 경험을 해 볼 수 있다. 차향이 있고 따스함이 있는 독특한 분위기의 낭만을 조심스레 누려 보기 바란다.

우선, 잘 보관해 두고 있던 자기와 그릇을 꺼내 (그것이 어쩌면 당신이 제일 아끼는 접시일 수도 있다), 종이 접시나 플라스틱 컵은 사용하지 말고, 진지하고 엄숙하게 이 낭만적인 경험을 해보라. 차를 탄 다음, 우유나 설탕, 꿀 혹은 레몬을 넣고, 손이 닿는 곳에 작은 과자를 놓고, 오후를 달콤하게 변화시켜라.

차를 마시면서 한편으로 사랑하는 사람과 대화를 하라. 둘 다 관심 있는 화제에 대해 이야기하라. 최대한 그녀 혹은 그가 대화를 나누는 분위기가 클라이맥스에 이르도록 하라. 그 과정에서, 연인의 마음을 주의 깊게 관찰해 보고, 두 사람이 조화를 이루고 있는지에 신경을 쓰라. 그녀(그)가 이 경험을 낭만적이고 행복하다고 느끼게 하라. 당신이 사랑하는 사람에게 행복을 주라. 그러면 당신은 더 큰 행복을 얻을 것이다.

사랑이 싹튼 차 모임

그와 그녀는 차 모임에서 알게 된 사이이다. 그 당시 그녀는 실연한지 얼마 되지 않아서, 얼굴에 우울함과 초췌함이 그대로 드러나 있었다. 그는 막 대학을 졸업했고, 아직 연애를 해 본 경험이 없었지만 성숙한 사람이었다. 그녀를 처음 본 순간부터 그는 그녀를 마음속으로 좋아했지만, 그녀의 깊은 침묵과 눈 속의 우울함 때문에 그녀에게 고백하지 못했다. 그는 그녀에게 연모와 연민의 마음이 가득해갔다.

차 모임은 굉장히 떠들썩했다. 그러나 그녀는 혼자 있었다. 그는 그녀를 주시했다. 그녀는 사람들 사이에서 눈에 띄는 사람은 아니었지만, 그녀의 단정함이 그에게 끌렸다. 다른 사람이 그녀의 이름이 '서린' 이라고 가르쳐 주었다. 그것은 아주 고전적인 이름으로 그녀와 잘 어울렸다.

"안녕하세요. 제 이름은 정우라고 해요. 만나서 반가워요!"

그가 먼저 그녀에게 자기소개를 했다.

그녀는 아무 말 없이 그를 향해 예의바르게 웃기만 했다. 그녀의 웃는 모습은 정말 예뻤다.

그날의 차 모임은 그들의 중매 장소가 되었다.

그는 자신의 명석함으로 쉽게 남부럽지 않은 직장을 구했다. 그리고 금방 승진을 했다. 그와 동시에 진행되었던 것은 그녀와의 연애였다. 그의 열정이 그녀의 얼음 같은 마음에 부딪혔지만, 그의 불붙은 사랑은 식을 줄 몰랐다.

그들의 사랑은 찻집에서 시작되었다. 차향이 모락모락 피어오르면서 그녀의 얼음이 녹기 시작했고 덩달아 그들의 사랑의 온도도 점차 올라가기 시작했다. 그는 그녀를 즐겁게 해 줄 방법을 마침내 찾아낸 것이다. 결국 그녀는 고통에서 벗어나왔고, 실연의 그림자가 완전히 사라졌다. 곧 그녀는 그를 사랑하기 시작했고, 점점 더 사랑했다.

찻집에서 시작된 사랑은, 지금도 차의 진한 향을 내뿜고 있다.

72

모닥불에 불을 붙여라.
격정과 낭만에 불을 지펴라

야외에서 적당한 장소를 찾아, 친구들을 모으고, 모닥불을 피우라. 고기를 가지고 와서 굽거나 냄비에 뜨거운 물을 끓여 차를 마시라. 해변이나 숲속도 괜찮다. 이 활동의 포커스는 모든 것을 처음부터 하는 것에 있다.

나뭇잎과 나뭇가지, 각목을 모으고, 그 외에 쉽게 타는 것은 아무거나 다 모으라. 만약 당신이 선택한 그 장소에 목재가 충분하지 않다면, 집에서 가지고 오거나 길을 가면서 주워라.

35세 이전의 그대여, 사랑하는 사람과 함께 야외로 가서, 충분한 양의 목재를 준비하고, 가장 좋아하는 음식을 가지고 가서 , 모든 것을 처음 해보는 것처럼 즐기라. 당신은 이런 낭만적인 경험을 틀림없이 좋아할 것이고, 나중에도 계속 하려고 할 것이다.

그날 밤 날씨가 따뜻하더라도, 두 사람의 모닥불은 주변을 아주 환하게 비출 것이다. 두 사람은 활활 타오르는 모닥불을 바라보면서, 그 모닥불 옆에 앉아 옛날이야기를 하거나 노래를 부르고, 땅바닥에 누워 유성이 떨어지는 것을 볼 것이다. 어쩌면 당신이 사랑하는 사람과 아무 말 없이 서로 기댄 채, 소박한 불빛 아래서 눈빛으로 상대방에게 사랑을 전달할지도 모른다.

당신이 원하는 시간만큼 모닥불을 지피라. 모닥불 근처에서 자는 것은 새로운 방식으로, 마치 문명의 속박을 받지 않는 원시인처럼 느껴지게 만든다.

당신의 애인은 이런 낭만적인 방식을 좋아하는가?

대답은 틀림없이 "그렇다"일 것이다. 이 모닥불과 함께 하는 밤을 마음껏 즐기라. 사랑하는 사람과 불타는 모닥불 옆에서, 멋진 음악을 들으면서, 기쁨의 춤을 추자.

모닥불에 불을 붙이고, 격정과 낭만에 불을 지펴라.

73

농장 체험을 하면서
전원생활의 즐거움을 느껴보라

어느 가을날 오전을 택해서, 바쁘고 힘든 직장생활에서 벗어나 도시 근교로 나가라. 과수원에 가득한 야채와 과일을 따라.

때마침 과수원 주인도 일손이 필요할 테니, 당신은 가서 자원봉사 하는 셈 치고 함께 일을 하라. 이것은 정말 얻기 힘든 기회이다. 옷은 많이 껴입지 않는 편이 좋다. 왜냐하면 과수원이나 논밭의 일은 체력을 많이 소비하는 노동이기 때문이다. 그러나 그런 노동의 즐거움은 도시에서 흔히 즐기던 오락에서 얻는 것과는 절대 비교할 수 없다. 그것은 노동의 즐거움과 수확의 기쁨을 경험케 한다. 두 사람은 척척 손발이 맞을 것이고, 종종 사랑의 눈빛을 교환할 것이다. 두 사람에게 같은 전기가 통하는 짜릿한 느낌은 정말 특별한 것이다.

35세 이전의 그대여, 만약 농상이나 과수원에서 일을 해 본 적이 없다면, 애인을 데리고 꼭 한번 해보기 바란다. 말로 설명할 수 없는 낭만적인 경험이 될 것이다. 신성한 노동을 하고, 행복하게 땀을 흘리며, 맑은 공기와 함께 신선한 느낌을 가져보라.

신선도 100퍼센트 과일과 야채를 보면, 당신은 자연을 품고 싶은 강한 욕망이 생길 것이다. 애인과 함께 이 얻기 힘든 신선함과 즐거움을 밭에 서 최대한 누려보기 바란다. 쉽게 경험할 수 없는 낭만적인 경험이라는 것을 믿어 보라.

위대한 시인 휘상이 애정을 머금은 붓으로, 전원의 풍경과 전원 노동의 즐거움에 대해 다음과 같이 묘사했다.

위대한 시인 휘상이 묘사한 전원생활의 즐거움

"산의 온천지에 콩 이삭이 널려 있다. 그것들은 저마다 땅을 뚫고 올라왔 다. 어떤 때는 이른 봄의 완두를 멀리서 바라보면 연한 녹색의 선으로 보 이기도 한다. 천하에 이보다 더 매혹적인 광경은 없다.

몇 주가 지나, 콩 꽃이 피고 벌과 참새가 날아와서 꿀을 채취하고, 천사 같이 작은 새가 내 미주(美酒)가 가득 담겨있는 잔으로 날아와서 그들의 음식을 가져갔다. 내 마음속에는 즐거움이 넘쳐 흘렀다. 여름철 호박꽃 은 수많은 벌을 유혹한다. 벌집이 어디에 있는지 나는 전혀 알 수 없고, 벌들이 꽃이슬로 주조한 꿀을 나는 먹을 수도 없다. 내 채소밭은 그저 마 음껏 베풀기만 하지, 보상을 요구하지 않는다. 나는 벌떼가 한 무리를 지 어 꽃이슬을 배불리 먹고 바람에 따라 날아가는 것을 보면서 베푸는 즐거 움을 느낀다.

왜냐하면 세상 어딘가에는 반드시 그들의 꿀을 먹는 사람이 있기 때문이 다. 인생에 쓰라림이 많으니, 천하에 꿀과 달콤함이 더 많이 날아다니는 것은 언제나 좋은 일이다. 내 인생도 그 때문에 더 달콤해지는 것 같다.

여름 호박에 대해 이야기하면, 그들은 종(種)마다 서로 다른 멋진 형체 를 가지고 있어, 이야기할만한 가치가 충분히 있다. 도자기 같기도 하고 병 같기도 하고, 깊은 것도 있고 얇은 것도 있고, 껍데기가 한 가지 색깔에 무늬가 없는 것도 있고 기와 같은 줄무늬가 있는 것도 있다.

내가 채소밭에서 부지런히 일하는 것은, 다 익은 후의 수확의 기쁨만을 위해서가 아니라, 아름다움을 사랑하는 느낌을 만족시키기 위해서이기도 하다. 겨울 호박은 구부러진 목같이 생겨서 여름 호박처럼 잘 생기지는 않았지만, 그들이 어릴 때부터 자라는 모습을 보면 마찬가지로 더할 나위 없이 즐겁다.

호박이 처음 열매를 맺을 때는 아직 작은 덩어리에 불과하고, 시든 꽃이 그 곁에 붙어있지만, 오래지 않아 둥글고 큰 호박으로 변한다. 머리 부분은 아직 잎 속에 들어가 있어서 사람이 볼 수 없지만, 그 노란색의 커다란 배는 불쑥 튀어나와 정오의 태양을 맞이하고 있다.

나는 주의 깊게 관찰하면서, 내 힘으로 참 의미가 있는 일을 하고 있다고 생각했다. 그것은 세상에 새 생명을 공급하는 일이었다.

그러나 가장 큰 즐거움은 제일 마지막에 나오는 야채요리이다. 뜨거운 김을 모락모락 나는 야채요리가 식탁에 오르면, 나는 그 요리에 푹 빠지게 된다.”

그녀를 멀리 떠나보내라.
기다림의 고독과 낭만을 느껴보라

그녀 없는 당신은 외로운가? 그러나 그녀가 돌아온 후 가져오는 따스한 향기와 낭만은 당신의 외로움을 희석시키기에 충분할 것이다. 언제든지 이런 낭만적인 느낌을 경험해 봐도 좋다.

35세 이전의 당신은 고독을 두려워할 것이다. 당신은 애인을 깊이 의지하고, 그녀가 없다면 인생은 의미 없고, 세상은 온통 흑암으로 뒤덮여 있는 것 같을 것이다. 그래서 어떤 사람은 "하루 동안 보지 못하면 세 번의 가을이 지난 것 같다"라는 말로 표현했는데, 이 말은 절대 과장된 말이 아니다. 그녀를 멀리 떠나보내라. 기다림 속의 쓰리고 아픈 낭만을 느껴보라.

그녀의 갑작스런 부재에 당신은 적응하지 못할 수 있지만, 이를 통해 당신은 그녀의 아름다움, 그녀의 중요성, 그녀가 없어서는 안 될 존재라는 것을 새삼 발견할 것이다.

이보다 더 사랑을 확인할 수 있는 것이 있는가? 한 차례의 우연한 이별은 당신의 마음을 뒤흔들 것이고, 의문의 여지없이 그녀는 당신이 없는 곳에서 당신과 같은 느낌을 받을 것이다. 그녀가 없는 허전함을 느낄 때 당신은 그녀의 익숙한 목소리를 가장 듣고 싶을 것이고, 전화를 걸어 그녀와 이야기를 할 것이다. 당신 옆에 있은 지 오래되어 이미 익숙해진 그 사람이, 순식간에 말할 수 없는 다정한 사람으로 다가올 것이다.

이 느낌이 낭만적이고, 얻기 힘든 것이라고 생각하지 않는가? 이 잠시 동안의 이별을 경험해보자. 이 잠시 동안의 이별이 당신에게 주는 느낌은 완전 새로운 낭만일 것이다.

75 사랑하는 사람을 데리고 낚시를 하러 가라

바다낚시도 좋고, 개울 낚시나 호수 낚시도 좋다. 그런 것들은 별로 중요하지 않다. 중요한 것은, 공기가 아직 차가울 아침 무렵에 일찍 잠에서 깨어 사랑하는 사람과 함께 가장 여유 있고 편안한 하루를 보낼 준비를 하는 것이다. 당신의 일정표에는 여유로움 외에는 아무것도 없어야 한다.

35세 이전, 사랑하는 사람을 데리고 함께 충분한 여유와 우아한 정취를 즐겨보기 바란다. 당신이 예전에 낚시를 해 본 적이 없다면, 책을 한 권 찾아서 낚시는 어떻게 하는 것인지 알아봐도 좋다. 만약 낚시 도구가 없으면 빌려도 좋다.

낚시할 때의 포인트는, 물고기를 잡았느냐 못 잡았느냐가 아니다. 그것이 표면적 이유는 될 수 있을지도 모른다. 그러나 낚시를 하는 진정한 이유는, 당신이 사랑하는 사람과 함께 나란히 앉아서, 인내심을 가지고 어떤 일이 생길지 기다리는 낭만 때문이다.

낚시에 관한, 중국 문예가의 다음과 같은 아름다운 이야기가 전해 내려
온다.

🧡 소박하면서도 진실한 낭만적인 사랑이야기

나와 페이쉬앤이 알게 된 것은 1931년의 일이다. 그해 4월 어느 날, 한
선생님이 우리 몇 명의 여학생들을 데리고 야외로 식사를 하러 나갔다.
거기서 우리는 페이쉬앤을 자연스럽게 알게 되었다. 그 날 페이쉬앤은
연노란색 웃도리를 입고 있었다. 그는 크지 않은 키에, 하얀 얼굴에 안경
을 쓴 얼굴이 예의바르고 생기가 넘쳐 보였다. 그런데 발에는 옛날 사람
들이 신는 나막신 같은 것을 신은 것이 조금 토속적으로 보였다. 기숙사
로 돌아오자 어떤 반 친구가 웃으면서 말했다.

"촌스럽게 나막신을 신다니, 난 그런 사람이 만나자고 해도 안 만날 거
야."

나는 전혀 그렇게 생각하지 않았다. 그가 쓴 글을 난 조금 읽어 봤는데,
정말 마음에 들었고 그를 존경하게 되었다. 그 후에 그가 나에게 편지를
썼고, 난 답장을 보냈다. 그렇게 우리는 서로를 알아갔다.

그때 나는 북경 시내 중심가인 중남해에 살았는데, 피에쉬앤이 자주 나
를 보러 왔다. 우리는 함께 잉타이(瀛臺), 쥐런탕(居仁堂), 화이런탕
(懷仁堂)으로 여행을 다녔고 가끔 빛이 파도에 반사되어 눈부신 중남해
의 해변에 같이 산책을 가거나 아침 일찍 낚시를 가기도 했다. 한번은 내
가 길이가 반 척인 큰 물고기를 잡아서 페이쉬앤에게 해물탕을 끓여 주었
다. 페이쉬앤은 엄숙하고 진지한 사람이었고, 온 힘을 다해 글을 쓰는 사
람이었다. 그는 자주 그가 쓴 글을 나에게 읽어주었고, 어떤 때는 한 글

자 때문에 세심하게 퇴고를 하면서 종종 내 의견을 구했다.

페이쉬앤에게 고향 항저우에 6명의 아이가 있다는 것을 알게 되었을 때, 마음속에 많은 갈등과 고민이 생겼다. 그러나 그와 나는 이미 깊은 사랑에 빠졌다. 내가 어떻게 무고한 아이들을 버릴 수 있겠는가? 그를 위한 희생도 가치 있는 일이라 생각했다.

북방식의 결혼은 꽃가마에 앉아 면사포를 쓰는 등 지켜야 할 것들이 아주 많았다. 그러나 상해는 비교적 개방적이었기 때문에 우리는 상해에서 결혼을 하기로 결정했다. 우리는 그 당시 최신식의 간편한 결혼식을 치렀다. 사전에 청첩장을 발송했다.

1932년 8월 4일, 문예계의 일부 인사를 초청했는데, 내 기억에는 그 중에 마오뚠(茅盾), 예성타오(葉聖陶), 펑즈카이(豊子愷) 등이 있었고, 우리는 함께 광동식당에 모여 식사를 했다. 식사 후에 나와 페위앤은 숙소로 돌아왔다. 우리에게는 로맨틱한 연애사는 없었지만, 그렇게 소박하면서도 진실한 사랑을 나나었다.

그녀를
손바닥 위에 받들어라

상대방을 애틋이 여기는 것은 가장 본질적인 사랑이라고 할 수 있다. 그것은 상대방의 기쁨과 행복을 간절히 바라는 마음이고, 자기도 모르게 상대방을 자신이 보호하려 하는 것이기도 하며, 그녀(그)에게 자신의 사랑을 쏟고, 몸을 보호해 주려는 강한 충동이기도 하다. 그래서 죽을 힘을 다해 그녀(그)를 사랑하고, 아끼는 것이다.

진정한 사랑을 받고 있는 행복한 한 여자

최근 며칠 동안, 이웃집에 사는 사람은 하루 종일 얼굴에서 빛이 났다. 같은 여자로서 나는 그녀가 너무나 신기해서, 가서 그녀에게 비결을 물었다. 그러나 그녀는 "비결이요? 그런 기 없어요"라고 말할 뿐이었다.

그 말을 누가 믿을까? 나는 끝까지 따라가서 그녀를 추궁했고, 마침내 그녀는 어쩔 수 없이 비결을 나에게 털어놓았다.

"그럼, 그 비결을 알려줄게요."

그 비결은 자신을 아껴주는 남자친구를 만났다는 데 있었다. 샤오팡은 약간 부끄러운 듯이 말했다. 그녀의 남자친구는 정말 그녀를 아껴주고 있었다.

나는 말했다.

"좀더 구체적으로 이야기해 봐요."

"예를 들면요, 어제 남자친구가 엄마가 남겨둔 오리다리를 훔쳐가지고 우리 집으로 와서 내 입에 넣어줬어요. 그는 낄낄거리면서 말했어요. '이건 시어머님의 작은 성의야. 자기, 절대 싫어하면 안 돼. "아" 해봐.' 그의 뜻밖의 행동을 보니까 얼마나 웃기던지."

"그리고는요?"

"그는 제가 무의식중에 흥얼거리던 노래 가사도 기억해요. 그리고 갑자기 노래방에 가서 그 노래를 불러주기도 해요. 어떻게 그 노래를 아냐고 물어보면 그는 피식 웃으면서 저에게 말해요. '난 천재니까.' 남자친구의 친구에게 물어보니까요, 인터넷 음반몰에 들어가서 제가 흥얼대던 노래CD를 산 다음에 노래 가사랑 박자를 다 외운대요. 친구들을 데리고 노래방에 가서 연습을 하고 나서, 노래를 잘 부르게 되면 저에게 불러주는 거였어요."

그녀가 행복해 하는 모습을 보니까, 나도 그녀가 부러워 죽을 것 같았다.

35세 이전의 당신은 진정한 사랑을 받아 본 적이 있는가?

당신이 사랑하는 사람을 마음을 다해 아껴준 적이 있는가?

당신은 그런 사랑을 깊이 받아보았는가?

만약 없다면, 아끼고 배려하는 데에서 오는 진실한 사랑의 묘미를 느껴보기 바란다. 그녀를 당신의 큰 손바닥 위에 올려놓고, 당신의 가장 따뜻한 곳에 그(그녀)를 내려놓아라.

애틋하게 아끼는 마음을 기초로 세워진, 가장 깊고, 가장 진하고, 가장 견고한, 가장 영구적인 애정이다.

어쩌면 우리는 많은 사랑의 곡절을 겪을지도 모른다. 어쩌면 길고 긴 세월을 걸어가다가 마지막에 이르러서야 문득 어디서 멈췄어야 했는지, 가장 소중히 여겨야 했던 것이 어떤 사랑이었는지 깨달을지도 모른다. 어쩌면 깊게 감춰진 애틋한 사랑을 이미 놓쳐 버리고도 그것을 알지 못할 수도 있다. 그래서 젊을 때 사랑의 감정이 부딪힐 수 있는 수많은 기회가 있을 때, 자세히 그런 감정의 성분을 분별해 보기 바란다.

그 안에 얼마나 아끼는 마음이 많이 들어있는지 살펴보라. 그것은 사랑의 시금석이라서 당신이 진정한 사랑에 머무를 수 있도록 도와주고 거짓 사랑으로부터 멀어질 수 있도록 한다.

"진정한 사랑은 비 온 뒤의 무지개이고,
고통을 겪고 난 후에 눈물을 흘리며 웃는 모습이다.
당신은 사랑에 빠져 있는 사람인가?"

제4부
낭만적인 겨울

부드러운 빛을 내며 흔들리는 촛불, 즐겁고 유쾌한 음악.

온 집안에 낭만적인 정취가 가득 넘쳐흐른다.

촛불 아래서 당신의 마음을 뛰게 하는 그녀의 웃는 모습,

다정한 눈동자, 끝없는 사랑을 느끼게 해 준 포옹,

당신의 가슴을 뛰게 하는 붉은 입술.

호수같이 조용했던 당신의 마음에 잔잔한 물결이 일어나진 않았는가?

사랑하는 사람과 함께 촛불을 켜고 만찬을 열라.

부드럽게 흔들리는 촛불 아래에서 낭만적인 사랑을 즐기라.

35세 이전의 당신은 영혼이 눈처럼 순결하고, 눈에 대해 특별한 감정이 있을 것이다. 당신의 사랑도 눈꽃처럼 순결하고 아름답다. 사랑하는 사람의 손을 잡고 눈 속을 유유히 걸으며, 새하얀 눈 위에 그녀의 이름을 써 보라. 순결한 정령이 두 사람의 사랑의 증인이 되게 하라. 두 사람은 분명 특별한 축복을 받을 것이다. 그와 함께 눈이 내린 곳에서 마음껏 뛰며 눈싸움을 해보라. 자연의 소리와 함께 당신들의 웃음소리로 온 길을 가득 채우라. 이보다 더 낭만적인 일이 있는가?

많은 사람들이 눈 내리는 것을 좋아한다. 새하얀 정령이 춤을 추며 인간에게 다가오는 것이 얼마나 흥분되는 일인지 모른다. 여자들은 원래 낭만과 환상을 좋아하며 온유함과 다정함을 좋아한다.

여자를 흔히 '물이 만든 걸작품'이라고 수식한다. 그 때문인지 여자는 물과 많은 연관이 있는데, 여자와 눈은 태어날 때부터 관계를 가지고 있어서 이 세상에 눈을 싫어하는 여자는 없다.

눈이 오는 날 사랑하는 여자와 함께 눈을 보러 가라. 눈 내리는 땅에서 두 사람의 애정을 천천히 음미해 보라.

눈이 맺어준 사랑

아환과 씽얼은 대학 시절에 알게 되었다. 씽얼은 그렇게 예쁜 얼굴은 아니었지만 다정다감하고 물처럼 온화해서, 키 크고 잘 생긴 남학생 아환이 그녀를 몹시 좋아했다. 씽얼은 유머감각이 있고 키가 큰 아환을 좋아하긴 했지만, 내성적인 성격이라서 그와 단 둘이 있는 것을 어색해했다. 아환은 씽얼의 사랑을 얻기 위해서, 고심 끝에 꽃을 선물했다. 그렇지만 그녀로부터 아무 대답이 없었다. 아환은 실망하지 않고, 계속해서 다음 기회를 노렸다. 우연히 그는 씽얼이 학교 문집에 발표한 글 〈눈의 진심〉을 읽었다. 씽얼은 영혼이 담긴 붓과 먹으로 자신의 눈에 대한 진정(眞情)이 담긴 마음을 나타내었다. 아환은 순간 좋은 생각이 떠올랐다. 기회가 다가왔다고 생각했다. 그녀가 그렇게 눈을 좋아한다면, 그녀와 함께 눈을 보러 가면 되는 것이었다.

하늘이 아환을 돕고 있는 것인지, 그해 겨울은 눈이 정말 많이 내렸다. 아환은 눈 내리는 아침에 씽얼에게 전화를 걸었다. 씽얼은 흔쾌히 대답했다. 그것이 그들의 첫 번째 데이트였다. 씽얼은 굉장히 기분이 좋았다. 그녀는 쉴 새 없이 아환의 외치는 소리에 대답했다. 그들은 달렸고 눈싸움도 했다. 유머가 넘치는 그는 장난으로 눈을 뭉쳐서 사랑하는 그녀에게 던졌고, 그녀도 지지 않고 반격했다. 눈 내린 바닥에는 그들의 발자국과 그녀의 은방울 같은 웃음소리가 흩날렸다.

눈치 빠른 아환이 기회를 잘 포착해서 씽얼에게 사랑을 고백했다. 그는 바닥에 앉아 새하얀 눈 위에 그녀의 이름과 자신의 약속을 적었다.

씽얼, 너를 영원히 사랑해.

그 이후로, 이 몇 글자가 그녀의 마음에 영원히 각인되었다.

시간이 흘러 아환과 씽얼은 결혼을 했고, 달콤하고 행복한 삶을 살았다.

어떤 사람이 다음과 같이 말한 적이 있다.

"한 여자가 한 남자를 사랑하고, 그 남자도 그 여자를 사랑할 때, 천사가 천국에서 내려와서 그 집에 살면서 함께 기쁨의 노래를 부른다."

집은 가장 편하고, 안전하고, 안정적이고 기쁨이 넘치는 장소임에 틀림없다. 우리 모두는 집이 있어서 행복을 느낀다. 남자가 밖에서 하루 종일 일을 하고 늦은 밤에 집으로 돌아오면, 마음이 편하고 기분도 좋아진다. 따뜻한 물 한 잔, 몇 개의 반찬, 그리고 포도주 한 잔이면 당신은 그 어떤 호텔도 줄 수 없는 따스함을 느끼게 된다. 아내의 온화한 배려, 부모님의 따뜻한 말 한마디, 그리고 자녀들이 천진하게 노는 모습은 모든 피로를 한 방에 날려 버리는 힘이 있다.

만약 가정에서 실패했다면 그는 사업에서도 성공할 리 없다. 가정은 남자가 바람을 피하는 항구이자 주유소로서, 행복한 가정이 없다면 제 아무리 열정 있는 남자라도 곤경에 빠져 힘들어 할 것이고, 아무리 능력 있는 남자라 하더라도 대응할 방법이 없을 것이다. 가정에서 그는 아무런 영향력도 발휘하지 못한다. 만약 그가 다시 좋은 남편, 좋은 아들, 좋은 아빠가 되기로 결심한다면, 모든 가족이 그로 인해 활력을 되찾을 것이다.

가정의 행복과 아름다움이 깨지는 원인은 일반적으로 사랑과 열정이 부족하기 때문이다. 서로에 대해 너무 잘 알고 있어서, 많은 가족 구성원들은 사랑을 마음에 숨겨놓고 산다. 그러나 사랑은 볼 수도, 만질 수도 없지만, 주고받으며 자라나는 것이다. 마음속의 사랑을 표현하지 않는다면 사랑하지 않는 것과 같다. 남자들은 대개 가정보다 사업을 더욱 중요하게 생각하기 때문에 사랑을 주고받는 일 따위는 대수롭지 않게 여긴다. 그러나 가정의 핵심인 당신이 가정에 대해 그렇게 냉랭하다면, 가정 전체의 분위기도 당신 때문에 싸늘해질 것이다. 사랑하는 사람들을 위해서, 그리고 자기 자신을 위해서 가정을 향해 사랑을 쏟아 붓기 바란다.

35세 이전의 당신은, 낭만적인 분위기를 연출하여 따스한 사랑의 보금자리를 만들어야 한다. 당신의 사랑이 그 보금자리에서 신선하고 아름다운 열매를 맺게 하라.

좋은 남편의 조건

아내가 꽃향기 맡는 것을 좋아한다면, 항상 꽃을 사서 선물을 하라.

결혼한 지 오래되었더라도 수시로 그녀가 한 음식을 칭찬해야 한다.

바깥에서 화나는 일이 있었다면 그녀에게 말해도 무방하다. 그녀는 어머니처럼 당신을 위로해 주는 것을 좋아하기 때문이다.

아내가 남편의 일에 제안을 할 수 있도록 하라. 그리고 가끔 그녀의 의견대로 행동하라.

두 사람의 추억을 불러일으키는 노래 CD를 선물하라.

아내가 들어보지 못했을 웃긴 이야기를 몇 개 잘 준비해서 들려주라.

함께 연회 장소에 갔을 때 그녀가 집에 가고 싶어 하면, 그녀 말을 들으라.

절대 "이거 점심 때 먹었는데"라고 이야기하지 말라.

절대 "집에서 하루 종일 뭐 했어?"라고 물어보지 말라.

특별한 이유가 없더라도 아내에게 선물을 해 주어라.

아내가 화를 낼 때, 당신은 화를 내지 말라. 불에 기름을 붓는 격이 될 것이다.

아내 앞에서 다른 사람의 아내를 칭찬하지 말라.

가끔씩 질투를 해서 그녀에게 신경을 쓰고 있다는 것을 표시하라.

단 적당히만 할 것.

좋은 아내의 조건

남편을 나쁜 사람으로 만들지 말라. 자녀에게 "아빠가 집에 돌아오면 너 때려달라고 할 거야"라고 하지 말라. 그리고 "내가 장담하는데 아빠가 허락해 주지 않을 걸!"이라고도 말하지 말라.

새 옷을 사 주라.

사사건건 잔소리 하지 말라. 그리고 가능한 한 자신의 문제를 이야기하라.

그가 집안일 돕는 것을 너무 귀찮아한다면(예를 들어 바닥을 닦는 것), 맛있는 음식을 만들어 주라.

그가 모임 중에 노래를 하거나 추태를 부리더라도, 한숨 쉬지 말라.

그가 집에 돌아왔을 때, 당신도 집에 있어라.

남편에게 나이가 많다는 이야기를 너무 자주 하지 말라. 이런 저런 낭만적인 일들을 더 이상 할 수 없게 될 것이다.

잠을 잘 때, 얼굴에 화장을 진하게 하지 말라.

그에게 선물을 할 때 자기 돈을 써라. 그에게 줄 선물을 그의 돈으로 계산하지 말라.

남편에게 항상 "나를 사랑해?"라고 물어보지 말라.

그가 "사랑해"라고 대답할 때는 그의 말을 믿어 주라.

79

모닥불처럼 활활
타오르는 사랑을 해보라

35세 이전의 당신은 정감이 흘러넘치고, 사랑하고 사랑받기를 갈망할 것이다. 청춘의 세월 근처를 걸으면서, 당신은 활활 타오르는 듯한 거센 사랑을 놓쳐서는 안 된다. 사랑이라는 불꽃에 재가 되어버리더라도 시원한 탄식을 남기고, 마치 유성이 하늘을 가르는 것처럼, 아름다운 흔적을 남길 수 있다.

불꽃과 같이 활활 타오르는 낭만적인 사랑

〈서상기〉는 원대에 왕실보가 쓴 것이다. 이 이야기는 당나라를 배경으로 한다. 장생이라는 청년이 과거를 보려고 수도로 올라가다가 하중부라는 곳을 지나는 김에 어릴 적 친구를 만나고 가기로 했다. 그 친구는 바로 십만 대군을 통솔하며 관문을 지키고 있는 백마장군 두각이었다. 장생은 시간이 좀 남자 근처를 둘러보고 있었다. 그런데 그곳에서 절세미인을 만나게 되니 장생의 눈에선 꽃송이가 어지럽게 흩날리는 듯했고, 입을 열 수도 없었으며, 영혼은 공중에서 춤을 추는 듯 정신이 없었다.

이 여인은 최상국부의 아가씨 앵앵으로, 홍낭이라는 계집종이 곁에서 모시고 있었다. 그런데 그곳이 습격을 당하게 되었다.

앵앵에게 가까이 가기 위해 장생은 가던 길을 멈추었다. 오래지 않아 강 다리에서 병사들이 반란을 일으켰다. 도적의 장수 손비호의 병사들이 그 지역을 에워쌌고, 앵앵을 강제로 손비호의 부인으로 맞으려고 하였다. 어쩔 도리가 없게 되자 노부인이 외쳤다.

"누구든 도적들을 물리치는 사람에게 아가씨를 시집보내겠다!"

이 소리에 장생이 자기가 도적들을 물리치겠다고 나섰고, 친구인 두각에게 편지를 써 자신들을 구하러 와 달라고 했다. 두각은 편지를 받자마자 군사들을 인솔하여 손비호의 병사들을 물리치고 최씨 일가와 그 동네 사람들을 구했다.

도적들이 도망가자 장생은 좋은 일이 일어나기를 기대했고, 앵앵도 매우 기뻐하였지만 뜻밖에 최부인이 말을 바꿔 앵앵과 장생에게 서로 오빠 동생으로 지내라고 하였다. 그 이야기를 듣자마자 앵앵의 어린 마음은 깨어지는 듯했고 장생은 화를 내며 그들을 떠났다.

그러나 앵앵을 그리는 장생의 마음은 깊었다. 그리움이 뼈에 사무쳐 장생은 병으로 몸져 누웠다. 앵앵은 홍낭에게 편지 한 통을 써 주며 장생이 어떻게 지내는지 보고 오도록 했다.

"서상의 아래에서 달을 기다리고, 바람을 맞으려 문을 반쯤 열어놓았네. 담 너머 꽃 같은 그림자 움직이니, 옥 같은 님이 오신게 아닐까."

밤에 담을 넘어 자기에게 와달라는 얘기가 분명했다.

며칠이 지나, 노부인이 앵앵의 말이 황망하고, 행동거지가 이상하고, 기분도 전과 다른 것을 발견했다. 그래서 노부인은 홍낭을 불러 자초지종을 캐물으며, 말하지 않으려 하는 홍낭에게 가법에 따라 벌을 주겠다고 위협했다. 홍낭은 어쩔 수 없이 진상을 실토했다. 노부인이 그녀를 혼내자 그녀가 말했다.

"이건 장생 도련님, 아가씨, 저의 죄가 아니라 마님의 잘못이에요."

이 말에 노부인은 꿀 먹은 벙어리처럼 한 마디도 못 했고, 둘의 혼사를 허락하는 수밖에 없었다. 그러나 노부인은 장생에게 최씨 집안은 삼대에 걸쳐 관료가 아닌 사위를 얻은 적이 없다며 장생에게 내일 아침 빨리 과거를 보러 떠나 과거에 합격한 이후에야 앵앵과 결혼하게 해 주겠다고 했다.

먼 길을 떠나는 장생을, 앵앵은 눈물로 보내며 관직을 얻든지 못 얻든지 빨리 돌아오라고 당부했다.

장생은 장원급제하여 하중으로 돌아와 앵앵을 신부로 맞았고, 백마장군도 황제의 명을 받고 와서 혼례에서 주례를 서 주었다. 사랑하는 두 사람의 이야기가 오래오래 칭송받는 한 편의 시가 된 것이다.

타고르는 말했다.

"사랑을 믿어라. 그것이 당신에게 비애를 가져다줄지라도."

마음속에 묻어둔 사람에게 사랑을 고백하는 것, 이것은 가장 달콤하고, 에너지를 소모하는 것이면서, 가장 미묘한 감정의 움직임이다. 때가 무르익었을 때, 용감하고 과감하게 사랑을 고백해야 한다.

80

그녀를 열정적으로
사랑하라

어떤 사람이 말하기를, "자기에게 어울리는 것이 가장 좋은 것이다. 절대 어리숙하게 기회를 놓쳐서는 안 된다"라고 했다. 이 말은, 결혼에 대해서 절대적인 진리를 담고 있다.

35세 이전, 우리 대부분은 사랑과 결혼을 경험할 것이다. 어떻게 해야 결혼 후에도 연애시절과 같은 낭만을 유지할 수 있는가? 한 가지 비결은 바로 그녀를 사랑하고, 안아주고, 그녀와 키스하는 것이다.

열정적인 사랑을 이어온 어느 부부

미국의 뉴욕공항에 한 친구를 마중 나갔을 때였다. 거기서 나는 내 인생을 변화시킬만한 놀라운 광경을 목격하게 되었다. 그 일은 바로 나에게서 불과 몇 미터 떨어진 곳에서 일어났다.

나는 멀리 공중 다리에서 나오는 승객 중에 내 친구를 발견하였다. 그런데 한 남자가 두 개의 가벼워 보이는 작은 가방을 들고 걸어 오더니, 내 근처에서 자신의 가족과 만나는 것이 보였다.

그는 작은 가방을 내려놓고 먼저 그의 가장 작은 아들(6살쯤 되어 보였다)에게 다가갔다. 그리고 긴 포옹을 해 주었다. 아들을 내려놓을 때 두 사람은 서로를 바라보았는데, 나는 아버지가 아들에게 하는 말을 들었다.

"널 만나게 되어서 얼마나 다행인지 모른다. 아들아. 얼마나 네 생각 많이 했는데."

그의 아들은 부끄러운 듯 웃었다. 그리고 "저도요, 아빠"라고 조그만 목소리로 대답했다.

그 다음 남자는 똑바로 서서, 그의 큰 아들을 바라보았다. - 한 9, 10살 쯤 되어 보였다. - 그 다음엔 아들의 얼굴을 손으로 감싸더니 말했다.

"넌 이미 다 컸구나! 정말 사랑한다, 잭."

그는 아들에게 따뜻하고 부드러운 포옹을 해 주었다.

아버지가 아들들을 차례로 안아주고 있을 때, 엄마의 품에 안겨 칭얼대기 시작한 여자아이(아마 1살이나 1살 반쯤 되었을 것이다)를 발견했다. 아이의 작은 눈이 아빠의 신기한 얼굴에서 떠나지 않았다. 남자는 말했다.

"오, 얘야."

그가 엄마의 손에서 부드럽게 아기를 건네 받았을 때, 그는 재빨리 아기의 작은 얼굴의 구석구석에 키스를 했다. 그리고는 아기를 자신의 가슴에 안고 좌우로 가볍게 흔들어 주었다. 아기는 금방 싱글벙글거리며, 만족한 듯이 머리를 그의 어깨에 기대었다.

시간이 좀 지나서, 그는 아기를 큰 아들의 손에 안겨주며 말했다.

"제일 좋은 것은 끝까지 남겨두는 법이야."

그리고는 아내에게, 내가 한 번도 본 적이 없는 길고 뜨거운 키스를 해 주었다. 그는 깊은 사랑이 담긴 눈으로 그녀를 한참동안 바라본 뒤 조용히 말했다.

"사랑해."

그들은 상대방의 눈을 주시하면서, 서로의 손을 잡고 웃음을 지었다. 그 순간, 나는 그들이 신혼부부일지도 모른다고 생각했다. 그렇지만 아이들의 나이를 고려해 보면 신혼부부일 가능성은 거의 없었다. 나는 혼란스러워지기 시작했다. 그리고는 나에게서 한 팔쯤 떨어져 있는 그곳에서, 전혀 예상치 못했던 무언가가 흘러나오는 것을 느꼈다. 그것은 나를 멍하게 만들었고, 무엇인지 도대체 알 수가 없었다. 마치 내가 뭔가를 도청한 것 같은 그런 느낌이었다. 그런데 더 놀라운 것은, 내가 그들에게 긴장된 목소리로 참지 못하고 물었다는 것이다.

"결혼한 지 얼마나 되었지요?"

"같이 있은 지 14년이 되었고, 결혼한 지 12년 되었어요."

그가 웃으면서 대답을 했다. 눈은 사랑스런 아내에게 향한 채, 움직이지 않았다.

"그럼 떨어진 지 얼마나 되었죠?"

내가 다시 물었다.

남자가 결국 등을 돌려서 나를 바라보면서 기쁨의 미소를 지으며 말했다.

"이틀 내내요."

이틀? 난 그야말로 놀라서 얼이 빠졌다. 이런 열렬한 환영식을 보고, 나는 그들이 몇 개월은 떨어서 지냈을 걸로 생각했다. 아니면 적어도 몇 주일은. 내 마음을 그가 금방 읽었다. 내가 너무 직접적으로 질문을 했다고 생각했다. 그래서 우아한 가장을 통해 곤란한 상황에서 몸을 빼내기로 했다. (사실 빨리 가서 친구도 찾아야 했다.)

"제 결혼 생활도 12년 후에 두 사람처럼 그렇게 열정적이었으면 좋겠네요."

이 남자는 즉시 웃음을 거두고 똑바로 나를 바라보더니 (내 영혼을 불사를 듯한 단호함마저 느낄 수 있었다), 내 생각을 완전히 바꿀 듯이 말했다.

"바라기만 하면 안 돼요. 결심을 해야죠."

그리고는 그는 또 나에게 환한 미소를 짓고는 악수를 하며 다시 말을 이었다.

"하나님의 축복이 당신과 함께 하길 바랍니다!"

바로 그렇게, 그와 그의 가족들은 몸을 돌려 성큼성큼 걸어가기 시작했다. 나는 이 특별한 남자의 가정이 내 시야에서 사라지는 것을 계속 바라보았다. 내 친구가 내 옆에 와서 물었다.

"너 뭐 보고 있어?"

나는 조금도 주저 없이, 확신을 가지고 대답했다.

"내 미래를 보고 있지."

81 고향에 가서 어린 시절의 추억을 되새겨 보라

어 고향은 마음속에서 영원히 잊혀지지 않는 곳이다. 만약 도시의 문명이기가 당신을 점점 더 황폐하게 만든다면, 배낭을 메고 애인과 함께 어릴 적 살았던 곳으로 떠나라. 그곳에서 당신은 색다른 멋을 느낄 것이다.

35세 이전의 당신은, 몸이 어디에 있든지 간에 영원히 당신을 낳고 기른 그 고향에 대한 그리움을 지울 수 없을 것이다. 그 땅을 향한 그리움을 갖고, 애인과 함께 고향으로 돌아가라. 당신의 어릴 적 이야기나, 고향 이야기를 애인에게 들려주라. 그녀의 얼굴에 웃음과 따스함이 나타나는지 보라. 그것은 경험할 만한 가치가 있는 낭만적인 일이다.

고향은 당신을 낳고 기른 토지이다. 당신은 그곳의 산과 바다, 초목 하나하나에 감사의 마음을 갖고 있다. 어쩌면 그곳은 전혀 아름답지 않을 수도 있고, 당신에게 상처를 주었던 곳일 수도 있지만, 고향이 당신을 양육한 정을 생각해 보면 이런 것들은 하찮은 것이다. 위대한 음악가 쇼팽도 죽음이 다가오자 자신의 무덤에 고향의 흙을 뿌려달라고 사람들에게 부탁하지 않았는가. 사람들의 고토에 향한 그리움과 어머니 품에 대한 향수는 조금도 다르지 않다.

저우궈핑이 말하길, "도시는 향수를 만들어내는 곳이 아니라 향수의 무덤에 불과하다"라고 하였다. 향수는 소박한 곳에서 싹을 피우고, 넓고 넓은 들판에서 생긴다.

도시가 점점 더 심해지는 공업화에 시달리고 각종 기계에 침범 당해, 우리의 마음도 쉽게 초조해지고 지치기 시작했다. 이런 상황에서 자신에게 방학을 주면 어떨까?

일단 고향으로 돌아가라. 고향으로 가서 오랫동안 보지 못했던 정겨운 것들을 만져보라. 복숭아 몇 개, 버들나무 가지, 연꽃 잎, 야생초가 들에 가득하다. 갈 길이 멀고 험하다고 미루지 말라. 도시의 걱정거리와 혼란스러움이 고향을 바라보는 당신의 시선을 가리지 못하게 하라.

고향의 추억

그는 수표에 20달러라는 금액을 써 넣었다. 소탈하고 시원스럽게 그의 영문 이름을 사인했다. 그 후에 그는 친구에게 편지를 썼다.

"손으로 짠 풀 모자를 하나 사 줄래? 내 고향으로 가는 차표 한 장을 사서 그곳에 가 줘. 고향역 모퉁이에 가면 빛바랜 갈색 당삼을 입고 과일 파는 아줌마가 있을 거야. 풀 모자를 쓰고는 그 아줌마에게 가서 리즈를 사 줘. 내가 알기론 지금이 리즈의 제철이거든. 또 그 다음엔 차를 타지 말고 풀잎 모자를 쓰고 시끌벅적하고 지저분한, 오수가 넘쳐 흐르는 시장에 가서, 소고기 라면을 파는 왕씨 아저씨 가게를 돌아서 우리 집에 가. 그리곤 문을 두드릴 필요 없이 소리쳐.

'아저씨, 아줌마.'

그러면 우리 아버지가 나오실 거야. 리즈를 드리고 나서 우리 아버지와 차 한 잔 같이 마셔줘.

그 다음에 이웃집으로 가서 젊은 부인을 봐. 그녀는 거칠고 볼품없는 검소한 옷을 입은 부인인데, 바로 내 첫사랑이야. 그녀가 여전히 건강하고 멋진 미소를 띠는지 봐 줘. 남편에게 아들을 하나 더 낳아 주었는지도. 날 대신해서 이것들을 너에게 부탁할게. 비용 20달러를 보내. 고마워."

향수는 현실주의에 대한 일종의 반동으로, 세속에 젖은 일상의 낭만적인 도피이다. 어쩌면 당신은 향수란 것은 로맨틱한 생각을 가진 멋진 말이 고향과 타향사이를 달리는 것이라고 말할 수도 있다.

그것은 "말을 타고 국경 밖 웅관에 가서, 천산을 바라보며 장건(서역을 정벌하러 떠났던 한나라의 장군)을 생각하는", 혹은 "마차가 하북성의 고양을 지나가는데, 역수가에 이르러 형가(진시황을 암살하려던 자객)를 재촉하는" 정서와 비슷할 수도 있다. 어쨌든 향수의 존재는 일종의 행복이고, 달콤한 반딧불이 발아래 길을 비추는 것과 같다.

수천, 수만 개의 지명 중에서 유독 내가 고향을 선택한 것과 똑같이, 향수는 늙지 않는다. 그리고 향수는 좋은 향이 난다. 유명한 표어인 "고향을 품고 조국을 찾자"가 의미하는 것이 바로 영원히 꺼지지 않는 정신적 귀의가 아닌가?

향수, 당신과 내가 깊은 사색에 빠져 있는 순간에 꿈속에서 보았던 천리 밖 고향을 생각하게 하는 말, 천 번이나 부르고 싶었던 내 고향의 이름. 이것이 바로 인간 세상에서 썩지 않는 가치이다.

시인 하이즈의 마음속에서 고향 마을은 영원히 아름답고 평온한 곳이
다. 마치 순진무구한 시와 같이.

그래서 그는 〈마을〉이란 시를 썼다.

마을에 사는 어머니와 아들
아들은 조용히 자란다
어머니는 따스한 눈길로 바라본다
넘실대는 갈대 꽃 사이의
마을은 하나의 흰 색 배
여동생 이름은 갈대 꽃
여동생은 가녀린 아름다움을 지녔다.

82 자신을 사랑과 낭만 속에 빠뜨려라

당신에게 있는 시간의 일부를 낭만적인 행동을 하는 데 사용하라. 사랑과 관련된 책을 몇 권 읽어라. 이제 막 당신의 반쪽을 찾았다고 가정하자. 두 사람은 아직 연애를 하고 있는 단계이고, 당신은 시간을 잘 지키고 애인을 잘 이해해주는 방법으로 그에게 좋은 인상을 남기고 있다고 가정해 보자.

35세 이전, 자신이 더 섹시하고 유혹적이고 매력 있는 모습으로 사랑을 고백할 수 있는 방법을 생각해 보자. 사탕과 꽃·옷·안마와 끈끈한 사랑이 담긴 작은 물건을 당신의 방패로 삼아라. 애인과 함께 저녁 만찬을 즐길 때, 초에 불을 붙여 공기에 낭만적인 분위기가 가득하도록 하라.

이상형의 연인과 하루를 함께 보낸다고 상상해 보자.

당신은 어디로 가고 싶은가? 무엇을 할 것인가?

연인이 당신과 함께 있다고 가정하고, 그런 낭만적인 시간을 함께 나누어 보자. 누가 알 것인가? 혹시 그녀가 저 골목길 끝에서 당신을 기다릴지!

이것은 듣기에 따라 현실적이지 않을 수도 있으나, 중요한 것은 이런 낭만적인 느낌이다. 이 낭만을 시와 같은 언어로 표현해 보자. 만약 사랑하는 사람이 지금 바로 옆에 있다면, 최대한 낭만적인 분위기를 연출하여 사랑을 고백하라. 제일 중요한 것은 바로 이런 사랑을 하는 것과 사랑을 받는 느낌이다.

하늘이 맺어준 한 쌍

형은 약간 수줍음을 타는 남자아이였다. 그러나 그의 눈에는 늘 온정이 흐르고 있었다. 그가 여자친구를 알게 된 것은 좀 특별했다. 졸업을 한 그 해 겨울은 정말 추웠다. 마음속에 예전에 없었던 강렬한 욕망이 솟아올랐다.

'여자 친구를 만들어 겨울을 함께 보내야겠다!'

듣기엔 조금 황당한 생각이지만, 어느 쌀쌀한 겨울밤에 기적과 같은 일이 벌어졌다.

씬은 성숙한 아가씨였다. 착한 마음씨를 지녔고, 순박하고 시원시원했고, 온화하고 정이 많은 사람이었다. 형과 씬이 알게 되기까지 하늘의 특별한 섭리가 작용한 것 같았다.

그녀는 추운 겨울에 그녀에게 따뜻하게 안부를 물어 줄 사람과 진정한 축복을 해 주는 그런 사람이 필요했다.

어느 날, 그녀는 할 일이 없어서 자신의 QQ(인터넷 메신저)에 접속했다. 사람들은 씬에게 QQ가 아름다운 함정 같은 것이라 한번 빠지면 다시는 나오지 못할 거라고 겁을 주었다. 씬은 그런 말에 상관하지 않고, 단순히 인터넷에서 말이 잘 통하는 친구 하나를 찾으면 그걸로 됐다고 생각했다.

그녀는 그 친구에게 마음속의 기쁨과 슬픔을 털어놓고 싶었고, 바로 그렇게 그녀는 형을 만났다.

형은 인터넷에서 이렇게 순진한 여자를 만날 수 있다는 사실에 놀라움을 금할 수 없었다. 씬도 요즘 세상에 이렇게 충성적이고 성실한 남학생이 있는지 이상하게 여겼다. 그들은 의기투합했다. 형은 씬이 자기를 알고 있는 사람인지 의심했다. 그렇지 않으면 이렇게 마음이 잘 통할 리가 없었다.

그 후로 두 사람은 현실속의 친구가 되었고, 그들의 만남은 모든 친구들을 경탄케 만들었다. 그들은 정말 하늘이 맺어준 한 쌍이었다! 그들은 친구들의 축복 가운데 행복하게 연애를 했고, 주말마다 씬은 도시와 도시를 건너 그녀의 연인을 만났다. 형도 씬을 아끼고 사랑해 주었고 항상 그녀와 만나면 풍성한 만찬을 준비해 주었다.

씬은 형에게 사랑받는 느낌이 너무 좋았다. 그들은 이런 낭만을 평생 함께 누리기로 결심했다.

1년 후 꽃이 만발한 어느 봄날, 형과 씬은 손을 잡고 결혼식장으로 들어갔다. 서로 아껴 주고 서로 사랑하는 사람들이 결국 아름다운 결말을 보았다. 그들의 마음으로 연출한 낭만이 이 이야기를 알고 있는 모든 사람들에게 깊은 감동을 전해준다.

83 촛불 만찬을 열어라

만약 그녀와 처음으로 촛불 만찬을 가진다면, 당신은 반드시 이 낭만을 즐겨야 할 것이다. 그녀는 당신 마음속에 오랫 동안 자리 잡은 그 사람인가? 그녀와 촛불 만찬을 함께 하면서 당신은 행복을 느끼는가? 만약 긍정적인 대답이 나온다면, 당신은 이 얻기 힘든 낭만적인 기회를 놓쳐서는 안 된다. 흔들리는 촛불 아래서, 그녀와 함께 만찬을 즐기는 것이 얼마나 설레는 일인가!

35세 전, 사랑하는 사람과 함께 촛불 만찬을 가져 보라. 흔들리는 촛불 아래 당신의 매혹적인 모습을 보여주어서 그가 당신의 자태에 흠뻑 빠지도록 하라. 사랑은 그 촛불 안에서 성결한 꽃을 피워낼 것이다.

낭만적인 생각이 났다면 바로 실행으로 옮기자. 멋진 주말을 골라서, 집안 구조를 다시 배치하라. 온 집에 낭만적인 분위기가 가득하게 하라. 두 사람의 취향에 따라, 둘 다 만족할 때까지 방 배치를 바꿔보라. 이어서, 두 사람이 주방에 들어가 식사를 준비하라.

당신의 음식 솜씨가 형편없어도 이런 좋은 기회를 놓치지 말라. 당신의 사랑을 생활의 구석구석에 쏟아 부어라.

그녀와 저녁 만찬을 함께 하면서, 음식을 못하더라도 그녀가 하는 것만 바라보고 수수방관해서는 안 된다.

그녀가 요리하는 것을 도와야 하는데, 예를 들면 요리를 고르는 것, 채소를 씻는 것, 부드러운 눈길로 그녀를 바라보는 것 등이다. 이런 것들이 촛불파티의 주제는 아니지만, 촛불파티를 준비하는 과정이 더욱 중요하다.

촛불파티에서 가장 중요한 것은 따뜻한 촛불 아래서 그녀가 분위기에 흠뻑 젖어있는 모습을 보는 것, 그녀의 아름다운 자태를 감상하는 것, 마음에 감사의 마음이 가득한 것, 이런 온화하고 선량한 그녀를 당신에게 주신 하늘에 감사하는 것이다.

그녀에게 당신이 받은 감동과 감격을 표현하라. 한 평생 사랑할 것을, 보호해 줄 것을, 그녀가 억울한 일을 당하지 않도록 해 줄 것을 약속하라.

사랑을 표현하는 이런 방식은 분명 낭만적이며 효과 만점일 것이다.

84 사랑하는 사람에게 깜짝 선물을 해주어라

만인이 전혀 사정을 모르는 상황에서, 그녀를 놀라게 해줄만한 의외의 무언가를 선물하라. 예를 들면, 그녀가 출근할 시간에 향기 나는 꽃다발을 하나 들고 맛있어 보이는 빵과 따뜻한 커피와 함께 그녀의 집 앞에 가는 것이다. 분명 그녀에게 색다른 선물이 될 것이다.

이 깜짝 선물이 크든 작든, 사전 계획을 세운 것이든, 갑자기 든 생각이든 관계없이, 당신이 사랑하는 그 사람은 이 계획을 전혀 눈치 채지 못해야 한다. 그 다음부터 그녀는 영원히 만우절을 기억할 것이다. 왜냐하면 당신이 준비했던 깜짝 이벤트는 당신이 도저히 할 수 없을 것으로 생각되기 때문이다.

늦은 오후나 저녁시간을 이용해서, 그녀를 태우고 차를 몰아 해변이나 호숫가로 가라. 두 사람이 함께 했던 지난 시간들을 추억할 수 있을 것이다.

사랑하는 사람에게 깜짝 선물을 하라. 이런 낭만적인 체험은 35세 이전의 당신에게 잘 어울릴 것이다. 두 사람의 사랑은 이런 깜짝 선물을 통해 달콤한 열매를 맺을 것이다. 한번 시도해 보는 것이 어떨까?

깜짝 이벤트 1

우지아와 청뻰은 결혼한 지 3년 된 부부다. 두 사람은 신혼처럼 친밀하게 지냈는데, 그 이유는 그들이 서로 상대방을 깜짝 놀라게 만드는 이벤트를 자주 했기 때문이다.

"여보, 오늘 당신이랑 같이 영화 보러 못 갈 거 같아요. 부모님이 오실 거예요. 약속 못 지켜서 미안해요."

"뭘, 그럼 할 수 없지. 괜찮아. 그럼 퇴근하고 바로 집에 와서 장인어른과 장모님을 뵈어야겠네."

전화 건너편에서는 그래도 아쉬운 듯한 청뻰의 말투를 느낄 수 있었다. 우지아는 그에게 약간 미안했다. 그러나 자신의 '위대한 작업'을 위해, 그녀는 그의 마음을 약간 희생시키기로 결정했다.

그 다음은 우지아가 바쁘게 해야 할 일이 남아 있었다. 급하게 가서 요리 재료를 샀다. 전부 다 남편이 좋아하는 것이었다. 그리고 오늘 보려고 했었던 영화 DVD를 사서 집으로 돌아왔다. 거기에 그가 가장 좋아하는 장신저의 최신 앨범을 사서 그가 오늘 화들짝 놀라는 모습을 보고 싶었다. 준비를 다 마치고 나서, 우지아는 오늘 밤이 속히 오기를 기대하기 시작했다.

청뻰은 지친 몸으로 집으로 돌아가면서 우지아의 부모님을 맞을 준비도 해야 했다. 청뻰이 집에 돌아온 다음의 일은 설명하지 않아도 알 수 있다.

깜짝 이벤트 2

원펑도 깜짝 선물을 잘 하는 사람이다. 그는 바쁜 직장생활 중에도 자주 아내에게 생각지도 못한 감동을 주곤 했다.

회사가 집에서 멀기 때문에 그는 집에서 점심을 먹지 않았다. 그는 아내가 혼자 집에서 밥 먹는 것을 낯설어 할까봐, 집에 항상 전화해서 재미있는 이야기를 아내에게 들려주었다.

매일매일 했지만 그는 기뻐서 지칠 줄을 몰랐고, 한 번도 전화하는 것을 빼놓은 적이 없었다. 밤에 집으로 돌아가기 전, 아내에게 작은 선물을 사는 것도 잊지 않았다. 자신이 직접 만든 작은 공예품이 아니더라도, 이런 선물들은 모두 특별한 것이고, 그녀가 상상하지 못했던 것이었다.

아내는 이런 선물들을 소중히 간직했다. 두 사람간의 사랑의 소중함과 깜짝 선물을 잘 하는 그에 대한 칭찬을 하기 위해서였다. 그는 문을 두드릴 때마다 다른 방법을 사용했고, 아내가 문을 열어줄 때 깜짝 선물을 했다.

이것은 그의 일관된 깜짝 속임수였다. 이런 깜짝 속임수가 그들의 생활을 낭만적인 분위기가 가득 차게 만들었다. 아내는 그의 사랑스런 품에 안겨 무한한 달콤함과 따스함을 느꼈다.

두 사람은 평범한 나날을 보냈다. 처음의 낭만과 격정도 시간이 지날수록 무뎌지기 시작했다. 어제 했던 이야기를 오늘 또 하고, 내일은 오늘 이야기를 계속할 것이다. 그렇다면 바로 내일, 그에게 깜짝 선물을 하라!

85 사랑하는 사람을 위해 자신을 바쳐라

그가 정말 당신이 사랑하는 사람인가? 자신의 하루 온종일을 그에게 바칠만한 가치가 있는 사람인가? 만약 그렇다면, 1년은 어떨까? 청춘을 바치는 것은 어떤가? 한 평생도 괜찮은가?

진정한 사랑은 주는 것이지 얻는 것이 아니다. 당신은 그를 사랑하고, 그를 위해 당신이 가지고 있는 전부를 주고 싶고, 후회 없이 한 평생을 바칠 수 있는가? 만약 당신이 고개를 끄덕이며 그렇다고 대답한다면, 당신은 사랑의 신도(信徒)이고, 충실한 애인이다! 당신은 칭찬 받을 자격이 있다. 그 자체가 바로 낭만적인 일이다.

당신이 진정으로 사랑하는 사람을 선택하라. 당연히 결국에는 그도 당신을 좋아하고, 사랑할 것이다. 하루를 완전히 그에게 바쳐라. 그의 이상해 보이는 생각에도, 크고 작거나 쉽거나 어렵거나 가리지 말고, 그대로 따라라.

35세 이전의 당신, 온 마음으로 자신의 모든 것을 바쳐라. 이것은 절대 모든 사람이 할 수 있는 것은 아니지만 당신이 이런 낭만적인 경험을 하기를 원한다면, 그리고 애인을 위해 온 마음을 다 기꺼이 줄 수 있다면,

당신은 그 속의 진정한 즐거움과 묘미를 깨달을 수 있을 것이다.

아름다운 헌신

샤오티엔은 위에화를 보자마자 첫눈에 반해 버렸다. 그녀는 전혀 예쁜 얼굴은 아니었지만, 샤오티엔의 매력은 외모가 아니라 그녀의 온화함, 선한 마음에 있었다. 그가 처음 그녀에게 관심을 가졌던 것은 그녀의 쪽지 때문이었다. 연애편지와는 달랐던 쪽지, 그 쪽지는 무엇일까? 샤오티엔은 학급 임원이었다. 학급 일을 하면서 어쩔 수 없이 싫은 소리를 해야 했다. 어느 날, 그와 친한 친구들 사이에 문제가 생겼다. 그 친구들은 옛 정을 무시하고 샤오티엔을 때렸다. 그것도 사람들이 보는 앞에서 집단으로. 몸은 큰 상처를 입지 않았지만 마음의 상처는 너무 컸다. 그는 매일 아무 말도 않고 의자에 앉아 있었다. 이 학교에 막 전학 온 위에화는 그 사건을 눈으로 똑똑히 보았고, 이 눈앞에 있는 남학생을 동정했다. 자기도 모르게, 그녀는 짧은 시 하나를 써서, 몇 마디 문구로 그를 격려하고 위로해 주었다. 그녀가 쑥스럽게 그 메모 쪽지를 샤오티엔의 손에 건네 준 정오 무렵, 하늘에서 그해 처음 가을비가 내리기 시작했다. 마치 그녀의 애매한 마음을 싹 씻어버리는 비였다. 그녀는 점점 샤오티엔에게 호감을 가지기 시작했다. 비록 그녀가 막 이 반에 왔고, 그에 대해 아무것도 모르기는 했지만. 위에화의 위로 덕택에, 샤오티엔은 옛날의 생기를 되찾았다. 그의 마음은 이 착한 여학생의 사랑으로 다시 회복되었다. 이 귀여운 아가씨도 샤오티엔에 대한 사랑이 날로 깊어갔다.

가을은 정말 아름다운 계절이다. 온 학교의 국화꽃이 앞 다퉈 그 아름다움을 드러내 사람들의 눈길을 끌었다. 위에화는 꽃을 좋아했는데,

어느 날 쉬는 시간에 그녀는 아름다운 국화꽃이 시들어 가는 것을 보았다. 그녀는 조심스레 그것을 자신의 화분에 옮겨 심어서 교실의 태양이 가득한 창가에 놓았다. 그리고 샤오티엔과 그녀의 창가에서 이 국화꽃은 금방 예전의 아름다움을 되찾았다. 꽃을 살린 그녀의 착한 행동을 샤오티엔은 마음속으로 칭찬했다.

샤오티엔은 겨울을 싫어했다. 왜냐하면 겨울마다 다리가 많이 아픈데, 그것 때문에 내년의 대입시험을 망칠까봐 걱정이 된 것이다. 유명한 대학에 진학하는 것이 그의 꿈이었다. 그는 자신의 두려움을 사랑하는 그녀에게 들려주면서도 그녀가 그 때문에 고민할까봐 걱정했다. 그런데 예상과는 달리, 이 천사같이 선한 아가씨는 다정한 눈빛으로 그를 바라보며, 분명하게 말했다.

"내가 너와 함께 이 난관을 넘으면 되잖아."

하지만, 그녀의 따스한 약속에도 불구하고 그의 두려움은 기어코 병을 불러왔다. 다리에 병이 생기자, 샤오티엔은 병원의 침대에서 치료를 받아야 했다. 수업을 들을 수도 없고, 시험을 볼 수도 없었다. 위에화는 그를 위해 보충수업을 해 주었다. 매일 학교와 병원사이를 왔다 갔다 했고, 시간을 따로 내어서 샤오티엔이 가장 좋아하는 음식도 해 주었다.

그 다음해의 대입시험에서, 샤오티엔은 우수한 성적으로 목표했던 대학에 합격했다. 사랑하는 사람의 온 마음을 다한 헌신이 오늘의 그를 만들었다. 사랑을 위해 헌신한 그 아가씨도 학업을 소홀히 하지 않아, 대학교에 합격했다.

시간이 많이 흘러, 샤오티엔과 위에화는 자신들의 18살짜리 아들에게 이 낭만적인 이야기를 들려주었다. 아들은 그들의 순결하고 아름다운 사랑에 감격한 듯 눈물을 글썽였다.

86 사랑을 우선순위에 놓아라

어떤 사람은 일상생활 속에 더 많은 사랑이 있기를 늘 바란다. 그러나 그것을 위해 거의 아무 것도 하지 않은 채 뭔가 멋진 일이 생기기를 꿈꾸기만 한다. 사랑은 다른 모든 것과 마찬가지로, 주어야 하고, 당신의 삶 속에 중요한 부분으로 두어야 그 구체적인 모습을 드러낼 것이다. 마음과 행동이 하나가 될 때야 비로소 사랑이 생겨난다.

이 모든 것들을 신속히 기록하라. 반드시 유용하게 쓰일 날이 올 것이다.

우선 가장 간단한 것은 주위 사람들에게 알리는 것이다. 행동으로 의도를 표현하라. 당신이 정말로 몸과 마음을 의지할 수 있는 사람을 찾기 원한다면, 직장을 구할 때와 마찬가지로 세상 모든 사람들이 알게 해야 한다. 그 다음, 모든 단서를 계속 붙잡아야 한다. 가능성 있는 어떤 약속도 아무 이유 없이 어겨서는 안 된다.

그녀는 누구인가? 그는 결혼한 적이 있는가? 그렇다면 몇 번 했는가? 아이들은 몇이나 있는가? 그녀는 얼마나 자주 아이를 보러 가는가? 그는 더 많은 아이를 원하는가?

이 사람과 약속을 하기 전에, 가능한 한 그녀의 일을 이해해야 한다. 만약 자동세탁소에서 두 사람이 우연히 만났다면, 데이트 전에 전혀 상대방에 대해 아는 바가 없다면, 두 사람은 먼저 공공장소에서 만나면서 커피라도 마시길 바란다.

만약 친구 혹은 직장 동료가 당신에게 어떤 사람을 소개해 준다면, 그리고 그(그녀)의 이름과 전화번호를 당신에게 준다면, 꼭 전화를 해 보기 바란다.

만약 당신이 여성이라면, 그리고 사람들로부터 전화를 받는 것을 꽤 좋아한다면, 그가 전화를 걸게 해도 상관없다. 전화로 몇 분간 이야기를 하면서 이 남성(여성)을 알아가도 좋다. 그러나 기억해야 할 것은, 막 시작한 사귐이 제 아무리 멋지다고 해도, 50년간의 관계를 보장해 주지는 못한다는 것이다. 당신이 그 사람과 본격적으로 만나기 전에, 해야 할 일이 아직 많이 남아있음을 알아야 한다.

만약 두 사람이 같이 있는 시간이 유쾌하다면, 다시 만나는 것이 좋다. 이 말은 바로 교제를 시작해도 된다는 의미가 아니다. 그저 당신이 상대방과 더 많이 만나 보란 뜻이다. 만약 확신이 안 서면, 더 이상 진전이 없어도 괜찮다. 그렇지만 당신이 그에게 전화를 하겠다고 말을 했으면, 적어도 말한 대로는 해야 한다. 만약 당신이 그(그녀)에게 관심이 있으면 사람들에게 당신의 생각을 알려 주라. 사람들이 마음대로 상상하는 것보다 더 진실하고, 더 진지하고, 더 귀하게 하라. 아주 많은 사람들이 "거절해서 사람의 마음에 상처를 주는 것보다 일단 관심이 있는 척하는 게 낫다"고 말한다. 그러나 어떤 일이든 진실하지 않으면 안 된다. 만약 당신이 사랑을 제 1순위에 놓았다면, 당신은 기회로 가득한 이 세상에게 당신이 정말로 배우자를 찾고 싶어 한다는 것을 알린 것과 같다.

사랑을 위해 모험하라

큰 모험을 해야만 하는 것은 아니다. 그렇지만 시도를 해 본 후에, 너무 큰 모험 같아 보인다면(사실 별로 대단치 않을 수도 있지만) 그 위험의 가능성이 크든지, 작든지 오늘 한 번 도전해 보라.

당신이 하는 모험은, 당신이 만나고 있는 사람과 관련이 있을 수 있고 어쩌면 자기 자신에 국한될 수도 있다. 만약 당신이 지금 이탈이아어를 배우고 있고, 반에서 어떤 사람과 즐겁게 지내고 있고 그를 더 이해하고 싶다면, 그에게 다가가서 정확한 이탈리아어로 말해보라.

"Vuoi prendere un caffe"(커피 한잔 할래?)

그 다음에 그의 반응이 어떤지 살피라. 혹은, 몇 주일 전 발견한 매혹적인 치마가 당신에게 그다지 어울리지 않는 것 같아서 사지 못했다면, 지금 바로 그 치마를 사라. 틀에 박힌 사고방식에서 벗어나라. 자신을 남과 다르게 하라. 자신 있게 그 치마를 사고, 예전에 생각지 못했던 모습으로 자신을 변신시키라.

사랑은 소심하고 겁 많은 사람들을 위에 열려있지 않다. 사랑은 여러 방법을 모색하며, 용기 있게 도전하고, 현실에 자만하지 않는 사람들에게만 주어진다. 인생 중에 특별한 사랑을 만났다면, 남들과 다른 특별한 고백을 해보라. 자신의 안전보다 상대방을 더 귀하게 생각한다고, 당신을 얻기 위해서는 나를 걸고 도박이라도 하겠다고, 자신을 비웃기까지 하겠다고 고백하라.

내일까지 기다리지 말라. 미루지 말고, 지금 바로 하라. 친구 집에서 우연히 만난 그 여자에게 전화를 걸어라. 한 달 전의 일이라도 상관없다.

만약 그녀가 대답을 한다면, 그 일이 한 달 전이든 육 개월 전 일이든, 그녀는 같은 반응을 할 것이다.

지금 바로 전화를 들어라. 가장 비참한 결과라고 해 봤자 "NO"라는 대답을 듣게 될 뿐이다. 게다가 어쩌면 그녀는 당신을 만난 후, 당신 생각을 한 두 번 밖에 안 했을지도 모른다!

하지만 당신이 모험을 하지 않는다면, 영원히 그녀의 마음을 알 수 없다. 그녀가 당신이 기대했던 그런 사람이 아니라고 해도, 적어도 한번 시도는 할 수 있지 않은가.

88 사랑하는 사람을 위해 화장을 하라

당신은 자신이 사랑하는 사람 앞에서 정성껏 자신의 아름다움을 나타내어야 한다. 화려하게 화장을 해도 좋다. 남자는 시각적인 동물이고 당신은 그의 시선에서 아무리 도망치려 해도 벗어날 수 없다. 자신이 사랑하는 사람 앞에서 당신은 숨거나 도망칠 필요도 없다. 그를 위해 정성껏 화장을 하는 것은 그에 대한 최고로 좋은 사랑의 고백이다. 옷을 입는 것과 화장을 하는 것에 딱히 정해진 방식은 없다.

중요한 것은 어떻게 하면 자신이 더 예쁘게 보이느냐, 그가 보고 얼마나 기뻐하느냐에 달려 있다. 예쁘게 화장을 해서 그를 기쁘게 해 주라. 연애 중의 커플에게 있어서 이 점은 특별히 더 중요하다. 두 사람이 이미 결혼을 했더라도, 그를 위해 예쁘게 자신을 꾸미는 것은 그만한 가치가 있다.

왜냐하면 당신의 아름다움을 그가 누리고 경험하게 하는 것, 이것은 두 사람의 사랑과 혼인에 있어 백해무익한 것이기 때문이다. 즐거움이 되는 일을 왜 하지 않겠는가?

35세 이전, 사랑하는 사람을 위해 예쁘게 화장하는 것은 낭만적인 일임에 틀림없다. 그것은 당신과 당신의 애인에게 모두 정말 특별한 낭만적인 경험이 될 것이다. 그는 예쁘게 꾸민 당신 모습을 보고 마치 날아갈 것 같은 표정을 지으며 만족해 할 것이다.

그의 날아갈 듯한 표정이 계속 지속되는 것을 보라. 사실 정성껏 화장하는 것은 별로 어려운 일도 아니다. 여성은 아름다움을 사랑하는 사람이다. 물론 남성도 그렇다. 특히 자신의 반쪽을 맞이하기 위해서는 더욱 그렇다. 누가 자신의 반쪽의 아름다움이 빛나길 바라지 않겠는가?

누가 다른 사람들의 질투 섞인 눈빛을 받고 싶지 않겠는가? 당신이 태어나면서부터 아름다워야 할 필요는 없지만, 자신을 잘 가꿔서 자신의 아름다운 모습을 보여야만 애인의 더 강렬한 사랑을 받을 수 있다.

춘이의 데이트

춘이 남자친구와 처음으로 데이트를 할 때, 그녀는 온갖 정성을 기울여서 화장을 했다. 그녀는 얌전한 편에 속하는 아가씨여서, 평소에 수수한 색의 옷을 입기를 좋아했다. 그녀가 가지고 있는 옷은 검정색과 하얀색 딱 두 가지 색 뿐이었다.

처음 남자친구와 데이트를 할 때, 그녀는 엄청난 정성을 들여야 했다. 그녀는 남자에 대해 잘 몰랐기 때문에, 그가 어떤 색을 좋아할지 몰랐다. 그녀는 옷장을 아무리 뒤져봐도 마땅히 입고 싶은 옷이 없었다.

남자친구는 예술을 전공하는 학생이라서 색깔에 굉장히 민감했다. 그녀는 그에게 아름다운 인상을 남기고 싶었지만, 그녀가 아무리 고르고 골라도 자기에게 어울리는 옷을 찾을 수가 없었다. 그녀는 조급한 나머지

검은색 바지와 검은색 구두를 신고, 빨간색 상의를 입고 데이트를 하러 갔다.

남자친구는 굉장히 솔직한 사람이라서, 그녀의 화장에 대해서 자신의 솔직한 의견을 말했다. 그녀는 전혀 화를 내지 않고, 그의 의견을 받아들였다. 왜냐하면 그는 아름다움을 감별하는 능력이 있었고 그 분야에 대한 자신만의 견해가 있었기 때문이었다.

두 사람의 감정이 깊어짐에 따라, 춘은 자기가 사랑하는 사람을 위해 예쁘게 화장을 하고 싶었다. 그래서 그와 데이트가 있으면, 반드시 먼저 여러 모양으로 자신을 꾸며 보았다. 그녀는 그것을 조금도 힘들다고 생각하지 않았다. 그를 위해 화장을 하는 것이 오히려 얼마나 즐거운 일인지 알았다.

그는 그녀의 미모를 보고 기뻐했고 자꾸만 보아도 싫증을 내지 않았다. 그들의 감정은 그렇게 더더욱 깊어져 갔다.

남자는 100퍼센트 시각적인 동물이다. 당신의 화장은 그에게 시각적인 자극을 줄 뿐만 아니라, 그가 형제자매들 사이에서 체면을 세워 대장부의 허영심을 만족시키는 도구로도 쓰일 것이다.

89

연인과 함께 요리를 해보고
함께 따스한 향기와 달콤함을 즐겨라

이것은 아마 첫 데이트에는 어울리지 않을 것이다. 두 사람이 사귄지 어느 정도 되었다면, 거기에 서로의 입맛을 잘 알고 있다면, 함께 점심이나 저녁을 만들어 먹어 보기 바란다. 틀림없이 멋진 추억이 될 것이다.

음식은 연애 기간에 굉장히 중요한 역할을 한다. 왜냐하면 그것은 친밀한 관계를 형성하는 데 없어서는 안 될 부분이기 때문이다.

먼저 계획을 세우고 착수하라. 당신의 비장의 무기를 펼쳐 보여도 좋다. 혹은 예전에 해 본 적은 없지만 시도해 보고 싶은 음식으로 정해도 좋다. 두 사람이 함께 부엌에서 일하는 모습이 어떤지 상상해 보기 바란다.

완벽한 모습을 기대하지는 마라. 서로 굉장히 호흡이 잘 맞아 순식간에 음식을 만들어 낼 것이라고도 기대하지 마라.

35세 이전, 사랑하는 사람과 함께 요리를 하라. 하기 어렵고 손이 많이 가는 것을 해도 좋다. 집에서 먹는 밥과 반찬이라도 충분하다. 기억하라, 중요한 것은 두 사람이 함께 일하면서 둘 사이 관계의 새 영역을 확대하고, 각각의 창의성을 펼치면서 두 사람이 같이 기뻐하는 것이다. 요리 하는 것을 좋아하지 않거나 요리에 원래부터 소질이 없어도, 한 사람은 곁에서 반드시 도와주어야 하고 다른 한 사람의 요청에 따라 일을 해야 한다.

두 사람이 앉아서 맛을 볼 때, 이 요리가 두 사람이 함께 창작한 첫 번째 음식임을 기억하라.

그 요리가 어쩌면 앞으로 만들 수많은 요리들 가운데 첫 번째 작품일지도 모른다. 미소로 정을 전달하고, 서로 음식을 집어 주면서 상대방의 수고를 위로하여 성공적인 요리를 자축하라.

사랑하는 사람과 함께 한 첫 만찬

롱롱은 계속 "누가 밥을 떠다 입가에 가져다 주면 마지못해 입을 여는" 생활을 해 왔다. 그녀는 평범한 대학교를 졸업했고, 졸업 후 자기가 좋아하는 직장을 다니게 되었다. 회사는 매일 세 끼를 제공했고, 그녀는 요리를 할 필요도 없었다. 그 전에도 밥을 짓는 연습을 할 기회가 없었다. 하루 종일 학교에서 공부했으니 밥과 요리를 해 볼 기회가 언제 있었을까? 어느 날, 그녀의 남자친구가 그녀에게 요리를 할 줄 아냐고 물었다. 그녀는 궁색한 변명을 할 수밖에 없었다. 결국 두 사람은 함께 요리를 해서 먹기로 하였다.

남자친구가 조리 도구를 씻는 동안, 그녀는 요리를 결정했다. 그녀의 남자친구는 그녀의 손을 매우 아껴서, 그녀의 손이 물에 꽁꽁 얼어버리지나 않을까 염려했다.

그녀는 시키는 대로 했다. 그런데 계란을 냄비 안에 넣은 다음, 그녀는 어떻게 해야 할지 몰랐다. 그가 그것을 보고 그녀를 바보라고 놀렸다. 그녀는 이런 장난에 익숙했고, 그가 바보라고 자기를 놀리는 것도 좋아했지만, 이번에는 자신의 무능력을 절실히 느꼈다. 그를 위해 정말 맛있는 음식을 해 주고 싶었지만, 그녀는 할 수가 없었다.

그러나 남자친구의 요리 기술도 그녀보다 썩 나은 것도 아니었다. 그러나 그는 최선을 다했다.

그의 실력은 요리 전문가의 그것과 한참 거리가 멀었지만, 그는 정성을 다했다. 그는 요리를 할 때 간을 보지 않았다. 모든 요리를 식탁에 다 올려놓았을 때, 그녀는 젓가락으로 맛을 보았다. 별로 맛이 없었다. 거의 목구멍으로 넘길 수 없을 정도의 요리도 있었지만, 그녀는 그 말을 꾹 참고 얼굴에 만족한 미소를 띠며, 그의 정성에 계속 감사하면서 칭찬을 했다.

남자친구는 그녀의 칭찬에 희색이 만면했다. 온화하고 자상한 이 남자가 자신과 함께 맛있는 요리를 다 하고 나자, 롱롱은 그에게서 예전보다 더 큰 매력을 느꼈다. 그렇게 그들의 관계는 더 가까워졌다.

세월이 흘러, 롱롱이라는 아가씨는 노부인이 되었다. 매일 밤 저녁식사 전에, 그녀는 남편과 함께 처음 했던 만찬을 회상한다. 그 향기롭고, 낭만적인 광경이 지금도 깊이 그녀의 머릿속에 각인되어 있었다. 매일 생각해봐도 그것은 그녀 마음을 늘 행복하게 해주었다.

90

연인의 속삭임에
귀를 기울여라

사랑은 자부심, 자존심이 아니다. 사랑은 가능한 한 분명하게, 직접적으로 그리고 온화하게 필요를 전달하는 것이다. 관계의 가장 큰 장애물은 침묵이다. 그것은 바로 상대방에게 상처를 줄까 두려워해서 친밀한 사람에게 자신이 필요로 하는 것이나 자신의 생각을 말하지 않는 것이다.

수많은 깨어진 관계는 대부분 당사자가 상대방에게 자신의 필요를 알리지 않고서는 상대방이 모르는 것에 화가 났다가, 결국 돌이키려고 해도 이미 때가 늦은 경우가 많다.

정상적인 남녀 관계는 쌍방 간의 의사소통이 원활한 관계이다. 정상적인 커플은 일시적으로 충돌과 불만이 있을지라도 대화를 통해 해결해 간다. 그들은 사랑이 하나의 과정이지 완성품이 아닌 것을 이해한다. 정상적인 관계를 촉진하고 유지하는 것은 바로 진정으로 사랑하고 어떤 희생도 마다하지 않는 그런 용기이다.

의사소통을 잘 하면 사랑이 넘치는 관계가 만들어진다. 그리고 귀 기울여 듣는 것은 의사소통을 더욱 발전시킨다. 귀 기울여 들을 때는 적극적이어야 한다. 한 귀로 듣고 한 귀로 흘려 듣는 것은 아예 안 듣는 것보다 더 안 좋은 결과를 가져온다. 자기가 지금 듣고 있다는 것을 상대방이 믿을 수 있도록 해야 한다. 특별히 주의해야 할 것은, 상대방이 지금 무엇을 말하는지 이해할 수 있어야 하고, 그(그녀)가 말을 하고 있을 때 당신은 마음속의 반응을 표현해야 한다는 점이다.

자기가 말 속에 담긴 속뜻을 잘 이해하고 있는지, 그(그녀)가 의사소통의 이유를 찾고 있는지 살펴보아야 한다. 그 외에, 이 말들이 당신에게 어떤 생각이 들게 하는지, 당신이 듣고 있을 때 뭔가 느껴지는 감동은 없는지 살펴보아야 한다.

당신이 연인과 지금 사귀고 있는 중이라면, 공휴일을 함께 보내자고 제안하라. 그녀가 기뻐하면서도 아직 마음의 준비가 안 되었다고 거절한다면, 당신은 한 걸음 물러나, 곰곰이 생각해 보라. 이것이 거절의 의미인지 아니면 당신에 대해 더 신임한 후 다시 한 걸음 전진하길 바라는 것인지.

그녀의 반응이 격려인지 알아들을 수 있는가? 그녀의 생각을 바꾸기 위한 준비를 당신은 하고 있는가?

질문을 던지고 세세한 부분을 살 알 수 있는 방법을 찾아낸 다음, 당신이 모르거나 잘 이해하지 못하는 부분을 명확히 하라. 당신은 상대방이 말하는 모든 낭만적인 경험에 다 동의할 필요는 없다. 좋은 청중이 되어, 무조건 고개를 끄덕이지 말고, 온 에너지를 다 사용해서 상대방의 본의를 파악하라.

그(그녀)가 생각하는 곳에 몸을 맡기고, 그(그녀)의 두려움, 기쁨, 곤혹스러움, 욕망을 이해하라. 당신이 다른 일이 있든 없든, 두 사람이 서로 움직이는 시간에는 아무것도 중요하지 않다.

관계에서 성공하려면, 가장 중요한 것은 바로 귀 기울여 듣는 것이다. 또한 귀 기울여 듣는 것은 당신이 어려움에 처했을 때 당신을 구해줄 귀한 습관이다. 평생 동안 귀 기울여 듣는 것에 유념한다면 (쌍방이 친밀한 관계든 아니든), 당신의 삶에 사랑과 이해하는 마음이 가득하게 될 것이다.

91

사랑하는 사람을 위해
직접 사랑의 선물을 만들어라

어떤 여자가 정교하고 아름다운 것을 좋아하지 않을까? 손수건에 예쁘게 수 놓여진, 부드럽게 튀어나온 살아있을 것만 같은 꽃은 언제나 여인의 마음을 뒤흔든다. 바느질은 여자의 마음속에 숨겨진 또 다른 어여쁜 자태이고, 여자의 천성이다.

어쩌면 바느질이 더 이상 여자의 부담이 아니기 때문에, 사람들은 바느질 특유의 매력을 더 감상하고 즐기게 되었을지도 모른다.

당신은 방에 앉아서, 바늘과 실이 왔다 갔다 하는 것을, 그 아름답고 평화로움을 즐기고 있는가? 유행가를 들으며 뜨개질을 하는 사람이 아직도 있을까?

그렇지만 현대인들은 따뜻한 감정을 느끼고 싶을 때 다른 사람과 다른 방식을 추구하기 위해 직접 바느질을 하기도 한다. 수작업을 하면서 그들은 마음의 평화와 기쁨을 맛 볼 수 있다.

오스트레일리아 여인 한 명이 작은 섬에서 가게를 열어 자신이 직접 만든 공예품을 팔았는데, 그것들은 양초와 비누, 섬의 전통 공예품인 흰색

레이스 등이었다.

그녀는 원래 멜버른 출신으로, 그 섬에 놀러 온 뒤 여기서의 생활을 좋아하게 되었다. 조용하고, 여유롭고, 산기슭에 목장이 있고, 울창한 숲으로 둘러싸여 있는 호숫가가 있어서 좋았다. 그래서 바로 이 섬으로 이사를 왔다. 가을에 집 뜰의 나무에 열매가 맺혔다.

그녀는 바로 그것들을 사용해서 과일 잼을 만들어 병에 가득 담고, 나머지는 주변 이웃들에게 나누어 주었다. 그리고 상표를 붙여서 팔았다. 이 섬에 온지 거의 10년이 되어 가는데, 매일 그녀는 가게의 창가에 앉아서, 창밖의 바다와 산을 보면서 조금씩 아름다운 레이스를 만들고, 다 만들면 다시 흰 옷이나, 잠옷, 여자 모자에 재봉질을 했다.

그녀는 마음이 기뻤다. 단지 아름다운 풍경 때문만이 아니라, 집중해서 손으로 바느질을 할 때 모든 슬픔과 기쁨이 사라지는 것을 느낄 수 있었기 때문이었다.

이런 전통적인 바느질은 진정제처럼 그녀의 마음을 평안하고 평화롭게 만들었다. 바늘이 천을 통과할 때, 그녀는 마음이 뛰는 소리를 들을 수 있었다.

하나의 마음을 위해, 하나의 작은 사랑을 위해, 우리는 오래된 향기가 묻어나는 자수 천에 행복을 한 땀 한 땀 바느질해야 한다.

옛 여인들이 하던 자수가 더 이상 부담스럽게 느껴지지 않을 때, 우리는 따스한 불빛 아래서 바늘 끝에 온갖 정성을 담아 사랑의 선물을 완성할 수 있다.

92 겨울 밤, 사랑하는
사람과 달 아래에서 걸어보라

달이 뜬 겨울 밤, 애인과 함께 천천히 길을 걸어보기 바란다. 이런 독특하고 은은한 분위기가 가득한 약속을, 그녀(그)는 절대로 놓치지 않을 것이고 당신의 아이디어에 칭찬을 아끼지 않을 것이다.

열애중인 두 사람의 마음이 이렇게 불처럼 뜨거운데, 어떻게 추운 날씨에 연연하겠는가? 당신의 애인도 아마 그 추운 날씨를 고마워할 것이다. 차가운 달밤이 두 사람에게 그런 낭만적인 조건을 만들어 준다.

그녀(그)를 데리고 길을 걸으라. 이런 늦은 밤, 두 사람은 마음대로 껴안아도 좋다. 차가운 날씨가 당신들의 마음을 더 친밀하게 연결시켜 줄 것이다. 당신은 최대한 그녀를 품에 가득 안고서, 그녀에 대한 애정과 배려를 아낌없이 표현하라.

이런 차가운 달밤에, 두 사람의 사랑은 불처럼 뜨거워서, 겨울에 쏭쏭 언 얼음도 녹이기에 충분할 텐데 누가 겨울 추위 따위에 신경을 쓰겠는가? 그러나 날씨가 추운 것은 사실이니까 추위에 대비하는 것을 잊어선 안 된다. 두 사람이 집 밖에서 데이트를 하는 것이 정말 자연스러운 것이라고 우길 수 있는 날씨인지 살펴보라. 사실 그런 날씨는 외출하기에 적

합한 낭만적인 밤이다.

그의 손을 잡고, 길을 걸으며 노래를 부르라. 맑게 빛나는 달빛 아래서, 두 사람은 서로의 눈을 마주보며 정겨움을 교환해도 좋다. 이것은 두 사람의 감정에 있어서 가장 강력한 촉진제가 될 것이다.

두 사람의 애정은 이 쌀쌀한 밤에 온도가 상승할 것이고, 그 속도는 당신의 상상을 초월할 것이다. 두 사람이 겨울에 산책을 하는 느낌은 말로 형용하기 어려운 신비함일 것이다.

추운 겨울밤 애인과 함께 길을 걷는 것, 그 낭만적인 광경 속에서 당신은 자연스럽게 미래를 연상할 것이다. 작은 오두막집이 있고, 겨울에 난로가에 둘러 앉아, 귀여운 아이를 안고 있는 모습을. 이것이 두 사람이 겨울밤, 함께 산책하면서 생각한 환상이다. 이보다 더 낭만적이고 멋진 일이 있는가?

맑게 빛나는 별들은 마치 애인의 매혹적인 눈동자 같다. 기울어진 달은 애인의 고운 눈썹과 비슷하다. 이런 시적 정취가 가득한 겨울 밤, 당신은 애인과의 약속을 절대 놓치면 안 된다.

한밤중에, 애인과 함께 달빛 아래를 걸어보라. 이런 경험은 당신을 최고의 낭만적 경지로 이끌 것이다.

93

유성우가 내리는 밤에, 연인과 별을 바라보며 소원을 빌어보라

이것은 애인과 할 만한 가치가 있는 일이다. 게다가 이 낭만적인 경험을 굉장히 특별하게 만들 방법도 많이 있다. 일몰이 시작할 때가 이것을 행동으로 옮기기가 가장 좋을 때이다.

태양이 산을 넘어가는 것이 뚜렷하게 보이는 곳을 찾아라. 만약 당신이 물가에 가까이 산다면 더 좋겠지만 높은 산이나 넓은 들판도 훌륭한 장소이다. 태양이 지기 시작할 때, 주변을 둘러보며 맨 처음 보이는 별이 무엇인지 찾아보라. 그것은 분명 해가 지는 곳에 가까운 곳인 서쪽 하늘에서 보일 것이다.

불쑥불쑥 뇌리를 스치는 복잡한 생각들은 다 접어 두고, 소원이 이뤄지기를 정말 기대하고, 별을 향해 소원을 빌어보라!

35세 이전의 당신은 생기 있고 천신하며 낭만적이다. 그리고 뜨거운 사랑에 대한 환상을 가지고 있다. 끝없이 펼쳐진 창공을 마주하면서, 당신의 낭만적인 감흥이 온 천지를 질주할 것이다.

유성우가 내리는 어두운 밤, 당신의 생각을 자유롭게 날려라. 사랑하는 사람의 손을 꼭 붙잡고 별을 향해 소원을 빌라. 두 사람의 아름다운 소망이 머지않은 장래에 현실로 나타날 것이다.

유성우가 내리는 아름다운 밤

씬얼과 통즈는 우연한 기회에 서로를 알게 되었다. 어쩌면 하늘이 맺어준 인연인지도 모른다.

가을이 너무 예뻤던 그 해, 통즈는 막 대학교에 입학했다. 학교에 대한 모든 것이 신선하고 낯설었다. 씬얼은 바로 그때 그의 인생에 뛰어들어 왔다.

그날 밤, 달이 너무나 밝아 별이 잘 보이지 않던 그날 밤, 씬얼은 평소처럼 독서실로 가고 있었다. 그녀가 독서실 입구에 도착했을 때, 문이 아직 열려있지 않았다. 그녀는 언제나처럼 독서실 문앞의 테니스장을 바라보았는데, 검은색 운동복을 입은 남학생이 그녀의 시선에 들어왔다. 이 남학생은 손에 책을 한 권 들고 조용히 읽고 있었다. 그 남학생의 이름은 통즈였다.

통즈의 귀에 씬얼의 하이힐이 바닥을 치는 소리가 들렸다. 그 소리는 맑고 깨끗해서 듣기 좋았다. 그는 이렇게 멋진 황혼녘에 이렇게 예쁜 여학생이 있다는 사실에 가슴이 뛰었다.

그러나 그는 수줍음을 타서 먼저 입을 열지 못하고 그저 몰래 그 여학생을 훔쳐볼 뿐이었다. 통즈는 그녀의 붉은색 외투와 갈색 바지의 완벽한 조화에 경탄했다. 일몰의 여광 아래 비치는 그녀의 완벽한 곡선은 그를 매혹시키기 충분했다. 그는 그녀의 미소가 참 따스하다고 느꼈다. 그는 한 번도 이렇게 한 여자를 보고 가슴이 뛴 적이 없었다.

그가 그녀에게 다가가 말을 걸었고, 그녀가 대답을 했다. 모든 것이 너무나 순조로웠다. 그들은 친구가 되었다. 통즈네 집은 잘 살지 못했지만 통즈는 얼마 되지 않는 돈으로 씬얼에게 선물을 사 주었다. 씬얼은 사람의 마음을 잘 이해해주는 아가씨로, 통즈의 고충을 이해했고, 입장료가 있는 곳에는 데이트하러 가자고 권하지 않았다. 학교의 산이나 강가가 그들이 데이트하는 유일한 장소였다.

가장 잊기 힘든 것은 곧 졸업을 하게 되는 겨울밤의 추억이었다. 86년만에 한 번씩 돌아오는 유성우가 그들의 사랑에 예전에 없었던 흥분과 낭만을 가져다주었다. 그들은 밤 8시부터 새벽 1시까지 기다렸다.

하나, 둘, 셋… …. 유성우가 내리기 시작했다, 정말 환상적이었다!

학교 안은 순간 떠들썩해졌다. 씬얼과 통즈의 가슴이 뛰었다. 그들은 상대방의 심장 소리를 들었다.

"씬, 우리 별과 함께 마음속에 소원을 말해보자."

"그래, 같이 마음속으로 소원을 생각해보자."

침묵이 한동안 이어졌다. 그들은 자지 않고 밖에서 꼬박 밤을 새었다. 그날 밤 베이징의 온도는 영하 18도였지만, 그들은 젊음의 열정으로 서로를 따뜻하게 해 주었다.

졸업 2년 후, 통즈는 씬얼에게 장가를 갔다. 이것은 그가 유성우가 내리는 밤 기도했던 소원이었다. 씬얼은 통즈에게 시집을 갔다. 이것 역시 그녀가 유성우가 내리는 밤에 간절히 원했던 소원이었다. 그들은 그렇게 자신들의 소원을 성취했다.

94

배우자의 매력 포인트를 칭찬하라

연인을 칭찬하는 것은 낭만적인 일이다. 만약 당신이 동의하지 않는다면, 반드시 생각을 바꾸어야만 한다. 지금부터 배우자를 칭찬하는 것을 배우면, 당신은 기적이 일어나는 것을 발견할 수 있을 것이다. 그가 아무리 평범하게 생겼고, 그녀가 아무리 눈에 띄는 외모가 아니더라도, 당신의 칭찬은 이 모든 것을 바꿀 수 있는 힘이 있다. 그것이 바로 칭찬의 힘이고, 사랑의 힘이다.

이것은 극히 사소한 일이기도 하면서 중요한 일이기도 하다. 어쩌면 그녀는 이 일을 가끔 할 수도 있고, 자주 할 수도 있다. 중요한 것은, 당신의 남편(아내)이 당신이 그(그녀)를 보고 있다는 것을 알게 하고, 당신이 정말 그(그녀)가 지금 뭘 하고 있는지 주의를 기울이고 있다는 것을 알게 하고, 당신이 그(그녀)가 당신이 관찰을 하고 있다는 것을 알게 하고, 그(그녀)가 당신의 사랑을 알게 하는 것이다.

만약 더 많이 주의를 기울인다면, 당신은 배우자가 무수한 매력 포인트를 갖고 있다는 것을 발견할 것이다. 당신의 아내가 새로운 어떤 아이디어를 생각했을 때, 그녀의 눈이 하늘의 별처럼 빛나지 않았는가?

그녀가 아침에 옷장 앞에 서서 옷을 조심스레 펼쳐놓고, 무슨 옷을 입을까 하는 생각에 열중하고 있을 때 당신은 그녀를 흥미 있게 바라본 적이 있는가?

이런 것들을 그녀에게 말하라. 어떤 모습을 보았는지 그녀에게 말하라. 어떤 느낌을 받았는지, 무슨 생각이 들었는지, 왜 그렇게 기쁜 마음이 들었는지를.

당신의 남편은 어떤가? 그가 저녁 만찬을 준비하고 있는 것이 교향악단의 지휘자 같아서, 귀엽게 느껴지지 않는가?

당신이 그의 세세한 움직임도 눈여겨본다는 것을 그에게 말하라. 당신이 가지고 있는 모든 그릇, 냄비, 접시 등을 사용하면 주방이 매력적으로 보일 것이라고 그에게 말하라.

그가 식사도구를 세팅할 때, 얼마나 수고하는지 말하라.

그가 「맛있는 요리책」에 몰두해 있을 때, 그것을 마치 「전쟁과 평화」인 것처럼 그에게 말하라.

그가 극도로 집중해 있을 때, 미간을 찌푸리면서 어떤 조미료를 사용할지 고민을 할 때, 혹은 요리책의 방법대로 할 것인지 말 것인지 결정할 때, 당신은 어떤 느낌이 드는가?

그(그녀)의 어디가 매력적인지 상대방에게 말해주는 것은 당신에게도 좋은 점이 있다. 당신이 즐겁고 자극적인 일이라고 느끼는 것들이 배우자의 몸에 있는 것을 발견하였는가? 그러면 그(그녀)는 계속 이런 점들을 부각시켜 당신을 즐겁게 해줄 것이다. 왜냐하면 당신이 자신의 무엇을 좋아하는지를 표현했기 때문이다.

35세 이전의 당신은 젊고 원기 왕성하다. 주변 사람들에게 자신의 주관적인 의지를 불어넣으라. 반려자의 장점을 말하라. 그 장점을 옛날부터 알고 있었다고 해도, 30여 년 간 이야기해 본 적이 없는 것이라 할지라도. 평생의 반려자의 매력 포인트를 칭찬하는 것은 지금이라도 늦지 않다.

95

반려자와 함께 지낸 시간의 앨범을 만들어라

비디오 기기만 가지고 있으면 이 일을 다 할 수 있다.

옛날 비디오테이프 몇 개를 조각조각 잘라 편집을 해서 다채로운 이야기를 만들라. 내용은 당신과 반려자, 그리고 "둘 만의 이야기"로 부를 수 있는 신비하고 아름다운 일로.

많은 남녀가 많은 돈과 에너지를 써서 결혼 앨범을 정식으로 만든다. 그러나 만들고 나서는 몇 번 본 뒤로는 거들떠보지도 않고, 함께 찍은 사진들을 상자 안에 아무렇게나 넣어두고는 금방 잊어버린다. 이런 방치는 낭만과는 거리가 멀다.

가장 낭만적인 방법은 당신의 반려자와 함께 우선 사진을 다 보고 난 뒤, 두 사람이 가장 좋아하는 사진을 고르면 된다. 그 사진이 실물보다 잘 나왔거나 특별한 의미가 있는 것이면 더 좋다.

기억하라. 한 장의 사진이 나중에는 엄청나게 귀해질 것이다. 선택한 사진에 설명을 덧붙여도 좋고, 사진을 찍은 장소와 시간, 누가 찍었는지, 왜 이 사진을 선택했는지 등을 써 두어도 좋다.

당신이 아이를 가지기 수개월 전에 미국 서부 해안에 여행을 가서 사진을 찍은 적이 있는가? 혹은 두 사람이 바닷가에서 물장난을 치던 사진이 있는가? 있으면 그것도 뽑아라.

35세 이전, 이 낭만적인 경험을 하는 것은 당신의 반려자와 함께 특별했던 시간을 회상할 수 있도록 해주고, 당신에게 특수한 의미가 있는 사건을 추억하게도 해준다. 이런 사진을 찍은 이래로 얼마나 여행을 멀리 떠났는지 생각해 볼 수도 있을 것이다. 동시에 자신이 요즘 얼마나 변했는지도 알아볼 수 있다.

아무 때나 이 사진집에 사진을 더 추가해도 좋다. 그것은 이 낭만적인 경험을 통해 반려자에 대한 만족을 표현하는 것과 같다. 게다가 이것은 두 사람이 함께 창조한 모든 것에 대해 기쁨을 표현하는 구체적인 방법이다.

96

사랑의 방식에 자주 변화를 주어라

당신이 충동을 얼마나 참을 수 있는지 살펴보라. 만약 충동이 있다면, 만약 둘 만의 일정한 섹스 주기가 있다면, 가능한 한 간접적인 친밀함을 가지는 시간을 늘려 보라. 친밀한 생활의 다른 면을 탐색해 볼 방법을 찾아보라.

35세 이전의 당신, 반려자와 사랑의 방식을 가끔 바꾸어 보는 것이 어떤가? 신선한 자극을 경험하면서 그와 동시에 두 사람의 관계가 더 가까워질 것이다.

당신이 성을 모르고, 친밀함에만 관심이 있다고 가정하자.

당신은 무엇을 할 수 있는가? 섹스 이외에도 친근함과 감정, 고도의 결합감 등을 나타낼 수 있는 방법은 아주 많다. 당신은 이런 방법이 무엇이라고 생각하는가? 달콤한 어떤 순간을 생각해 보라. 친밀해질 수 있는 또 다른 방법을 찾아낼 수 있을 것이다.

길게 대화를 나누어 보라. 비밀이나 평생 동안 깊이 나눠야 할 만큼 진지한 것에 대해 이야기해 보라.

이런 느낌은 어떤가? 해변 아니면 도시에서 멀리 떨어진 초원에 가서 오랫동안 산책을 하면서, 두 사람이 아무 말 없이 손을 잡고 있다고 생각해 보자. 둘 다 한 마디 말도 없지만 예전과 다름없는 친밀한 의사소통을 하고 있다.

두 사람이 멋진 스토리가 있는 책을 함께 집중해서 읽는 것은 어떨까? 두 사람은 하늘 높이 상상의 날개를 펴면서 자기도 모르게 번갈아가며 큰 목소리로 책을 읽을 것이다. 가끔 고개를 들어 상대방을 바라보고, 눈빛을 교환하는 것, 이런 광경은 어떤가?

만약 당신이 성적인 만족을 얻는 것이 그렇게 급하지 않다면, 친밀감을 표현하는 다른 방식을 배우는 기회를 가져보기 바란다. 그리고 끝내 성욕을 억누를 수 없더라도 섹스하는 상황이 이전과는 다를 것이다. 그때, 그 금욕기간의 친밀했던 시간(반려자와의 정신적인 교제를 통해 반려자에게 사랑을 표현할 때)이 머리에 떠오를 것이다. 그래서 – 어쩌면 자기도 모르는 사이에 – 섹스를 하는 과정이 더 뜨겁게 타오를 것이다.

비현실적인 공상을 하라

이 아이디어는 당신 스스로 생각해낸 것일 수도 있고, 친구나 반려자의 의견일 수도 있고, 잡지에서 읽은 것일 수도 있다. 사실, 이 아이디어를 함께 나눌 수 있거나 토론할 수 있는 한 사람을 더 찾는 것이 더 재미있을 것이다. 왜냐하면 그렇게 해야 더 다양한 측면에서 이야기를 나눌 수 있기 때문이다.

35세 이전의 당신은, 물체를 가지고 노는 것처럼 이 아이디어를 갖고 놀아도 좋다. 럭비공을 안고 골대를 향하는 것처럼, 당신은 이 아이디어를 실제와 연결해서 상상의 날개를 넓게 펼쳐도 좋다.

예를 들면, 당신의 아이디어는 생활 중의 모든 것을 정리해서 런던으로 놀러 가는 것이다. 거기에는 연락할 만한 친구도 없고, 런던에 도착한 후 어떤 상황이 벌어질지 전혀 알지 못하고, 어디에 얼마나 머물지도 알지 못하고, 어디로 가야 할지도 모르고, 본인이 런던을 좋아할지 아닐지도 알 수 없다. 당신은 예전에 런던에 간 적이 있을지도 모른다. 가 본 적이 없어도 상관없다.

어쨌든 마음껏 공상의 날개를 펴 보기 바란다. 당신은 영원히 런던에 가 볼 수 없을지도 모른다. 그래도 상관없다. 중요한 것은 당신이 모든 가능성을 열어놓고 런던에 사는 모습을 상상해 보는 것이다. 당신은 모든 가능성의 요소를 고려 범위에 넣어 두라. 당신이 상상의 날개를 펼 때, 당신의 아이디어는 눈앞에 있는 것처럼 사실적일 것이다.

만약 당신의 아이디어가 당신의 식구와 연관이 있다면, 그들을 찾아가 함께 토론하라. 당신의 반려자와 아이, 부모 혹은 형제자매에게 물어보라. 그들이 당신의 아이디어에 대해 어떤 생각을 가지고 있는지 보라. 당신은 이야기하면서 질문들을 써도 좋다.

직장은 어떻게 하나? 도착한 후 어떻게 지낼 것인가? 그렇게 하게 된 동기는 무엇인가? 런던이 정말 당신이 가고 싶은 곳인가? 사실 파리로 가고 싶었던 것은 아닌가? 학교 문제는 어떻게 할 것인가? 이것 역시 당신이 세심히 고려해야 할 문제인가?

상상의 날개를 접은 후, 자신의 느낌을 한번 살펴보라. 더 기운이 나는가? 아니면 더 피곤해졌는가? 당신은 어디로 가서 어디로 갈지 분명히 알고 있는가? 아니면 오히려 그것 때문에 주저하고 앞으로 나가지 못하고 있는가?

98

함께 옛일을
회상해보라

당신은 언제 옛일을 추억해 보는가?

35세 이전의 당신, 사랑하는 사람과 함께 옛일을 회상해 보라. 세월이 남긴 낭만을 집안의 보물 세는 것처럼 하나하나 끄집어내어 보기 바란다. 그리고 사랑하는 사람과 함께 아름다웠던 옛날 일들을 추억하고, 낭만적인 일들을 하나하나 자세히 되새겨 보기 바란다.

그가 당신에게 주었던 낭만과 아름다움이 생생히 기억나는가? 두 사람의 마음이 함께 낭만과 아름다움 속에 푹 젖도록 하라. 두 사람이 그 낭만적인 기억들 중 사랑의 고귀함과 아름다움을 함께 느껴보고, 또 함께 낭만적인 일들을 회상해 보라.

35세 이전의 당신은, 회상할 만한 낭만적인 옛일이 얼마나 있는가? 당신과 애인이 함께 간직하고 있는 것이 얼마나 되는가? 특별한 날 하루를 택해서, 그(그녀)와 함께 이런 낭만적인 추억을 회상해 보기 바란다.

애인과 함께 낭만적인 일을 추억해 보는 것에 관해, 35세의 한 매력적인 부인이 다음과 같은 이야기를 했다.

옛 기억의 보물상자

딸 다이애나가 가장 무도회에 참석할 때 입을 옷을 찾으려고, 나는 집안의 오래된 옷장을 온통 다 헤집고 다녔다. 그러다가 내 눈빛이 갑자기 한 비단 끈으로 묶은 작은 상자에 머물렀다. 나는 그 안의 물건을 잊어버린 지 이미 오래였다. 그러나 비단 끈으로 묶었던 것을 보니, 그 안에 분명 기념할 만한 물건을 넣었으리라 나는 생각했다.

나는 그 작은 상자를 옷장에서 꺼내어 재빨리 비단 끈을 풀어보았다. 그 상자를 열려는 그 순간, 그 안에 무엇이 있는지 생각이 났다.

내가 어떻게 잊을 수 있으랴! 그 상자에는 내 어릴 적의 보물들로 가득 차 있었다. 그 보물들은 내가 다 큰 다음에도 나에게 얼마나 많은 환상을 주었는지 모른다! 그 안에는 톰이 나에게 준 첫 번째 발렌타인데이 선물이 있었다. 그리고 금 목걸이가 있었는데 그것은 톰이 대학 시절 운동회에 참가해서 받은 기념품이었다.

나는 한 꺼풀 한 꺼풀 우리가 함께 했던 세월의 껍질을 벗겨 보았다. 시들어 있는 장미꽃 한 송이, 18살 생일 때 받은 목걸이, 톰이 연애시절 써 주었던 시와 슬픔이 약간 묻어나는 편지들….

옛 일이 밀물처럼 몰려 왔다. 나는 또 첫사랑 시절로 돌아갔다. 그 황금 같은 세월. 얼마나 많은 쓰라림과 달콤한 사랑의 다툼과 눈물을 글썽였던 화해가 있었나. 얼마나 많은 청춘의 열정과 애틋한 그리움이 있었는가. 톰은 예전에 그렇게 나와의 사랑에 집중했었고 열정이 가득했었다.

눈물 한 방울이 비단 띠에 떨어졌다. 나는 귀찮은 듯이 눈을 비비며 스스로에게 말했다.

"란 내쉬, 34살이지. 이제 또 낭만적인 일이 있을 수 있겠어?"

톰은 접시 하나를 들고 와서 나를 따라 주방 안으로 들어 왔다.

"란, 무슨 걱정 있어? 나한테 이야기해 줄래?"

나는 굉장히 난처했다. 말이 목구멍으로 넘어오지 못했다. 나는 손을 닦고, 주머니에서 금목걸이를 꺼냈다.

"이게 뭔지 기억해요?"

"이야!" 그의 얼굴에서 빛이 났다. 기쁜 듯이 입을 히죽거리고 웃었다.

"어디서 찾은 거야?"

"발코니의 오래된 옷장에서요. 작은 상자 안에 있었죠."

"상자 안에 그거 말고도 많이 있어요."

내가 계속 말했다.

"예물도 있고, 시도 있고, 우리가 주고받았던 편지도 있어요. 그때 우린 얼마나 낭만적이었고 친밀했었는지. 그때가 꿈만 같아요."

나는 에밀리 이모가 식기도구를 선물하면서 했던 말이 생각이 났다.

"얘야, 이 식기들은 매일 필요한 거란다."

내가 이해하지 못하는 표정을 짓자, 그녀가 또 말을 했다.

"끊임없이 사용하는 물건이라야 영원한 가치가 있는 거란다. 쓰는 시간이 길면 길수록 더 진귀한 것이다. 그리고 그것 자신도 끊임없이 사용되는 과정에서 그 가치가 더해진단다."

나는 창밖을 응시했다. 초목이 무성한 정원이 자욱한 저녁 안개에 가려졌다. 고운 장미꽃, 무리지어 있는 나무와 꽃들이 톰의 애정을 통해 정성껏 재배되고 관리되고 있었다. 그가 만든 저장실은 마치 동화세계에서나 나올 법한 오두막 같았다. 예전에 그는 그 저장실을 완성하고 부드럽게 내 손을 끌고는 저장실의 푸른색 문가로 데리고 갔었다.

그가 나에게 준 아프리카 바이올렛이 심어진 화단, 그리고 토드의 채석 표본함, - "수정궁이야 엄마, 진짜 수정궁이라니깐." - 그리고 사랑의 걸작품.

이런 것들이 톰이 최근 가족에게 선물한 것들이었다. 그가 우리에게 얼마나 많은 것을 주었는지 이런 선물들이 증명을 해 주었다. 진정 사랑과 배려를 이해하는 이 남자가 얼마나 많은 심혈을 기울여서 만들었는지를. 그가 더 이상 사랑을 고백하지 않는다고 해서 내 생활에서 뭔가 빠졌다고 생각할 수 있겠는가?

종이상자 하나가 어쩌면 결혼 전의 깊은 애정을 담을 수는 있지만, 이 집은 우리의 매일 풍부해지는 인생 자체를 담고 있는 것이다.

99

어두움 속에서
사랑하는 이의 숨소리에 귀를 기울여보라

당신은 낭만적인 사람인가? 당신의 애인은 낭만적인 사람인가? 당신은 자주 낭만적인 느낌을 경험하는가?

35세 이전의 당신, 어두움 속에서 애인의 숨소리에 귀를 기울여 본 적이 있는가?

애인과 함께 편안하고 조용한 곳을 찾아서, 거기서 정적의 소리에 귀를 기울여 보라. 실내이든 실외이든 상관없다. 중요한 것은 별이나 달을 제외하고는 다른 빛이 없어야 한다는 점이다.

정적의 소리는 무엇과 비슷한가? 정말 조용한가? 혹은 그것이 말을 하고 있는가?

만약 그것이 정말 말을 하고 있다면, 큰 소리인가 아니면 조용하고 부드러운 목소리인가?

만약 두 사람이 실외에 앉아 있다면, 그곳이 대자연 속이라면, 두 사람은 여름의 소리를 들을 수 있는가? 메뚜기와 개구리와 여름의 소리가 가득한가?

만약 실내라면, 방이 두 사람에게 이야기하고 있는가? 그것은 완전히 자기에게 속한 교향곡인가 아니면 어두움 속의 반주뿐인가? 두 사람이 깊이 빠져있는 흑암과 정적은 어떤 연관이 있는가?

　어두움 속에서 그의 고른 숨소리를 들으면 어떤 느낌이 드는가? 굉장히 편안한 느낌이 들지 않는가? 점점 더 어두움에 익숙해지지 않는가? 이런 느낌을 당신은 좋아하는가? 이것은 당신이 항상 할 수 있는 낭만적인 경험이지 않는가?

100

행복을 상징하는
노란 손수건을 선물하라

노란 손수건은 행복의 상징으로, 순결하고 고귀한 애정의 대명사이다. 애인에게 노란 손수건을 선물하는 것은 두 사람의 애정에 행복이란 조미료를 넣는 것과 같은 의미이다. 손수건을 선물한 다음에 당신은 그 사람이 더 친절하게 변한 것을 발견할 것이다. 두 사람의 사랑이 시간이 흘러감에 따라 평범해지는 것이 아니라, 오히려 그와 반대로 두 사람의 사랑은 더 깊어지고, 더 견고해질 것이다.

35세 이전의 당신, 자신의 진정한 감정을 어떻게 표현해야 하는지 알고 싶다면, 화려하지 않은 노란 손수건을 가지고 자신의 진한 사랑의 마음을 그 손수건 구석구석에 접어 넣으라. 행복이 마음과 마음 사이에서 전달 되노록 하라.

이런 낭만적인 경험을 놓치기 아깝지 않은가? 행복을 상징하는 노란 손수건을 선물하라.

그를 위해 직접 재봉질을 해도 좋고, 따뜻한 노란색 위에 두 사람의 이름을 새겨도 좋다. 그가 자주 말하는 사랑의 고백을 새겨도 좋고, 두 사람의 결혼기념일이나 서로 알게 된 날짜를 새겨 넣어도 좋다. 이 모든 것들은 창조적이고 낭만적이다. 이런 낭만적인 경험을 하는 데 엄청난 에너지와 시간은 필요 없다.

그냥 한 번 시도하라. 설령 많은 열정이 필요하다고 하더라도, 두 사람의 위대한 애정을 위해서라면 그만한 가치가 있지 않을까.

만약 당신이 순전하고 아름다운 사랑을 경험하고 싶다면, 애인에게 예쁘고 순결한 노란 손수건을 선물해 보는 것이 어떨까.

당신의 변하지 않을 사랑을 예쁜 손수건에 담아서 준다면, 당신은 틀림없이 무한한 행복을 얻을 것이다.

2인 체조를 하라

둘이서 함께 하는 체조의 자연스럽고 친밀한 신체 접촉 동작은, 분명히 커플이 함께 연습하기에 좋다.

특히 35세 이전의 당신은 이 얻기 어려운 낭만적인 경험을 놓치지 말기 바란다.

35세 이전, 당신은 촉박하게 시대의 흐름을 따라야 할 것이다. 그때, 당신의 손가락과 당신의 마음이 함께 춤을 추게 하라. 둘이서 함께 낭만적인 2인 체조를 하라. 이 운동은 두 사람이 함께 하기에 더할 나위 없이 좋다. 만약 두 사람이 말하지 않아도 잘 통한다면, 그 효과는 어떤 운동이라도 비교할 수 없을 만큼 뛰어날 것이다.

왜냐하면 이 운동은 사람의 몸을 건강하게 할 뿐만 아니라, 그와 동시에 두 사람의 정신을 윤기 나게 만들어, 두 사람의 서로를 향한 감정이 모든 세밀한 동작과 불꽃 튀는 눈에서 승화되게 한다.

2인 체조의 가장 절묘한 부분은 아무 커플이나 다 익힐 수 있는 것이 절대 아니다. 당신과 그(그녀)가 눈을 마주하며 함께 연습할 때, 그 자체가 이미 당신의 행복임을 알기 바란다.

운동은 신기한 에너지를 발휘한다. 그와 동일하게, 사랑도 일종의 에너지이다. 그래서 함께 2인 체조를 연습하는 과정에 두 사람에게 엄청나게 큰 에너지가 모이고 쌓여서 깜짝 놀랄만한 마음과 몸의 수련 효과가 발생한다.

마음과 마음으로 말하기

체조를 연습할 때 주의력이 집중되고, 혈액 순환이 촉진되며, 마음도 평안을 얻을 수 있다. 다정한 이야기는 없지만, 사랑이 눈빛 속에 살아있다. 전설적인 사랑의 "마음과 마음으로 말하기"도 그 순간 살아난다.

우아한 아름다움

두 사람이 함께 배우고, 서로 힘을 빌려주면서 우아한 아름다움을 갖게 되고, 난이도가 높은 체조를 더 잘 할 수 있다.

신뢰

2인 체조를 연습하는 가장 기본적인 조건 중 하나는 서로를 신뢰하는 것이다. 커플간이라고 하더라도, 이것은 가장 진귀한 인생의 보물이다.

조화

말이 필요 없는 두 사람간의 조화는 체조에서뿐만 아니라 일상생활에까지 영향을 미칠 것이다.

흡인력

평범하고 사소한 일상생활을 뛰어넘어, 친밀한 신체 접촉을 통해서, 상대방이 자신의 신체와 정신을 알 수 있게 된다.

2인 체조는 따뜻하게 연애하는 시기에 두 사람의 빛나는 눈에서 서로를 향한 타오르는 열정과 흡인력을 급속도로 상승시킨다.

매력 발산

2인 체조는 내장기관을 자극하는 것을 돕고, 신체의 민감도를 향상시킨다. 그래서 호르몬 분비를 증가시켜 당신의 성적 매력을 더해줄 것이다.

그런 성적 매력을 어느 낭만적인 밤에 발휘해 보라!

35세 이전, 사랑하는 사람과 함께 2인 체조를 하며 낭만을 경험해 보라.

35세 이전은, 아무런 구속도 받지 않은 채 낭만 속에 푹 젖을 수 있는 최고의 시기이다. 가슴을 활짝 펴고 낭만이 영혼까지 스며들게 해 보라. 생명의 고귀함과 아름다움을 알게 하기에, 낭만은 삶 속에서 꼭 있어야만 하는 존재이다. 35세 이전에 마음껏 사랑을 누리고 나누어 주라. 사랑하기에 우리는 낭만적인 존재가 되고, 낭만적인 존재이기에 우리는 고귀하다.

35세 전 꼭 해야 할 낭만적인 일 101

초판 1쇄 인쇄 2008년 9월 25일

편저자 천수카이
옮긴이 한정호
발행인 김용호
발행처 해피맵북스
          (나침반출판사 가족 – www.nabook.net)
등 록 1980년 3월 18일 / 제2-32호
주 소 110-616 서울 광화문 사서함 1641호

전 화 본사 (02)2279-6321~3 영업부 (031)932-3205
팩 스 본사 (02)2275-6003   영업부 (031)932-3207

이메일 happymap21@korea.com

ISBN 978-89-318-1366-1 03190
책번호 하-1002

· 값은 뒷표지에 있습니다.
· 잘못 만들어진 책은 구입처나 본사에서 바꿔드립니다.

＊ 해피맵북스(HappyMap Books)는 나침반출판사 가족으로
   행복한 삶을 위한 꼭 필요한 길이 되겠습니다.